QUAND LES ADOS
PRENNENT LE POUVOIR

ISBN : 978-2-7029-1306-2

www.editions-tredaniel.com
info@guytredaniel.fr
www.facebook.com/editions.tredaniel

PASCAL MAQUIN
Illustrations de Mathieu Leloir

QUAND LES ADOS PRENNENT LE POUVOIR

DES SOLUTIONS CONCRÈTES POUR COMPRENDRE, AGIR ET NE PLUS SUBIR

LE COURRIER DU LIVRE
27, rue des Grands-Augustins
75006 Paris

« Le père prend l'habitude de se rendre semblable à l'enfant et d'avoir peur de ses fils ; le fils, de son côté, de se rendre semblable au père et de ne respecter ni craindre ses parents, et cela pour être libre ; le maître a peur de l'écolier et le flatte, l'écolier a le mépris du maître et de même à l'égard de l'éducateur. D'une façon générale, les jeunes se donnent l'air d'être des vieux et ils leur tiennent tête en paroles comme en actes. Tandis que les personnes d'un certain âge, pleines de tolérance pour les frasques de la jeunesse, se gorgent de badinages à l'imitation de cette jeunesse, afin de ne pas passer pour des individus moroses et des despotes. »

Platon, *La République*, 315 av. J.-C.

Sommaire

À ma mère pour son aide précieuse dans la relecture,
à mon frère pour les illustrations,
à mon agent littéraire qui m'a permis de trouver un éditeur qui me ressemble,
à ma compagne qui m'a supporté pendant ces deux années d'« accouchement » de mon œuvre,
et enfin, aux centaines de familles qui m'ont fait confiance pour leur venir en aide et qui, indirectement, m'ont permis de me questionner et de concevoir ce guide.

Préambule

L'adolescence représente une période difficile pour les parents et les adolescents. Du plus loin que l'on se souvienne, cette période dérange, questionne. On a, de ce fait, créé un terme spécifique et non moins explicite en qualifiant ce moment de « crise ». Cette période de changements pour l'adolescent, aussi bien physiologiques que psychologiques, peut entraîner certaines difficultés de compréhension de la part de l'adulte qui a souvent oublié son adolescence et essaie de comparer son expérience personnelle, sans transposer son histoire dans l'époque actuelle, qui est à mille lieues de celle où il a lui-même vécu. L'objectif de ce guide est de dédramatiser ce passage, mais aussi d'aider par des conseils simples à vivre cette transition vers l'âge adulte plus sereinement, car l'ignorance et l'incompréhension sont souvent causes de conflits.

Ce guide réunit mes quinze années d'expérience dans le domaine de la jeunesse. Il met en application des grands principes d'éducation, en prenant en compte les connaissances théoriques et pratiques, tout en les adaptant à notre société. Le but étant de proposer un guide pratique et facile à lire : un véritable « outil éducatif portable ».

Éduquer est un métier. Avec ce guide, vous allez vivre une formation de « parents d'adolescents ». Vous serez amenés à vous remettre en question pour vous réapproprier vos rôles respectifs au sein de votre famille.

Gérer un adolescent est un savant équilibre entre libertés et restrictions, entre consignes et négociations. N'oublions pas que l'adolescence est à envisager comme une révolution par laquelle nous avons acquis notre autonomie ! C'est un processus global et singulier, nous l'avons tous vécu, chacun d'une façon particulière. De tout temps et en tout lieu, n'avons-nous pas tous un jour quitté l'enfance ?

DEVOIR D'INTRODUCTION

Faire connaissance avec les adolescents

Votre enfant a-t-il atteint l'âge de l'adolescence ? Ou entre-t-il encore dans la catégorie de la préadolescence ?

Théoriquement, l'adolescence s'étend de l'âge de 11 ans (préadolescence) jusqu'à celui de 18 ans. En pratique, il est très difficile de définir un âge précis du début de la période de l'adolescence, car celle-ci n'est pas une notion absolue, et bien qu'elle soit définissable par des caractéristiques psychologiques et surtout physiologiques (puberté), elle reste variable selon les individus. Nous allons tenter de déterminer cette étape de la vie qui peut correspondre à l'adolescence. Dans un premier temps, on peut affirmer qu'elle est plus précoce chez les filles, car le processus d'autonomisation et l'accession à la sexualité génitale commencent dès l'âge de 11 ans. En ce qui concerne les garçons, elle intervient plus tardivement, entre 12 et 13 ans. Pour ce qui est de la fin de l'adolescence, ce qui correspond à l'entrée dans l'âge adulte, de nombreux paramètres entrent en ligne de compte. Pendant l'adolescence, votre enfant dépend des adultes tout en désirant accéder à une certaine autonomie. Cette dépendance se prolonge en fonction de la durée de ses études et des difficultés rencontrées au moment de s'installer dans la vie de manière indépendante. La société actuelle n'aidant pas les jeunes à vivre en autonomie (études de plus en plus longues et coûteuses, hausse constante du chômage, salaires trop bas, prix des loyers trop élevés...), ils sont de ce fait obligés de vivre plus longtemps chez leurs parents et donc de vivre de façon autonome beaucoup plus tardivement que ce qu'ils souhaiteraient. Du fait de ces difficultés économiques et sociales, on peut noter un net recul de la fin de la période adolescente, qui se situe de nos jours aux alentours de 20 ans. Théoriquement, le jeune adulte est alors socialement capable de participer de manière active à la création de son rôle au sein de la société. Face à ces arguments, il est évident que l'indépendance financière tient un rôle important dans l'émancipation des ados, car pour mettre en application des décisions et devenir ainsi indépendants, il est nécessaire de disposer de moyens financiers suffisants pour s'engager dans la vie. C'est pourquoi la dépendance financière entraîne également une dépendance affective et oblige l'adolescent à se complaire au sein du cocon familial, espace de vie qui le sécurise mais le maintient dans son statut d'« enfant ».

L'angle psychologique n'est pas à négliger non plus, car le processus de « séparation-individuation » tient un rôle important et constitue l'une des données observables du début de l'adolescence.

Votre enfant grandit et a besoin de nouvelles références pour se construire

Les images parentales qui constituaient des repères et influençaient la pensée pendant l'enfance vont progressivement s'estomper. L'adolescent se crée ses propres valeurs, ses croyances et commence à penser par lui-même. Ces mécanismes sont le premier signe du passage de l'enfance à celui de l'adolescence. Votre ado ressent intensément ces besoins comme une nécessité absolue, qui aboutit à la mise en place de tout un processus d'éloignement psychologique. Étant néanmoins conscient du caractère impératif de conserver un adulte référent dans son entourage pour construire sa personnalité, il va se créer des « relais », parfois totalement différents de ses parents en ce qui concerne leur manière de vivre et/ou de penser.

Ces personnes prises comme des modèles du futur adulte à qui il voudrait ressembler pourront être, par exemple, un professeur de sport, un sportif ou un acteur célèbre, un chanteur ou toute autre personnalité… Ces nouvelles « icônes », véritables modèles d'identification, lui permettront de se forger sa propre individualité. Toutes ces raisons pousseront votre adolescent à s'opposer à vous en critiquant systématiquement vos choix, vos opinions…

À la puberté, l'aspect physique de votre enfant change, tout comme ses goûts et ses idées. Il développe un système de pensée autonome pour entamer son processus d'individualisation, ce qui constituera le premier axe psychologique de son développement au commencement de l'adolescence.

Les adolescents : des êtres complexes et stigmatisés

Tout au long de cette période tumultueuse, pendant laquelle votre enfant est en recherche d'indépendance et en quête d'identification, il va chercher à canaliser ses nouvelles pulsions, à trouver de nouvelles défenses, et il sera obligé de faire le deuil de son enfance. La réponse des parents à ce « travail » est particulièrement délicate.

Vous devrez fournir des preuves à votre fils – ou à votre fille – devenu adolescent, que vous ne souhaitez pas le conserver « en état d'enfance », mais aussi, continuer à jouer le rôle de ceux qui contrôlent ses nouveaux besoins. Ils seront différents de ce que vous, à son âge, avez pu vivre. C'est normal ! Nous vivons dans une société sans cesse en mouvement où la technologie surpasse tout ce que nous aurions pu imaginer. Et à une vitesse vertigineuse ! Mais des similitudes existent… Rappelez-vous : ce corps qui se transforme, entraînant des pulsions agressives et sexuelles, ce désir nouveau de s'habiller, de se coiffer et de se maquiller différemment, et puis ce détachement – ce désengagement – qui nous met mal à l'aise ou nous fait douter, mais que l'on ne peut réprimer, ces modes de relations avec notre famille, des plaisirs et des projets construits au cours de l'enfance, autrefois si agréables, qui aujourd'hui nous ennuient tant… Toutes ces étapes, nous les avons vécues !

Mettons-les en adéquation avec la société actuelle : diversification des moyens de communication, omniprésence de la publicité, importance déterminante de l'outil Internet, accès à tous les moyens de voir, de dire, d'entendre, souvent sans contrôle. Influence des médias… Les tâches de l'adolescence, dans un tel contexte, ne sont pas choses aisées. Faites en sorte que vos enfants ne se sentent ni abandonnés ni prisonniers.

« ***Le désir s'ébauche dans la marge où la demande se déchire du besoin*.*** »

Jacques Lacan,
psychiatre et psychanalyste français (1901-1981)

L'adolescent : un être envahi de désirs, de demandes, de besoins

Il est important que vous connaissiez ce qui paraît nécessaire à l'existence, aux yeux de votre adolescent, tant d'un point de vue psychologique que physique, pour mieux le comprendre. Sur le plan psychologique et intellectuel, l'adolescent vit une transformation physique fondamentale, en totale inadéquation avec la maturité de sa faculté de penser et de ressentir. Votre enfant élabore sa propre identité, d'où

* *Écrits*, Éditions du Seuil, Paris, 1966.

son besoin d'autonomie. Il se prouve à lui-même qu'il n'est plus dépendant de ses parents, car il veut se sentir exister par lui-même. Sa capacité de concentration s'en trouvera diminuée, et cela se fera sentir dans tous ses domaines de compétence et dans l'ensemble des activités qu'il pratiquera. Sur le plan affectif, l'adolescent souffre d'une sensibilité exacerbée et aspire à de nouvelles découvertes. Il éprouve par ailleurs le besoin de se rapprocher d'un groupe de camarades ayant le même souhait que lui. Ce clan représente pour l'adolescent un refuge, auprès duquel il se sent libre de se montrer tel qu'il est vraiment, de se confier, le cas échéant, et de dévoiler ses sentiments. Les nombreux changements que subit son corps et la rapidité avec laquelle ils se produisent – n'étant pas en synchronisation avec son développement psychique – amèneront l'adolescent à subir des difficultés d'adaptation. Sa motricité globale (ensemble des capacités motrices nécessitant la coordination de groupes musculaires, comme le fait de courir, de sauter, de grimper, d'attraper, de lancer des objets…) sera de nouveau – comme pendant son enfance – difficile à maîtriser. Certaines de ses qualités physiques, comme celles dont les facteurs dépendent principalement des processus de contrôle du système nerveux – la souplesse et la capacité de coordination (d'après la classification de J. Weineck*) – se trouveront affectées, et de ce fait, vous (ou tout autre adulte de confiance) devrez l'aider à exercer et à renforcer sa motricité, à assouvir son besoin de mouvement et à tester ses nouvelles capacités afin de se réadapter. Il est évident que vous pouvez, en tant que parents, proposer à votre enfant des activités (ludiques, courtes et simples, comme des jeux d'équilibre, de ballon, de course, de piste…) qui le mettront à l'aise afin d'éviter l'angoisse

* *Biologie du sport*, Vigot, Paris, 1992.

associée à l'apprentissage d'une nouvelle aptitude dans un contexte social. Même si l'adolescent teste votre autorité et refuse de vous écouter, il a besoin de grandir dans un cadre stable, et il vous revient de le lui offrir.

Des modifications extrêmes

L'adolescence s'accompagne d'une multitude de modifications hormonales et comportementales. Des troubles du comportement peuvent parfois apparaître, car l'adolescent éprouve souvent une grande violence en lui et autour de lui (cette dernière peut être verbale, gestuelle envers ses proches ou vis-à-vis de lui-même). Elle peut être dirigée vers l'extérieur ou retournée contre lui-même (autodestruction). Les difficultés relationnelles qu'il rencontre, ajoutées à un état dépressif, peuvent conduire à des drames (comme des suicides). L'adolescent est donc un être fragile à manier avec précaution. Votre enfant grandit, se transforme, votre relation avec lui doit aussi évoluer. La véritable urgence est l'écoute ! Vous ne pouvez plus vous comporter de la même façon que pendant son enfance, quand l'autorité naturelle et légitime se résumait à « Monte dans ta chambre ! » et que tout ce que vous disiez n'était pas contredit. Une fois votre enfant devenu adolescent, il va remettre tout en cause, contre-argumenter, vous pousser dans vos retranchements, vous tester.

Une autre difficulté de ces changements est la disparition de l'importance de la famille. Contrairement à l'enfance, l'adolescence est une période de rejet de la famille, pour privilégier les amis. Cette quête de socialisation, très difficile à vivre pour des parents aimants et bienveillants, est pourtant nécessaire. Laissez-le effectuer ces « tâches » qui sont des défenses psychologiques qu'il met en place pour tous ces changements qui le bouleversent et dont il doit se protéger. Ne vous inquiétez pas, la famille reprendra sa place à l'âge adulte.

> « ***L'adolescent est l'être qui blâme, qui s'indigne, qui méprise.*** »
> Alain, philosophe français (1868-1951)

Ce que vous devez supporter

La bande de copains et de copines constitue le noyau principal de la vie des adolescents. Ces derniers partagent de bons moments avec leurs camarades (sorties au cinéma, soirées…). Ce besoin d'appartenance à un groupe, d'interdépendance, les amène lorsqu'ils ne sont pas ensemble à passer des heures au téléphone. Cela explique l'intérêt des jeunes pour tout ce qui concerne les nouvelles technologies qui permettent de communiquer entre eux. Portable, Internet, messageries instantanées, blogs, et même consoles – par le moyen des jeux en ligne – jouent un rôle direct dans la communication. Les adultes en sont bien évidemment exclus, car il faut être un adolescent pour comprendre ce monde, où il existe des codes et des règles multiples :

- avoir les mêmes codes vestimentaires que les copains, le même style, s'habiller comme eux – rockers, rappers, riders, hipsters, glam…
- utiliser un langage spécifique à un groupe qui varie en fonction des villes, des quartiers…
- avoir les mêmes centres d'intérêt : regarder les mêmes films, s'intéresser aux mêmes jeux, écouter la même musique ;

- parfois même, se cantonner dans le même milieu social, et/ou culturel.

Les adolescents, craignant de se retrouver seuls, ont besoin de leur tribu et de jouer un rôle dans un groupe, pour avoir ainsi l'impression d'exister. C'est dans ce milieu « communautaire », sécurisant pour eux, qu'ils apprennent la vie en société et qu'ils forgent leur personnalité.

Un changement d'époque

Aujourd'hui, alors que le début de l'adolescence est clairement identifiable, puisqu'il commence par un événement biologique daté – la puberté, associée à des changements importants sur le plan corporel –, la sortie de l'adolescence est plus difficile à définir. Si l'adolescence s'achève par l'entrée dans la société des adultes, force est de constater à notre époque que cet accès à la position d'adulte n'est pas caractérisé par des critères précis, reconnus de tous. Ce passage constitue plus une démarche progressive qui recouvre une période de plus en plus importante. De nos jours, le temps de l'adolescence tend à se prolonger. Une nouvelle période est ainsi définie : « l'adulescence » (prenez comme exemple le personnage de Tanguy, dans le film du même nom). Ce n'est plus un passage, c'est une étape de la vie. Une étape durant laquelle on reste dépendant de la génération qui nous précède, alors qu'on a envie de liberté, de plaisir, de responsabilités d'adulte. Autre évolution de nos cultures occidentales, nous avons moins d'enfants et, de ce fait, nous reportons sur eux toutes nos projections. Nous attendons tellement d'eux qu'ils finissent par nous décevoir. Tout cela peut provoquer de véritables tensions.

Retour d'expérience

Lors des différentes étapes qui m'ont dirigé vers le métier d'éducateur spécialisé et m'ont donné l'envie d'écrire ce livre, j'ai eu l'occasion de participer à de nombreuses formations. Après avoir obtenu le BAFA (brevet d'aptitude aux fonctions d'animateur), j'ai travaillé pendant un moment comme animateur dans les écoles maternelles et primaires. Après cette expérience, j'ai passé le DEES (diplôme d'État d'éducateur spécialisé), et j'ai occupé les fonctions d'éducateur spécialisé. Pratiquant le sport depuis longtemps, j'ai alors décidé de tenter le DEJEPS (diplôme d'État supérieur de la jeunesse, de l'éducation populaire et du sport) pour devenir éducateur sportif, avec comme option le taekwondo (art martial coréen). Fort de tous ces apprentissages, j'ai appris à mieux me connaître, à échanger des idées avec des professionnels de l'éducation et à comprendre davantage le comportement des adolescents. Au début de ma pratique, j'ai bien sûr commis des erreurs de jugement, mon analyse n'étant pas toujours la bonne face aux jeunes qui m'étaient confiés. J'étais persuadé que toutes mes connaissances théoriques seraient applicables directement dans la pratique, ce qui se révéla vite faux. De plus, je m'étais forgé une idée de « l'adolescence » en fonction de toutes les théories que l'on m'avait inculquées. L'être humain est complexe et unique. Chaque individu ressent les événements qui parsèment sa vie de manière personnelle. Il subit tout au long de son existence des changements tels que : son lieu de vie, la rencontre de certaines personnes, la perte d'autres, un nouvel emploi, de nouveaux centres d'intérêt…

Voici une anecdote qui résume assez bien la situation que je viens d'évoquer.

Nous étions en 2003, je participais à l'un de mes tout premiers séjours avec des adolescents, et j'occupais un poste de médiateur. Nous nous occupions – un ami et moi, avec l'aide de quatre autres adultes – de jeunes présentant des comportements extrêmement difficiles à gérer. Ce moment de rupture totale avec leurs familles respectives nous paraissait nécessaire et salutaire pour eux. À la fin du séjour, nous n'étions plus que trois moniteurs. Il nous fut très pénible pendant ces deux semaines de nous faire respecter et de les obliger à appliquer les règles de vie. Cette tâche ardue et compliquée aboutissait à des conflits quotidiens très délicats à contenir. Nous devions instituer un rapport de force néfaste au climat régnant sur le camp. Néanmoins, l'équipe éducative décida de fêter l'anniversaire d'un des jeunes, espérant que ce soit un prétexte pour se rapprocher et communiquer dans une ambiance festive. Pour l'occasion, nous avions acheté une grande quantité de boissons (environ une quarantaine de bouteilles). Le lendemain au réveil, toutes avaient disparu. Nous nous interrogeâmes sur la façon d'opérer de nos apprentis « voleurs ». En effet, comment avaient-ils pu procéder pour dissimuler tout cela ? Nous devions régler le problème au plus vite. Il nous sembla tout d'abord évident que nous allions les retrouver, tant le larcin était lourd et encombrant, mais il n'en fut rien. Une fois les jeunes réunis, une discussion commença.

« Bien, voilà... c'est très simple, l'un d'entre vous ou même plusieurs ont dérobé ou caché toutes les boissons, vous allez donc devoir nous dire si vous savez de qui il s'agit.

Tous se taisaient. Certes, cette action ne revêtait pas un caractère de gravité extrême, mais nous préférions nous montrer intransigeants face au moindre écart de comportement.

— Nous désirions fêter ensemble l'anniversaire de votre camarade, mais puisqu'il en est ainsi, nous annulons et allons fouiller les tentes. »

Malgré nos investigations, les bouteilles restèrent introuvables. Aussi bizarre que cela puisse paraître, les jours passaient, et notre fouille ne donnait toujours rien.

Parfois, nous pratiquions le kayak sur le canal qui longeait notre camp. C'était une belle journée ensoleillée, et nous avions décidé d'en profiter pour nous rendre au bord de l'eau. Chacun embarqua dans son kayak. Un des adolescents tamponna mon embarcation, et celle-ci vint taper sur la berge. C'est à cet instant que je remarquai une corde qui attisa ma curiosité. Je tirai et m'aperçus que les bouteilles y étaient accrochées, ce qui leur permettait de boire et de cacher la boisson dans l'eau. Ce petit manège durait depuis près d'une semaine. Le même jour, je les rassemblai tous, les observai sans rien dire, puis je les applaudis. Ils se montrèrent très étonnés de ma réaction, ils s'attendaient à de sévères remontrances et à des sanctions. Je me contentai de leur exprimer une pensée résultant de leur attitude négative tout au long de ce séjour :

« Quel gâchis ! C'est dommage ! Si seulement, vous aviez agi avec autant d'imagination et d'énergie sur le camp au quotidien, je suis certain que nous aurions pu vivre des moments très agréables et participer ensemble à de nombreuses activités sensationnelles ! »

À partir de cet instant, leur attitude changea. Ils ne nous montrèrent plus d'hostilité, l'ambiance fut plus détendue, et un respect mutuel s'installa.

Mes différentes et nombreuses formations théoriques ne m'avaient pas préparé à la vie sur le terrain. La pratique est complémentaire à la théorie, et l'on ne peut pas l'appliquer sans considérer la personne qui est face à soi comme une entité particulière. Pour gérer un adolescent, il est nécessaire de gommer nos certitudes et de ne pas comparer notre vécu au sien. Ce guide vous aidera à connaître les bases théoriques utiles pour comprendre et traverser sans trop de difficultés cette période pleine de surprises !

Les conseils de Pascal

- L'adolescence étant une période de fragilité au cours de laquelle le jeune aime à se réfugier auprès de son groupe d'amis, vous devez l'accepter, tout en contrôlant les fréquentations de votre enfant, sans être intrusif.

- À l'entrée dans l'adolescence de votre enfant, prévoyez d'adapter les règles de vie du foyer en fonction de ce nouveau facteur.

- Vos certitudes sont des obstacles à son épanouissement. Lisez des revues sérieuses et/ou renseignez-vous sur Internet, ou encore, tout simplement, parlez avec vos connaissances ou avec des personnes compétentes qui sauront vous conseiller sur le phénomène de l'adolescence, pour mieux comprendre les réactions de votre enfant dans la vie quotidienne.

- Acceptez de recevoir ses amis à la maison, ce qui vous permettra de les connaître.

- Identifiez les jeunes qui peuvent réellement nuire à votre adolescent (délinquants...) et ceux qui ne vous plaisent pas pour des raisons du domaine du ressenti (style vestimentaire...).

- Parlez avec votre enfant de ses amis, intéressez-vous à eux sans les juger.

DEVOIR N° 1
Accompagner votre adolescent vers l'âge adulte

Une plus grande autonomie

Autonomie : un mot apparenté au « modernisme » de notre société actuelle, souvent utilisé à mauvais escient. Il est synonyme de « réussite éducative » pour les parents qui considèrent l'autonomie comme un processus positif et nécessaire à l'épanouissement de leur enfant, mais est perçu comme un échec par les parents qui ont des difficultés à accepter ce détachement et cette remise en cause du milieu familial, émanant de leur enfant. Votre adolescent va chercher à s'émanciper pour avancer vers le monde adulte, tout en ayant encore besoin de la protection dont il jouissait dans l'enfance. Malgré son désir de liberté, l'adolescent redoute de se confronter au monde des adultes, alors qu'il lui est inconcevable de rester dépendant de ses parents, car cela l'empêche d'être autonome. L'adolescent sera plus difficile à gérer et à comprendre s'il adopte une attitude d'opposition systématique ou, au contraire, s'il dépend trop de ses parents en les accaparant totalement. Mais est-il pour autant facile et utile de laisser le jeune être le seul maître à bord ? Peut-il prendre des décisions sans vous avoir consultés et sans en avoir discuté ? Rappelez-vous l'importance de l'instauration du dialogue parents-enfants, préalablement établi, comme base de toutes les possibilités et de tous les interdits. Accorder une totale autonomie, c'est aussi perdre le pouvoir.

L'adolescence marque le début du passage à l'âge adulte. Parfois, celui-ci est difficile à comprendre et aussi compliqué à gérer par les parents, tant l'impatience des adolescents à devenir des adultes est pénible à supporter au quotidien en raison de l'attitude qu'ils adoptent.

Si l'autonomie est primordiale, elle doit être avant tout maîtrisée. L'adolescent, bien qu'étant un adulte en devenir, reste avant tout un enfant, inapte à prendre toutes les décisions et à assumer seul les responsabilités.

Autonome trop tôt

L'étape où l'on s'apprête à laisser notre enfant avancer sur le chemin de la liberté est délicate et nécessite de faire un audit des capacités de celui-ci en laissant de côté le lien affectif, les enfants n'étant pas tous égaux en ce qui concerne le rythme d'acquisition de l'autonomie. L'âge, comme unique critère, n'est pas suffisant pour prendre une décision éclairée. Vous commettriez une grave erreur en désirant que votre enfant grandisse trop vite. L'enfance est un bien trop précieux pour ne pas le respecter, ne le bafouez pas ! Profitez-en ensemble.

L'étape intermédiaire, appelée « préadolescence », s'avère être un terme inexact créé pour rassurer les parents, ou pour satisfaire le besoin chez certains d'entre eux de voir leurs enfants grandir vite pour mieux se projeter dans ce qu'ils accomplissent. Le milieu de la mode – par l'intermédiaire des marques plébiscitées par les jeunes, ou par le biais des médias – nous montre bien les dérives auxquelles s'exposent les préadolescents à vouloir ressembler à tout prix à leurs aînés (de quelques années seulement !). Par exemple : ces jeunes participent à des radiocrochets (comme ***The Voice Kids***) ou encore deviennent les égéries de publicités, habillées et maquillées de manière outrancière.

Pour accompagner votre adolescent vers l'autonomie, il faudra également prendre en compte l'environnement dans lequel il grandit. Bien évidemment, si vous habitez en zone rurale, vous devrez permettre à votre enfant d'être autonome plus jeune, ne serait-ce que par nécessité (déplacements moins aisés à la campagne, l'obligeant à adapter son moyen de transport). À l'inverse, en ville, vous serez moins permissifs, tout au moins en ce qui concerne ses déplacements. Les permissions ne seront pas les mêmes selon que l'on vit dans une agglomération ou dans une petite commune. Le tempérament et le caractère de votre enfant seront également déterminants pour juger de ses aptitudes. Vous apprécierez aussi ses fréquentations, ses habitudes, ses loisirs… et évaluerez les risques encourus. Laissez-le avancer à son rythme et observez son évolution, pour ne pas l'obliger à devenir adulte trop tôt. Néanmoins, vous ne devez ni le surprotéger, ni craindre le pire à chaque fois qu'il n'est pas avec vous. Faites preuve de bon sens !

Une autonomie paradoxale

Les adolescents ont soif d'autonomie, mais ils ont besoin de leurs aînés pour devenir adultes. Cette relation adolescents-adultes est complexe. Si l'on questionne un adolescent sur la nécessité de se référer à un adulte avant d'agir, il vous rétorquera qu'il n'a pas besoin d'adultes pour construire sa vie. Ce qui constitue une réponse absurde, car il est bien évident qu'un jeune ressent la nécessité d'échanger avec les adultes, et réciproquement ; les adultes considérant même que ces jeunes pourraient leur apprendre beaucoup. Cette attente commune n'aboutit pas obligatoirement à une compréhension mutuelle. Les mères sont souvent les plus sollicitées par les adolescents, leurs amis, bien qu'essentiels, ne constituent pas un modèle et sont peu consultés en ce qui concerne les sujets importants, tout simplement parce que l'adolescent joue souvent un rôle au sein de son groupe. Nous vivons de nos jours dans un contexte social, économique et culturel où les formes de familles sont très variées. En effet, dans notre société actuelle, dès leur plus jeune âge, de nombreux enfants grandissent selon le mode d'organisation familial de type associatif (supposant une large indépendance des membres de la famille) et non plus comme auparavant, dans des familles régies par un mode d'organisation de type patriarcal (système social dans lequel l'homme, en tant que père, est dépositaire de l'autorité au sein de sa famille). De ce fait, la hiérarchisation des rapports entre les membres d'une même famille tend à s'estomper. Les parents sont soumis au choix de l'enfant en prenant en compte ses demandes, sa sensibilité, et en étant soucieux de l'image qu'il se fait d'eux; s'ensuivent des discussions et des négociations constantes plutôt que le fait d'imposer des règles non négociables. La notion d'« enfant roi » prend alors tout son sens. Pourtant, les enfants ont besoin, à la fois d'autonomie, mais aussi d'un garde-fou pour les empêcher de commettre des imprudences. Les parents sont également d'importants vecteurs de confiance, même si ceux-ci ne sont pas les seuls transmetteurs de la confiance en soi; les parents leur inculquent également les valeurs morales nécessaires pour déterminer plus tard leurs choix d'action. Les adolescents attendent aussi de leurs parents un soutien dans la construction de l'estime de soi. Alors que les adultes ont prioritairement envie de transmettre le goût de l'effort à leurs adolescents, ceux-ci, quant à eux, attendent de leurs parents un discours et une attitude honnêtes, et une reconnaissance de leurs compétences ainsi qu'une valorisation leur permettant de développer leur confiance en eux. Même si votre enfant, en grandissant, gagne en autonomie (ce qui est plutôt souhaitable), vous resterez toujours ses parents (et ce, à tout âge), et il aura toujours besoin de vous pendant que vous ressentirez la même nécessité.

L'arrivée au collège

L'entrée au collège entraîne certaines problématiques à gérer pour les adolescents et leurs familles. Le premier, et non le moindre, concerne celui de la gestion du temps, le fameux « emploi du temps », véritable casse-tête pour celui ou celle qui doit le gérer. Il est préférable d'habituer votre enfant en douceur aux heures de liberté inhérentes à son entrée dans un collège. Des plages horaires vont se libérer dans la semaine, car les cours sont dispensés par plusieurs professeurs et dans des établissements beaucoup plus importants que ceux de l'école élémentaire. L'emploi du temps sera moins rigide et parfois changeant (décalage de certains cours, absence non remplacée d'un professeur…), ce qui demandera une adaptation de sa part, mais aussi de la vôtre. Il peut arriver que votre adolescent finisse plus tôt ou commence plus tard, ne vous angoissez pas inutilement, prévoyez ensemble. Les possibilités qui s'offrent à vous pour l'accueillir au mieux et pour qu'il soit surveillé sont multiples, même si aucun adulte ne peut le prendre en charge à la maison.

Avant la classe de quatrième, votre enfant a surtout sa place au collège. Il peut se rendre, aux heures préalablement définies par le collège, au foyer, qui joue un rôle social, éducatif, culturel et ludique. Il existe également les études dirigées où il sera aidé par un enseignant pour commencer ses devoirs. Il a également la possibilité d'aller en salle de permanence, surveillé par un assistant d'éducation. Enfin, il lui reste la possibilité de se documenter sur tout sujet l'intéressant en salle de CDI (centre de documentation et d'information) gérée par un documentaliste. Certes, vous n'êtes pas à l'abri de mensonges élaborés par votre adolescent, mais sachez que des outils existent afin de vous assurer du sérieux de votre enfant. Les autorisations parentales sont les plus courantes ; sans ce sésame, il lui est impossible (enfin presque) de sortir en dehors des horaires de son planning original. Pour que votre enfant acquière une certaine autonomie, n'hésitez pas à le tester. Les professeurs (en priorité, le professeur principal de sa classe), le conseiller principal d'éducation (CPE) et enfin le principal (ou son adjoint) seront vos meilleurs alliés pour vérifier de temps à autre que votre enfant respecte son emploi du temps et votre décision en ce qui concerne son temps libre. Dans certains établissements, vous pouvez demander à être informés des absences et des retards de votre adolescent par texto ou par mail. Cette option est incontournable, car lui donner votre confiance n'est pas synonyme d'oublier vos responsabilités. Vous consulterez régulièrement le carnet de correspondance de votre enfant, qui vous fournira de précieuses informations.

À l'entrée en quatrième, votre adolescent gagne en autonomie, et les sorties – exceptionnelles jusqu'à présent – pourront être plus courantes, surtout si votre enfant respecte ses engagements (devoirs faits correctement, résultats scolaires satisfaisants, bon comportement en classe et dans le collège, respect des personnes et du règlement...). Ces autorisations sont un atout pour motiver votre adolescent à être sérieux dans ses études. Il comprendra de cette façon qu'en vous respectant ainsi que votre autorité, il se respecte également, en s'évitant les désagréments de punitions allant à l'encontre de sa liberté. Même si le comportement de votre adolescent est très satisfaisant et qu'il prouve son autonomie, ce n'en est pas moins un grand enfant, qui ne sera pas forcément à même de prendre des décisions éclairées, le moment venu...

Révoltés et dépendants

Un adolescent qui s'énerve trop facilement et éprouve constamment le besoin de vous contredire pour montrer son désaccord et tester vos limites vous crie au visage son anxiété face à la vie. Ce changement de statut et ce corps qui se transforme lui font peur, car grandir en autonomie l'oblige à s'interroger sur l'étendue de ses capacités qui lui paraissent bien restreintes vis-à-vis de tout ce qu'on lui demande de réaliser. Ces adolescents à fleur de peau, d'une sensibilité exacerbée, se montrent extrêmement dépendants des adultes, ils ont besoin d'être rassurés, et en même temps, ils rejettent souvent leurs parents. Il est essentiel et déterminant pour leur équilibre que vous les compreniez afin de leur éviter de se sentir mal dans leur peau continuellement. Leur comportement, principalement dicté par la peur et le doute, les conduit peu à peu à des moments de crise et affecte leurs résultats dans plusieurs domaines de compétences. Ils ne choisissent pas d'être en échec et ne le revendiquent pas, bien qu'ils aient, en tant qu'êtres humains, le droit à l'erreur de temps en temps, ils en souffrent et doivent trouver une oreille compatissante pour sortir de cette situation incommode. Cette angoisse de ne pas réussir prend sa source dans le regard des autres et de leurs exigences vis-à-vis d'eux qu'ils craignent de ne pas pouvoir combler. Ces adolescents, fragiles psychologiquement, dont il faut s'occuper avec tact et prudence, peuvent finir par construire leur identité dans l'échec et la négativité plutôt que de la forger dans le plaisir de la réussite, et de ce fait, utiliser la stratégie du refus pour se sentir forts afin d'acquérir du pouvoir. La meilleure façon de se sortir de cette spirale est de redonner confiance à votre adolescent en lui permettant de mener ses propres expériences, loin de la protection de la famille. Cette vulnérabilité de votre enfant ne doit ni vous amener à lui céder sur tout ce qu'il exige, ni lui servir de chaperon en permanence, car cette attitude conforterait le jeune dans sa position de « personne incapable de se débrouiller seul ». L'échec du jeune doit être accompagné mais pas occulté. Ne le remplacez pas dans les tâches qu'il ne maîtrise pas, car votre enfant vous attribuera la réussite à vous et non à lui. Pensez aux séparations provisoires (sport en club, vacances en colonies, séjour à l'étranger…) pour qu'il soit loin et ne puisse pas compter sur vous pour s'assumer. Il prendra ainsi conscience qu'il peut réussir sans vous !

Avoir confiance

Devenir un « grand », acquérir une réelle autonomie, nécessite d'avoir une confiance en soi suffisante et d'être capable d'agir et de réfléchir par soi-même. L'autonomie permet de prendre son indépendance vis-à-vis de ses parents, ce qui est essentiel pour se créer sa propre personnalité afin de développer son estime de soi et ainsi se délivrer de sa dépendance aux autres. Laisser son enfant grandir équivaut à le valoriser, à lui faire confiance, tout en lui exprimant la fierté éprouvée envers lui à chaque occasion où il vous prouve sa capacité à affronter une situation de manière réfléchie, sérieuse et autonome, et enfin, à le protéger tout en lui laissant une certaine liberté d'action pour ne pas réprimer son désir de « grandir ». Les parents ne doivent pas agir à la place de leur enfant sous prétexte qu'ils pensent leur adolescent incapable de réaliser tel ou tel acte sans eux, ou tout simplement pour gagner du temps. Cela aurait pour effet négatif de ne pas développer l'initiative et de décourager votre adolescent. Il convient donc de différencier deux notions : ***l'indépendance*** – qui par définition représente l'état objectif dans lequel se trouve un adolescent disposant de ressources suffisantes pour gérer sa vie (fin de l'adolescence), autrement appelée « l'émancipation » – et ***l'autonomie*** – qui est une des catégories de l'identité, impliquant uniquement l'individu et renvoyant à l'idée que l'adolescent se donne ses propres règles et les maîtrise – ; elle est considérée comme une perception positive de soi, vers laquelle le jeune adulte – ici l'adolescent – tend. Son rôle, consistant à participer à l'élaboration de ce monde et de l'univers dans lequel il vit, est crucial et déterminant pour l'avenir.

« ***Nous ne pouvons pas toujours établir le futur pour notre jeunesse, mais nous pouvons établir notre jeunesse à l'avenir.*** »

Franklin D. Roosevelt,
32e président des États-Unis (1882-1945)

Cependant, on ne peut pas réduire l'autonomie à l'indépendance. En effet, les adolescents, vivant encore chez leurs parents souvent pour des raisons économiques, et donc dans une situation de dépendance vis-à-vis d'eux, peuvent s'affirmer néanmoins comme des adultes. Il s'agit d'entendre leurs affirmations et de juger de leur véracité.

Gérer son budget

L'entrée au collège, vers 11-12 ans, est souvent un moment-clé pour commencer à recevoir de l'argent de poche. Cette somme perçue régulièrement deviendra un outil permettant d'enseigner aux jeunes la gestion d'un budget en autonomie. Pour certains parents, ce sera aussi un moyen d'inculquer le sens des responsabilités en ne versant de l'argent à leur enfant qu'à la condition qu'il ait de bons résultats scolaires et participe aux tâches ménagères quand on le sollicite. L'argent de poche, les cadeaux en espèces des grands-parents ou d'autres membres de la famille et les petits travaux effectués pendant le temps libre de votre adolescent (baby-sitting, ou toutes autres embauches partielles…) permettent à votre enfant de détenir une certaine somme qu'il devra gérer avec votre aide et vos conseils, de façon à vous assurer qu'il mesure bien l'importance de ne pas gaspiller ce qu'il a gagné à la sueur de son front. Conseillez-lui d'épargner une partie de la somme détenue, ce qui lui permettra de comprendre l'importance de contrôler son argent. Pour cela, plusieurs solutions s'offrent à vous pour appréhender progressivement avec votre adolescent la gestion d'un budget.

L'ouverture de son premier compte en banque est un moment important dans sa vie. Il se verra peut-être proposer une carte bancaire ; elles sont nombreuses et offrent des options diverses. Veillez à ce qu'il ait bien compris l'utilité de chacune d'elles et choisissez-en une en connaissance de cause. Je vous conseille, dans un premier temps, d'opter pour une carte servant uniquement à retirer de l'argent dans les distributeurs et ne lui permettant pas d'effectuer des achats dans les magasins, ou encore sur Internet ! À partir de l'âge de 16 ans, lorsque vous jugerez de son aptitude à se servir de ce moyen de paiement de manière responsable et à gérer son budget avec sérieux, proposez-lui de changer pour une carte de paiement qui inclut dans son tarif un contrôle de ses règlements, la demande d'autorisation systématique à la banque et la possibilité de bloquer des paiements effectués sur Internet. De ce fait, à chaque fois que votre adolescent réalisera un retrait ou un paiement en caisse, le solde de son compte sera interrogé ; cela représente une sécurité indispensable pour garantir que votre enfant ne dépensera pas plus d'argent que ce qu'il n'a réellement sur son compte et ne se retrouvera pas face à un découvert qu'il ne pourra combler. Enfin, à partir de ses 18 ans, il sera en mesure de changer sa carte contre une nouvelle, sans contrôle préalable du solde de son compte bancaire, mais avec une somme hebdomadaire maximum (établie par la banque en fonction de ses revenus ou de son solde) à ne pas dépasser, et donc, l'impossibilité pour lui ou pour elle d'aller au-delà de son budget mensuel. Cela permet une gestion plus souple de l'argent, mais attention : il devra bien sûr penser à consulter régulièrement le solde de son compte. Si vous estimez que votre enfant n'est pas suffisamment responsable pour assumer sa vie sur le plan financier, suggérez-lui (sans l'y obliger!) de conserver une carte bancaire plus contrôlée, en lui expliquant que vous agissez ainsi pour sa tranquillité d'esprit et pour lui éviter de se retrouver dans des situations très déplaisantes devant des gens qui l'infantiliseront en lui faisant la morale! Ce qu'il exècre par-dessus tout…

Apprendre à faire des choix

L'adolescent ne pourra jamais satisfaire toutes ses envies, il est de ce fait primordial de responsabiliser le jeune à la difficulté de gagner de l'argent. Il faut lui expliquer et ne lui accorder aucune augmentation en cas d'épuisement du budget. Il ne faut pas diaboliser l'argent, mais ne le laissez pas penser que c'est une source inépuisable. Dans une société de crédits et de consommation, il est primordial qu'il le sache!

Il doit intégrer la nécessité de devoir parfois patienter pour obtenir l'objet désiré ou choisir entre plusieurs choses convoitées. Accepter cette frustration l'aidera à devenir un adulte. L'argent n'est pas un besoin en soi, et encore moins un droit, c'est seulement un moyen. Entasser des sous sans projet n'a pas de sens, et il doit le comprendre.

« ***Se contenter de peu d'argent, c'est aussi du talent.*** »
Jules Renard, écrivain français (1864-1910)

Il faut également estimer les dépenses de votre adolescent en fonction de son âge, en le mettant à contribution (le prix de l'abonnement d'un téléphone mobile, d'un CD, d'une entrée de cinéma…). Pour établir un montant réaliste, il faut être au courant du coût des choses au préalable. Pensez à déterminer une somme moindre que le budget estimé, car, comme il est expliqué dans les pages précédentes, ***devenir autonome, c'est savoir renoncer, attendre, choisir***.

> « ***Savez-vous quel est le moyen de rendre votre enfant misérable ? C'est de l'accoutumer à tout obtenir.*** »
>
> Jean-Jacques Rousseau, écrivain, philosophe (1712-1778)

La communication, comme base essentielle

Il faut également expliquer clairement à votre adolescent les différences de montant de l'argent de poche, notamment entre les enfants d'un même foyer, mais aussi d'amis, afin d'éviter un sentiment d'injustice et de jalousie. Fixer un cadre clair et non négociable, c'est le premier principe. Vous devez définir des règles, informer votre enfant et lui expliquer vos choix. Il serait bien d'établir un contrat rédigé ensemble et signé par vous et lui. Cet acte administratif symbolique sera la preuve de vos engagements mutuels, et nul ne devra y déroger. Ces règles varieront selon les foyers. Certains interdiront l'achat de produits, comme « la malbouffe », les jeux vidéo ou la cigarette. D'autres préféreront laisser au jeune la pleine liberté d'utiliser l'argent comme il lui convient. Il vous appartient à chacun d'adapter ces règles à votre système éducatif et au comportement de votre adolescent.

Il est important de donner le même montant aux enfants qui sont dans la même tranche d'âge et ont les mêmes postes de dépenses (12-15 ans, 15-17 ans). Ce principe d'équité est d'autant plus difficile à appliquer avec une famille recomposée. Si possible, convenez-en avec votre ex-conjoint afin de trouver le point de convergence.

Par contre, si vous donnez de l'argent de poche, ne le supprimez pas sans raison valable et explicite. Ne vous en servez pas non plus comme d'un moyen de chantage. Il sera remis à votre enfant selon la périodicité choisie et sans autres contreparties que celles mentionnées dans votre contrat mutuel.

Les sorties et loisirs : un droit qui se mérite

Quand on veut gérer les sorties de ses adolescents, il est important de fixer des priorités expliquées et recensées avec eux. Les sorties, moments de détente après une journée bien remplie, seront accordées si les tâches imparties ont été réalisées. Ces missions correspondent à des moments de la vie quotidienne (rangement, ménage...). Vous adapterez les rôles de chaque enfant en fonction de son âge. Vous veillerez à ce que les devoirs scolaires soient correctement rédigés et les leçons apprises, ceci en priorité après le retour de l'école et le goûter. Tous ces instants seront vécus dans le respect des règles familiales.

Au retour de ces sorties, votre enfant s'impliquera dans l'aide au dressage de la table, à la préparation du repas, au nettoyage après le dîner. Il profitera, bien sûr, de ce temps privilégié pour communiquer avec la famille.

Le week-end, il conviendra de respecter ces règles en fonction de l'âge et de fixer un horaire de retour. Le dimanche, après des temps de détente ou de jeux, vous amènerez en douceur l'adolescent à adopter une conduite plus adaptée à la reprise scolaire du lendemain matin. L'idéal étant, selon moi, un retour au foyer vers 17 heures.

Les sorties ne sont pas un droit, mais bien un moment de détente accepté par les familles. De ce fait, elles peuvent être réduites, voire interdites, en cas de manquement aux règles familiales.

Retour d'expérience

Un adolescent de 12 ans, que je suivais, était très envié par ses camarades. En effet, il avait une entière liberté d'action ! Il disposait de sommes importantes, lui permettant de ne pas déjeuner à la cantine. Il se vantait auprès de ses camarades de pouvoir s'acheter tout ce qu'il aimait (par exemple des kebabs, lesquels, comme chacun sait, sont des repas très appréciés par les adolescents !). Il choisissait également lui-même ses sorties… Un peu surpris par le laxisme de ses parents, je décidai de les rencontrer. Je me rendis vite compte qu'ils étaient dans l'erreur. Ils lui donnaient beaucoup trop de liberté, désirant rendre leur enfant responsable et autonome afin qu'il devienne adulte plus rapidement. Deux ans plus tard, je fus convoqué à son sujet pour discuter avec ses parents et le chef d'établissement. Le jeune était devenu incontrôlable et ne respectait plus les consignes des adultes, car il estimait pouvoir « se gérer seul ». En réalité, il avait vécu l'attitude permissive de ses parents comme un abandon. Son comportement actuel découlait de ce qu'il avait pris comme un renoncement envers lui, et avait pour seul but la remise en cause du milieu familial et de son mode de fonctionnement.

Les conseils de Pascal

- Responsabilisez votre adolescent et jaugez sa capacité à être autonome, en créant des règles. Exemples : donnez-lui un horaire à ne pas dépasser, un soir de sortie, lorsqu'il n'a pas de cours le lendemain, et veillez bien à ce qu'il le respecte. Régulez sa façon de se servir de son portable, en lui interdisant de l'utiliser à certains moments de la journée (repas, devoirs...).
- Être autonome se mérite. N'hésitez pas réévaluer le degré d'autonomie en cas d'erreur, en lui expliquant pourquoi.
- « Autonomie » ne veut pas dire « perte de votre autorité éducative » ! Vous êtes en droit, et avez même l'obligation, de lui demander où il se rend et avec quels amis. Sans pour autant l'espionner !
- Laissez votre adolescent prendre des initiatives progressivement, et n'hésitez pas à le laisser gérer seul des tâches simples. Cela développera chez lui l'envie d'assumer des responsabilités.
- Si vous avez du mal à jauger des capacités de votre adolescent en ce qui concerne la possibilité de lui confier des responsabilités en totale autonomie, consultez votre entourage, il pourrait se révéler de bon conseil.

- L'autonomie est l'un des premiers pas vers l'indépendance, sans pour autant vouloir brûler les étapes; chaque chose en son temps! Commencez par lui demander son avis sur les règles de vie de la famille pour qu'il se sente totalement impliqué dans certaines décisions ou positions prises face à une situation donnée. Acceptez la critique, surtout si elle est constructive. Discutez avec lui de certaines règles établies par la société, laissez-le s'exprimer, même si son point de vue est contraire au vôtre, écoutez son argumentation pour défendre ses idées et exposez-lui les vôtres, cela vous ouvrira les yeux sur sa manière de penser et sur ses opinions. L'important réside dans le fait qu'il possède et puisse exposer son propre jugement sur des thèmes divers de la vie. Rappelez bien à votre adolescent que l'indépendance et l'autonomie sont deux concepts bien distincts.

- À partir de l'âge de 12 ou 13 ans, votre adolescent sera capable de garder des enfants (ses frères et sœurs plus jeunes, ceux d'amis ou encore de voisins) sans la présence d'un adulte, et moyennant une compensation financière. Restez disponible et à proximité, pour qu'il se sente soutenu en cas de problème. Ce «travail» est un excellent moyen de responsabiliser votre adolescent; en revanche, demandez-lui s'il se sent prêt à assumer cette fonction qui n'est pas si simple et non sans risques. De même, à cet âge, il est possible de le laisser seul à la maison durant une soirée avec ou sans ses frères et sœurs dont il aura la garde. Votre adolescent doit se sentir en sécurité et suffisamment mature pour pouvoir réagir rapidement et efficacement en cas d'urgence. Vous lui laisserez tous les numéros indispensables (pompiers, SAMU, SOS médecins...) ainsi que les numéros d'amis ou de voisins proches de votre domicile, que vous aurez prévenus, et vous resterez joignables par l'intermédiaire du portable à toute heure du jour ou de la nuit. Habituez-le, si l'expérience le tente, petit à petit, en commençant à garder un enfant, en journée, pendant une heure ou deux. Si tout se passe bien, vous pourrez alors lui faire gravir une nouvelle marche, et ainsi de suite, jusqu'à arriver à une situation acceptable et satisfaisante pour tous.

- Valorisez ses actions et incitez-le à prendre son autonomie.

- Demandez-lui d'accomplir des tâches simples et valorisantes pour le sortir de sa passivité. S'il n'arrive pas à les gérer seul, ne le critiquez pas, accompagnez-le dans ses actions et ne le comparez surtout pas à ses frères et sœurs, cela créerait de la jalousie qui conduirait à une mauvaise entente et à des conflits. Que ce soit en matière d'autonomie ou pour toute autre façon d'être, nous sommes tous différents, et il faut nous accepter comme tels.

- Dès 13 ans, votre adolescent peut aller au cinéma avec des amis, sans la supervision parentale. Conduisez-le et allez le chercher à la sortie, afin de lui permettre de répondre en toute sécurité à son besoin d'autonomie. À cet âge, vous pouvez aussi le laisser prendre les transports seul pour se rendre en cours, en ayant pris soin auparavant de consulter ensemble les horaires et le trajet emprunté.

- N'hésitez pas à lui demander de participer à quelques tâches ménagères ainsi qu'aux courses, cela le sensibilisera à ce que devenir autonome implique, à savoir, par exemple, être acteur de la bonne marche d'un foyer.

- Surtout, soyez à son écoute ! Il doit se sentir libre de vous parler et ne pas ressentir de crainte à se confier ; à défaut, cela l'amènerait à ne pas prendre d'initiatives, de peur de se tromper (or nous avons tous le droit à l'erreur !). Sachez écouter ses souhaits, ses envies et ses difficultés pour l'aider à les combler ou à les combattre. Il n'est pas encore un adulte mais peut se montrer responsable, si vous lui donnez les moyens pour y arriver ! L'autonomie repose avant tout sur la confiance que vous lui témoignerez, vous et tous les autres acteurs de sa vie.

DEVOIR N° 2
Gérer les vacances de votre adolescent

En « vacances » avec votre adolescent

Les vacances sont un moment unique où chaque membre de la famille peut se retrouver dans un autre contexte, en privilégiant la détente et le partage. Il convient pour ce faire de ne plus aborder le quotidien de nos activités professionnelles, car cette période est propice avant tout à la décontraction et à l'oubli de nos activités contraignantes et stressantes journalières, tout au long de l'année. Ces jours passés ensemble permettent de se créer des souvenirs inoubliables en famille.

Même si les vacances sont synonymes de bonne humeur et de légèreté, partir avec un adolescent nécessite quelques règles essentielles afin qu'elles ne soient pas perturbées.

Vous devrez revoir et assouplir, voire modifier, les règles qui régissent la famille le reste de l'année. Les autorisations seront plus récurrentes que les interdits, et l'on évitera par-dessus tout de demander des comptes à son enfant concernant ses résultats scolaires. Il se doit de partir avec vous, car son âge l'y oblige, mais il ne le fait pas toujours de bon cœur ! Néanmoins, même s'il ne l'avoue pas, le cadre familial le rassure. Sachez qu'il aura à cœur d'expérimenter de nouvelles autorisations (premières sorties nocturnes sans la supervision d'un adulte, premiers émois amoureux…). Ces nouvelles dispositions que vous aurez mises en place l'aideront par l'expérimentation à franchir de nouvelles étapes dans la quête de sa vie d'adulte. Ne vous en inquiétez pas, vous serez là si besoin est pour le conseiller et le consoler. Souvenez-vous de votre parcours à son âge, cela vous aidera à dédramatiser et à prendre les bonnes décisions.

« ***La liberté n'est pas de faire ce que l'on veut, mais de vouloir ce que l'on fait.*** »

Jacques-Bénigne Bossuet,
écrivain, prédicateur (1627-1704)

Libertés et sorties tardives

Le temps des vacances se caractérise par des instants de bonheur et de plénitude. Il est grisant de penser que l'on aura la permission de vivre à un autre rythme que celui adopté toute l'année. Vous laisserez votre adolescent se coucher plus tard que d'habitude, ce qui vous permettra de juger de son degré de maturité et à quel point il peut se montrer responsable. Faites la part des choses et adaptez ces horaires à celui du rythme des journées. En adoptant cette attitude, votre adolescent sera satisfait, et vous pourrez aussi en profiter pour prendre du temps pour vous. Cette organisation spécifique aux vacances permettra également à votre enfant d'assumer ses actes, de le rendre responsable et de lui prouver que vous avez confiance en lui. Une confiance qui s'instaurera dans la durée et qui s'avérera importante lors du retour à la maison. En effet, il comprendra qu'il ne tient qu'à lui d'obtenir une certaine liberté, les règles de sortie pouvant évoluer, à condition qu'il fournisse des efforts et respecte ses engagements.

La famille tient un rôle important. Contrairement à ce que pensent certains parents, l'ado aime partager des activités et se reposer sur eux pour ne plus avoir besoin de jouer le rôle du personnage qu'il s'est créé pour être accepté dans un groupe de « potes ». Il n'a rien à prouver et peut redevenir lui-même, « un enfant qui grandit », tout simplement, avec ses faiblesses et ses doutes, au sein d'une famille qui le comprend et ne le rejette pas quand il paraît manquer de confiance en lui. Ces moments sont rassurants pour votre ado, ils lui permettent de s'assurer que vous êtes toujours là, à ses côtés, à veiller sur lui et à le protéger. Malgré le rejet qu'il a parfois envers les adultes, votre enfant a besoin de savoir qu'il pourra toujours compter sur la famille en cas de problème, et c'est au cours de ces moments de vie commune qu'il s'apercevra de l'importance de votre présence à ses côtés et s'en trouvera rassuré. N'hésitez pas à le solliciter pour qu'il vous fasse découvrir son univers et ouvrez-vous aux activités qu'il propose. Ce sont des instants privilégiés où l'on peut parler plus facilement avec son ado afin de maintenir le dialogue et de découvrir un peu son univers. C'est aussi une occasion parfaite pour vous de découvrir ses goûts et d'obtenir des informations essentielles sur sa vie personnelle.

Proche et distant à la fois. L'intimité pour un ado revêt une importance capitale. Pour cela, dans le cadre de vacances en famille, vous aurez à cœur d'aménager son temps afin qu'il dispose de moments de tranquillité. Comme tout être humain, les adolescents ressentent le besoin d'être seuls face à eux-mêmes, de profiter de moments à eux. Ce n'est pas le résultat d'un rejet ou d'un conflit. N'oublions pas que pendant cette période de sa vie, des caractéristiques comportementales inhérentes à son âge font leur apparition, comme le désir de se centrer sur soi (égocentrisme) et la nécessité de réfléchir pour comprendre les changements importants qui s'opèrent en eux et les conflits internes qu'ils vivent. Les préoccupations sont nombreuses. L'adolescent éprouve des difficultés à analyser les problèmes qu'il rencontre sur le chemin de sa vie et n'en comprend pas toujours la cause. Sa capacité à raisonner est limitée, son manque d'expérience lié à son jeune âge ne lui permet pas d'avoir le recul nécessaire pour adapter ses réactions aux difficultés rencontrées. L'égocentrisme de la pensée formelle amène l'adolescent à des conclusions illogiques qui peuvent être néfastes pour son développement. Les changements physiologiques et le développement du psychisme sont extrêmement délicats à appréhender pour un enfant. Vous vous montrerez compréhensif et le laisserez s'isoler quand il le souhaitera, sans le questionner ni émettre de remarques. Nous ressentons tous la nécessité de vivre des moments de solitude, chez un ado, ce besoin est accru !

Partir loin des parents

Tous les adolescents rêvent de passer des vacances avec des potes. Nous-mêmes gardons d'excellents souvenirs de ces moments privilégiés loin de l'autorité parentale. Nous étions alors insouciants, heureux et pas vraiment sérieux! Pourquoi avons-nous une réaction négative face à notre enfant qui répond « non » à notre proposition de vacances en famille – idéale à nos yeux – et nous rétorque qu'il a d'autres projets? Cette demande d'autonomie dès l'âge de 16 ans inquiète et interroge les parents. Notre ado s'éloigne, et il nous est très difficile de ne pas nous sentir démunis face à ce qu'il se passera, et surtout face à ce qu'il pourrait se passer sans notre présence à ses côtés. L'imagination des parents est fertile quand il s'agit de penser à leurs enfants partis au loin sans eux, sans leur protection et leurs interdits. Vous insisterez sur l'importance de calculer un budget nécessaire à la réalisation de son projet, ceci pour le responsabiliser et lui faire prendre conscience de l'obligation de travailler pour aider à payer son séjour. Cette approche est un très bon outil éducatif, car l'ado réalisera que pour être indépendant, il devra fournir des efforts. Vous jugerez ainsi également de sa maturité, de sa capacité à être autonome, et lui montrerez la confiance que vous lui témoignez. Cette situation a cela de positif qu'elle démontre un réel désir, et une capacité certaine, de commencer à s'émanciper de la part de votre ado en vivant en autonomie, pendant un temps défini. Cela vous permettra aussi, à vous et au reste de la famille, de profiter de ces instants pour vivre différemment pendant l'absence ponctuelle de votre adolescent.

Juste une envie de liberté

Ce qui s'apparente à une séparation pour les parents correspond à une quête d'autonomie chez les jeunes. Ils se prouvent à eux-mêmes qu'ils sont aptes à se gérer pendant une période de loisirs sans être supervisés par les parents et en éprouvent une grande satisfaction. Ces vacances seront préparées en commun et d'une manière progressive. Il est important que votre ado s'implique dans les préparatifs afin que ses vacances se passent bien et que vous ne viviez pas son éloignement comme un traumatisme. Il est essentiel de penser à l'inévitable. En premier lieu, il serait sage de lui proposer de partir avec des amis dans un cadre familial (par exemple : chez les parents de son ami(e) ou dans une maison de vacances appartenant à une famille connue et appréciée de vous et de lui) ; de cette façon, le groupe des adolescents sera indépendant, dans un environnement rassurant (lieu non éloigné du cadre familial). Si cette solution n'est pas envisageable, optez pour les séjours pour adolescents encadrés par des animateurs formés à gérer des jeunes en groupe, sur des lieux de vacances. À partir de 18 ans, âge approximatif du passage à l'âge adulte, votre enfant se sentira prêt à partir seul en vacances, et vous serez plus serein et plus confiant, car mieux préparé à l'assumer, du fait que tout aura été mis en place pour que chacun vive ce moment dans les meilleures conditions possibles.

Le bonheur des enfants, l'angoisse des parents

Ces angoisses et ces peurs sont évidemment compréhensibles et inévitables. Ne vous laissez pas envahir par vos émotions et n'écoutez pas ces voix intérieures qui vous incitent à penser au danger. Les risques d'incident ou d'accident sont assez rares sur les lieux de vacances fréquentés par des adolescents ; tout au moins, il ne s'en produit pas davantage que dans la vie courante. Il est intéressant de vous demander pourquoi vous ressentez cette angoisse et cette peur, car ce moment des vacances – synonyme d'autonomie pour votre enfant qui part en dehors de sa famille pour la première fois – réveille en nous nos propres expériences que l'on projette sur nos enfants, sans toutefois nous en rendre compte. En préparant son voyage avec lui, vous prouverez à votre ado votre confiance à son égard et vous n'en serez que plus rassuré. Il est primordial de savoir avec quels amis votre enfant veut partir, afin d'apprécier leur sérieux et leur implication dans ce projet. Vous prendrez contact avec l'adulte référent pour vous renseigner sur le matériel disponible sur place ainsi que celui nécessaire ou spécifique à emporter, et déterminerez un budget pour la nourriture selon la durée du séjour. Les vacances entre copains représentent souvent les premiers instants de liberté. Un encadrement sérieux et des règles à suivre sont nécessaires pour que la première expérience soit une réussite. Vous le munirez d'un moyen de communication (téléphone portable), afin qu'il soit joignable plus facilement. Attention ! N'en abusez pas, ne passez pas vos journées à lui téléphoner, laissez-lui sa liberté ! Plus vous lui ferez confiance, et plus il vous tiendra au courant des événements.

Un séjour sans règles et sans contraintes

En quittant le cocon familial, l'adolescent devra composer avec les règles en vigueur au sein d'un groupe, tout aussi restrictives que celles qui régissent la vie en famille. Il sera amené à faire des concessions, à prendre position, à vivre des conflits et à les régler… Tout un apprentissage de la vie en société, utile et important pour grandir. Il s'apercevra qu'être un adulte, c'est réaliser des tâches quotidiennes pas toujours plaisantes, comme laver la vaisselle, ranger, nettoyer la maison, aller en courses, préparer le repas… Toutes ces obligations qu'il refuse de pratiquer tout au long de l'année seront réparties équitablement entre les membres du groupe, et chacun devra exécuter les tâches qui lui incombent. Il faudra que votre enfant ainsi que tous les membres du groupe soient capables de s'exécuter, sans générer de conflits, qui nuiraient au bon déroulement de ces vacances tant convoitées.

Un grand besoin des parents

Dans ce défi que représente pour l'adolescent l'organisation de ses vacances, vous tenez un rôle important. En l'aidant à préparer son départ, vous vous assurez de sa sécurité. Vérifiez que tous les papiers administratifs dont il a besoin sont bien à sa disposition. Vous êtes ses référents en ce qui concerne la préparation de son départ. Prévoyez avec lui le contenu de la valise que vous remplirez ensemble. Attention, il convient de faire ***avec*** votre enfant et non pas ***à la place*** de celui-ci ! Il s'agit de son séjour, de son choix, et non du vôtre.

Les connaissances indispensables et précautions administratives

La carte d'identité

Elle permet de voyager dans l'Union européenne. Elle est valable dix ans et doit être constamment en possession de votre ado quel que soit le lieu où il se rend.

Le passeport

Il est indispensable en dehors de l'Europe et de l'Union européenne pour franchir les frontières des destinations suivantes : Islande, Liechtenstein, Norvège, Suisse et Turquie (dans ces pays, la carte d'identité, même valide, ne suffit pas).

Le passeport peut être exigé à partir de 15 ans. Tout enfant mineur, quel que soit son âge, a la possibilité d'obtenir un passeport individuel, valable cinq ans. La présence de votre enfant est obligatoire lors du retrait du passeport, et s'il a plus de 13 ans, il doit y apposer sa signature.

Prenez en compte que malgré ces conseils, chaque pays a ses propres règles, notamment pour le continent américain et l'Europe de l'Est, où un visa est exigé pour les séjours de plus de trois mois. D'autres pays exigent un visa pour des séjours plus courts. Pour éviter les déconvenues, renseignez-vous auprès de la préfecture.

Sortir du territoire français

Cela impose à votre adolescent mineur de disposer d'une autorisation parentale de sortie de territoire. Cette autorisation parentale n'est pas nécessaire si votre enfant possède un passeport personnel valide. Pour obtenir cette autorisation, adressez-vous à la mairie de votre domicile ou à la préfecture. Cette autorisation est valable cinq ans au maximum.

Des services qui rassurent

En avion, à partir de 12 ans, votre enfant pourra voyager seul, tel un adulte. Il est préférable néanmoins de le signaler à une hôtesse, qui sera vigilante et davantage à son écoute. Pour un voyage en train, n'hésitez pas à solliciter le personnel à bord, ceci jusqu'aux 14 ans de votre ado.

Le défi de la valise

Comme je l'ai évoqué dans un paragraphe précédent, il est indispensable que votre ado s'occupe seul de sa valise.

Vous aurez pris soin néanmoins de lui apprendre à plier du linge. Pour être efficace, demandez-lui de dresser une liste de ce qui lui sera indispensable. Ensuite, vous la validerez avec lui, en lui rappelant si nécessaire de ne pas trop se charger et de choisir ses vêtements en fonction de son lieu de vacances. Renseignez-vous sur les services disponibles sur place : pressing, prêt de sèche-cheveux... Vous pourrez ainsi expliquer à votre enfant la nécessité d'emporter tel objet plutôt que tel autre et de limiter le poids du bagage. En fonction du nombre de jours, disposez dans la valise un kit de vêtements par journée (un haut, un bas, des sous-vêtements). Ajoutez deux ensembles pour le rechange, en cas de besoin. Si vous ne possédez pas déjà de valise, achetez-en une aux couleurs vives, elle sera facilement repérable par votre ado qui, n'en doutons pas, aura à ce moment (et à d'autres...) la tête ailleurs ! Procurez-vous, si c'est possible, des échantillons de produits de toilette ou fabriquez-en à l'aide de petits flacons que vous remplirez de gel douche, de shampooing, de crème hydratante, de crème à bronzer... ou tout autre produit de toilette adapté à votre enfant. Cela vous permettra de gagner de la place et d'éviter le gâchis. Prévoyez des sacs en plastique qu'il pourra fermer pour y mettre ses vêtements (ou autres), ce qui évitera de mouiller ou de salir tout le contenu de la valise (ne nous le cachons pas, l'ado, s'il est distrait, est aussi très peu soigneux !). Ils seront utiles également pour emporter de la nourriture, en cas de pique-nique. Prévoyez une sacoche que votre ado attachera autour de la taille sous ses vêtements, et dans laquelle il rangera les papiers importants et ses moyens de paiement. Ce conseil est d'autant plus important lors d'un déplacement à l'étranger. Pensez à mettre la carte du passeport dans la valise afin qu'en cas de perte des autres papiers, votre ado puisse justifier de son identité.

Retour d'expérience

J'ai accompagné deux jeunes qui désiraient partir en vacances avec d'autres adolescents, sans leurs parents. Dans le premier groupe, une jeune fille, âgée de 17 ans, avait organisé son séjour en compagnie de trois amis (une fille et deux garçons) dans un camping à Palavas-les-Flots. Je me renseignai sur les détails du séjour et me rendis compte que tout avait été préparé avec sérieux, dans les moindres détails. Néanmoins, ses parents s'opposaient à son départ, sous prétexte qu'elle était « trop jeune ». Ce que l'adolescente n'acceptait pas, car elle ne comprenait pas pourquoi ses parents agissaient ainsi.

Au sein du deuxième groupe, un jeune garçon de 18 ans paraissant nerveusement instable projetait de partir avec deux copains camper au Cap d'Agde. Ses parents lui vouaient une confiance aveugle, bien que son immaturité flagrante ne lui permette pas d'organiser ses vacances avec rigueur et sérieux. Il n'entrevoyait même pas de se soucier des tâches à accomplir inhérentes à un séjour en autonomie. Je pris rendez-vous avec les parents pour leur exposer avec de solides arguments mon inquiétude face à ce laxisme. Mais je ne réussis pas à leur faire entendre raison. Je discutai donc avec les jeunes et leur montrai tout le matériel nécessaire pour camper dans de bonnes conditions. Je leur parlai également de la nécessité de bien s'organiser pour profiter pleinement de leur séjour.

Le premier groupe partit sans la jeune fille, contrainte de rester chez elle. Tout se passa au mieux pour eux. La jeune fille de 17 ans, restée à la maison, trouvant cela particulièrement injuste, s'alcoolisa lors d'une soirée, en représailles contre ses parents. Elle passa une nuit entière en garde à vue. Cette expérience traumatisante déclencha une discussion sur la notion de « confiance » et permit aux parents de comprendre le mal-être de leur enfant qui leur lançait un appel au secours en adoptant une attitude déviante. Cela les conduit à réfléchir sur le comportement exemplaire de leur fille dans la vie quotidienne.

Le deuxième groupe fut contraint de changer les dates de ses vacances pour la bonne raison qu'ils s'étaient trompés de mois en réservant. Les parents réagirent et jouèrent leur rôle d'adultes en prenant le contrôle pour aider les jeunes à mettre en place le reste du séjour. Ils partirent ensemble au mois d'août et passèrent de superbes vacances. Cet exemple prouve bien que même si la société considère un jeune de 18 ans comme un jeune adulte, en lui octroyant de nouvelles responsabilités (permis de conduire, droit de vote...), ils restent malgré tout, dans leur tête comme dans leur cœur, « de grands enfants », et ont longtemps besoin de la bienveillance de leurs parents.

Les conseils de Pascal

- Participer à des activités avec votre adolescent est essentiel, à condition de les choisir ensemble pour que cela soit un moment partagé et agréable pour tous. Acceptez de faire quelques compromis, sans oublier votre objectif qui est la satisfaction de l'ensemble de la famille.

- Bien que votre adolescent ait besoin de moments pour lui et de tranquillité, il est néanmoins important de ne pas déroger au partage des repas et au respect des tâches ménagères.

- Votre adolescent ne désire pas partir en vacances avec vous, mais vous n'avez pas les moyens financiers pour qu'il puisse choisir une autre destination. Dans ce cas, proposez-lui de rester seul à la maison. Confiez-lui les clefs du domicile familial, ainsi qu'une somme d'argent pour les dépenses quotidiennes. Établissez une liste de consignes qu'il devra suivre scrupuleusement. Si votre absence n'est pas trop longue, qu'il vous a déjà prouvé sa maturité et qu'il a été digne de votre confiance dans des situations de la vie courante, ce sera une expérience idéale pour lui apprendre à gérer un budget et à s'occuper de toutes les situations afférentes à la maison pouvant se produire pendant votre absence. Choisissez parmi vos connaissances un adulte de confiance (voisin, ami) qui jouera le rôle de référent. Demandez-lui de passer ponctuellement pour s'assurer du bien-être de votre enfant.

- Si vous optez pour un séjour organisé, ou un camp pour adolescents, lisez attentivement le projet pédagogique afin de vous assurer qu'il est prévu des moments de vie en autonomie pour les jeunes (possibilité d'être seuls lors de certaines sorties ou encore camp itinérant en semi-autonomie). Participez également aux réunions afin de rencontrer le personnel encadrant, et posez-lui les questions utiles à votre information. Vous indiquerez aux responsables de la santé les précautions à prendre et, si besoin est, la médication prescrite pour votre adolescent en cas d'allergies, d'asthme... et leur confierez l'ordonnance délivrée par votre médecin. Il est légitime de s'informer et de prendre les précautions adéquates, vous n'avez pas à éprouver de honte.

- Dans certaines communes, votre adolescent peut obtenir des aides à la réalisation et au financement de son séjour. Par exemple, l'opération «sac'ados», financée par la CAF, encourage les jeunes de 16 à 25 ans à vivre une première expérience de vacances en autonomie. Chaque jeune bénéficiaire reçoit une bourse d'aide, sous la forme d'un sac à dos individuel d'une valeur de 253 €, comprenant une trousse de premiers secours, 100 € de chèques-vacances... Pour plus de détails, renseignez-vous auprès de la mairie de votre domicile.

- N'oubliez pas d'expliquer le rôle de la douane à votre enfant avant son départ. Si votre adolescent achète dans un pays étranger du matériel spécifique (hi-fi, audio, multimédia...), il devra impérativement présenter lors du passage à la frontière les factures de ses achats ou les certificats de dédouanement qui constitueront la preuve du paiement des taxes dans le pays. Évoquez-lui le risque qu'il peut encourir en achetant des objets, certes moins chers, mais pouvant se révéler être de simples copies d'une marque connue et sûre, donc de qualité médiocre et bien plus coûteux qu'il n'y paraît!

- Pensez à donner à votre adolescent une carte de libre circulation sur laquelle vous ferez figurer le matériel qu'il emporte. Cela lui évitera de justifier de l'origine de ses biens en cas de contrôle au retour. Cette carte est personnelle, valable dix ans dans toute l'Union européenne et disponible auprès d'un poste de douane ou d'un service régional des douanes.

DEVOIR N° 3

Ne pas céder à la panique face aux risques

« ***L'adolescent aime faire l'expérience de tout ce qui est possible, mais voudrait que cela ne porte jamais à conséquence.*** »

Milton Erickson,
psychiatre et psychologue américain (1901-1980)

Cette citation résume bien la problématique : l'adolescent a besoin de se tester et d'expérimenter. Lorsqu'il dépasse les limites, il ne mesure pas les risques encourus et ne les prend donc pas en considération.

Le risque et l'adolescence

L'adolescent doit affronter de nombreux risques liés aux activités nouvelles auxquelles il doit se confronter pour grandir. Nécessaires à sa progression vers l'âge adulte, ils lui permettent d'apprendre à tomber puis à se relever et à mesurer ainsi l'étendue de ses possibilités. Ces risques représentent des épreuves qui assurent le passage d'une génération à l'autre. Si la prise de risques est inhérente à l'adolescence dans des cas extrêmes, elle peut également cacher une détresse, un moyen d'échapper à l'angoisse par la recherche de sensations fortes. Cette recherche comporte des risques d'escalade et d'addiction, qui peuvent conduire à l'accident.

L'adolescence est une période de défis et d'expérimentation d'un grand nombre de comportements, dont certains sont considérés comme dangereux pour soi et/ou pour les autres. Avec ce corps en pleine mutation, l'adolescent voit sa force physique augmenter et ses pulsions s'intensifier. Il expérimente alors des conduites d'essai qui contiennent un danger potentiel et qui lui permettent de tester ses capacités physiques. Pour toutes ces raisons, et tout au long de ce moment de vie, votre présence, votre écoute et la confiance que vous lui témoignerez lui seront d'une grande aide dans ses démarches et lui procureront l'appui nécessaire pour avancer dans la vie et s'affirmer en prouvant sa confiance en lui. Vous vous assurerez qu'il connaît bien ses limites à ne pas dépasser pour éviter de se trouver dans des situations périlleuses. Certes, votre adolescent aimera se surpasser pour éprouver des sensations fortes et se prouver ainsi qu'il est capable de prendre des risques, pour se donner l'illusion d'une grande maîtrise de certains éléments ou de certaines actions qu'il ne peut pas démontrer à son entourage. Vérifiez s'il se teste vraiment pour s'exprimer ou au contraire s'il cherche à soulager un malaise psychique. N'oubliez pas qu'il s'agit d'un passage dans le processus de l'adolescence.

En effet, le besoin de prendre des risques diminuera en grandissant, jusqu'à n'être plus qu'un lointain souvenir quand il atteindra une plus grande maturité.

La prise de risques est nécessaire

Il existe de nombreux aspects positifs pour les adolescents dans le fait d'entreprendre en acceptant les risques inhérents à certaines actions. Cela leur permet de tester leur autonomie en dépassant leurs angoisses, de se détacher de la passivité de l'enfance et de gagner en indépendance vis-à-vis de leurs parents. L'adolescent, en adoptant des conduites à risques, se sent exister, car il se sent apte à vaincre sa peur de mourir. Il trouve aussi une légitimité à vivre dans la recherche de solutions, à échapper à une situation risquée qu'il a délibérément recherchée… Enfin, la prise de risques a une vocation de socialisation, car les adolescents rejoignent leurs camarades pour pratiquer des activités à risques au sein de leur groupe. Même si cela est indispensable, prendre des risques nécessite du contrôle et de la réflexion. Dans des cadres établis, l'activité à risques leur permet de développer des capacités et d'affirmer leur caractère : développement du goût de l'exploration, de l'aventure, de l'inconnu, se sentir vivre, grandir et détenir de la puissance. Vous devez être présents à leurs côtés pour contrôler que leurs agissements ne deviennent pas une obsession ni une réponse à un problème d'identité, et qu'ils ne développent pas une intolérance à la déception, en n'atteignant pas les sensations et les résultats espérés.

La quête du danger chez les adolescents peut devenir inaccessible et entraîner de la frustration. La pratique des activités à sensations fortes peut conduire à la dépendance et obligerait alors le jeune à rechercher des sensations extrêmes pour gérer son irritabilité et son agressivité. Les fortes émotions découlant de ces activités ne sont pas obligatoirement plaisantes, mais elles symbolisent des instants vécus intensément, et parfois, dangereusement. L'adolescent est acteur de sa vie et provoque lui-même les sensations qu'il recherche. Mais passée l'euphorie de l'instant, il se retrouve confronté à sa réalité quotidienne et à sa problématique. Afin de ressentir ces impressions vertigineuses et anesthésiantes, le jeune augmentera la prise de risques pour se sentir grisé par les sensations éprouvées, cela même au péril de sa vie. Cette escalade vers des activités de plus en plus risquées sera bien entendu à contrôler, pour lui éviter un comportement dangereux et inadapté pour lui-même et/ou pour les autres. Néanmoins, vous relativiserez, car sa manière de vivre tiendra plus de son âge que d'une volonté d'en finir en se suicidant. Vous l'accompagnerez en le conseillant et en lui rappelant les règles élémentaires de sécurité auxquelles il doit s'astreindre.

Une quête dangereuse

De nombreuses activités sont pratiquées par les adolescents librement sans appartenance à un club, et donc sans souscription à une licence. Celles-ci, souvent risquées, ne correspondent pas aux normes de sécurité imposées par la classification des sports à risques. Par exemple : les sports de glisse urbains – skate, roller... – ou plus dangereux – Parkour (saut d'obstacles et équilibre sur les toits), benji (saut à l'élastique d'un pont), kite jump (cerf-volant surdimensionné qui permet d'effectuer des sauts). Ces sports intéressent de plus en plus les adolescents, car ils sont postés sur le site YouTube et présentés par les médias. Par exemple, la publicité pour la marque Sony, où les protagonistes sont filmés sur des toits d'immeubles, exécutant des sauts et déguisés en personnage de jeux vidéo, donnant la fausse impression que tous les jeunes sont invincibles, tels des superhéros ! La GoPro (mini-caméra portative) est l'outil qui a permis aux jeunes de découvrir ces activités sportives à hauts risques et de développer un véritable engouement pour ces pratiques. En posant une caméra sur leur tête de sportif extrême inexpérimenté, ils peuvent revivre leurs exploits personnels, et en plus partager leurs vidéos par le biais d'Internet, et ainsi se mettre en scène, ce qu'ils adorent ! On assiste actuellement à une surenchère de l'activité à risques, due à l'aspect grisant qu'elle apporte et surtout à la satisfaction éprouvée par les adolescents lorsqu'ils se sentent respectés et exister aux yeux des autres jeunes. Certains, dont le besoin de reconnaissance est crucial, repousseront leurs limites jusqu'à flirter avec la mort. Cette course à l'activité extrême peut parfois s'expliquer par un mal-être intérieur, comme un vide à combler. Les adolescents qui ne trouvent pas leur place et présentent une plus grande fragilité que les autres lancent, par la pratique de certains sports extrêmes, un appel au secours au monde des adultes. Sans réaction de leur part et dans les cas les plus graves, l'adolescent pourra entreprendre de s'autodétruire sans en connaître vraiment la raison. Il cherchera à se punir, voire à se suicider, cela dans une totale confusion.

L'atteinte du « moi idéal »

L'adolescent a besoin d'affirmer sa toute-puissance, de se bercer du rêve d'être « exceptionnel », de vivre et de cultiver les plaisirs les plus intenses des activités à risques pour lutter contre le vide, la monotonie de la vie et l'ennui. Dans cette période de doute et de mal-être, cette expérimentation lui permet surtout d'anesthésier des souffrances morales afin de transformer des moments et des sensations difficiles en bien-être. Les conduites à risques sont fréquentes lorsque les jeunes ont vécu un traumatisme comme l'humiliation et/ou les moqueries. Après avoir été salis, ils ressentent des difficultés à être eux-mêmes et éprouvent le besoin de restaurer leur identité et leur valeur au sein de leur groupe, de leur famille et de la société. Ils veulent s'assurer de la légitimité de leur existence, qu'ils pensent inutile. Les parents éviteront d'être trop exigeants à leur égard et feront preuve de diplomatie pour leur permettre une certaine liberté dans leurs décisions et pour ne pas les entraîner vers une accélération des conduites à risques. Parfois, vos enfants, même s'ils ne l'expriment pas, sont désireux d'être en harmonie avec vos souhaits et stressent en voulant vous contenter. Ils ne doivent pas traverser cette période sur la pointe des pieds, car il est indispensable que la crise d'adolescence ait lieu dans un climat le plus serein et le plus tranquille possibles. On ne peut ni ne doit faire l'impasse sur ce passage difficile à traverser, mais néanmoins indispensable, car c'est évident : « Il faut que jeunesse se passe. » Si l'adolescent n'a pas assez exploré le domaine de ses désirs, il pourra par la suite en être affecté et porter atteinte à son corps pour ressentir qu'il est en vie, en s'adonnant, par exemple, à l'anorexie, pour éprouver son corps et se donner l'impression de se l'approprier. Les adolescents peuvent avoir également besoin de connaître des sensations fortes, et pour certains, avoir des difficultés à se confronter à leur sexualité. Cette fragilité narcissique peut masquer un état dépressif. La répétition de conduites à risques, leur persistance, leur impact sur la scolarité et/ou le repli sur soi doivent vous alerter, car toutes ces attitudes anormales sont à considérer sous l'angle de la pathologie.

La violence à l'adolescence

La violence pendant la période de l'adolescence est une forme de prise de risques, et elle est fortement liée à la frustration de ne pas réussir à satisfaire un besoin. Les moqueries, les humiliations, le harcèlement et les atteintes physiques sont des phénomènes omniprésents et courants dans les établissements scolaires. L'aspect physique fait souvent l'objet de plaisanteries de mauvais goût. Les exclamations telles que « T'as un gros cul » ou encore « Avec tes boutons, tu ressembles à une calculette »... rivalisent de méchanceté et ciblent bien ce que ressent déjà l'adolescent, spolié de l'estime de sa personne au plus profond de lui-même. Les adolescents moqueurs aux remarques désobligeantes sur le physique de leurs camarades sont souvent eux-mêmes en souffrance et acceptent difficilement leur propre image. L'humiliation provoquée par les jeunes adolescents est aussi une façon de se faire respecter et accepter pour intégrer un groupe. Très souvent, cette violence morale s'avère dramatique. En effet, loin de permettre de combler le besoin qu'elle tente de faire reconnaître à l'adolescent incriminé et lui ouvrir les yeux sur des détails physiques pour qu'il décide de se faire soigner, la violence n'a pour conséquence que d'engendrer la violence de l'autre. Pour les parents, il existe plusieurs manières d'agir pour éviter une escalade de la violence et de ses conséquences désastreuses et stériles. Votre enfant peut, nous l'avons vu, devenir violent à l'école, mais il peut aussi ressentir de la frustration au sein du foyer et adopter la même attitude à la maison. Il est important, en cas de confrontation avec lui, de se positionner physiquement afin de se protéger. La peur n'évitera pas le danger ! Pensez tout de même (si votre enfant devient agressif) à garder une certaine distance par rapport à lui. Asseyez-vous, pour montrer qu'il ne vous impressionne pas et ne vous déstabilise pas. Votre adolescent s'attendait certainement à ce que vous vous positionniez en victime, et non d'égal à égal, pour engager un dialogue. Manifestez votre bienveillance au regard des émotions qu'il vous expose maladroitement, regardez-le dans les yeux en parlant calmement, avec des gestes lents et ouverts. En cas de violence entre les enfants du même foyer, prenez-les à part pour discuter calmement de la situation afin de favoriser le retour à l'apaisement.

Gérer la frustration pour apaiser le conflit

Il vous reste à gérer la frustration ressentie par votre adolescent, qui est au cœur de ce déploiement de violence. Trois possibilités s'offrent à vous : l'écoute active, la désapprobation et la médiation.

L'écoute active consiste à se mettre à sa place en donnant des raisons à sa colère : « Tu es fâché parce que... » ou « Tu as été touché par... » Cette approche permet à l'adolescent de s'exprimer et de constater votre compréhension de la situation, ce qui a pour effet de faire redescendre sa tension nerveuse et de diminuer son sentiment de frustration en lui permettant de l'analyser.

La désapprobation consiste, quant à elle, à exprimer votre mécontentement : « Tu m'as profondément déçu... » ou « Je ne suis pas du tout d'accord avec ton comportement qui est irrespectueux ». Cette méthode permet de désarmer l'adolescent et de lui prouver qu'il a franchi la frontière du « non-négociable ».

La médiation est une manière plus complexe d'aborder les problèmes. Vous devez cesser toute discussion : « On arrête tout, va te calmer ! » ou « Je ne discute plus avec toi ! » Cette étape permet de laisser l'adolescent gérer ses émotions. Dans un deuxième temps, vous reviendrez vers lui et l'interrogerez sur son ressenti : « Alors, tu te sens bien ? » puis « Pourquoi t'es-tu énervé ? » Vous laisserez votre enfant s'exprimer et prendrez la parole ensuite. Chacun doit pouvoir parler et s'écouter. Si besoin est, vous reformulerez ses dires, pour vérifier que vous l'avez bien compris et vous assurer qu'il sait aussi de quoi il parle. Ne jugez pas votre adolescent, évoquez simplement des faits pour permettre d'entamer une discussion constructive. Balayer les jugements et les préjugés permet de partir sur la base de faits réels et d'entamer une conversation fructueuse.

En dernier lieu, recherchez avec votre enfant des solutions à la résolution du conflit, qui seront prises immédiatement ou reportées à une date ultérieure précise et actée. Il n'y a pas de techniques meilleures que d'autres, elles dépendent du conflit. En général, on utilise la médiation et l'écoute active quand le conflit n'est pas dû à un fait non pardonnable (du domaine des règles non négociables et transgressées). Pour les autres sortes de conflits, vous utiliserez la désapprobation. La sanction n'est pas pour autant proscrite, bien au contraire, elle est nécessaire pour que le jeune assume la conséquence de ses actes, mais elle doit intervenir à la fin des étapes précédentes et être adaptée à la faute commise (excuses, réparations, reformulation de sa frustration de façon correcte et acceptable...). Dans tous les cas, vous devez lui rappeler les règles qu'il a enfreintes.

La prévention des conduites à risques, une approche globale

Les jeunes qui présentent un risque associent plusieurs comportements entraînant l'éventualité d'un péril : pratiques sexuelles non protégées, usage de substances psychoactives (alcool, tabac, drogue...). Ils sont attirés par le danger. Une approche basée sur la seule information ne sera pas efficace. Chez certains jeunes, elle produira même l'effet inverse : plus l'activité sera perçue comme dangereuse, plus elle sera attirante. L'organisation de discussions autour des différentes prises de risques avec vos adolescents est nécessaire. Les témoignages, l'expérimentation par des ateliers préventifs (exemple : la sécurité routière) sont aussi intéressants. Il ne faut surtout pas leur délivrer des informations sans interaction, qui pourraient les renvoyer à la passivité liée à l'enfance.

Voici quelques risques que j'ai pu recenser lors de mes différentes analyses sur le terrain, en tant qu'éducateur-médiateur social

- Affrontement avec les parents ou rebellion envers l'autorité sociale : insolence scolaire, incivilités, vandalisme urbain, tags, désobéissances verbales, bagarres...
- Risques pris pour être aimé : propositions imprudentes sur le blog d'un jeune qui se sent délaissé, étalage de sa vie et de son intimité sur les réseaux sociaux, consentement très rapide à des activités sexuelles, chantages au suicide...
- Le « jeu du foulard » et autres « divertissements » aboutissant à des évanouissements, ou à l'arrêt de la respiration ! Il se joue en petits groupes, chacun à son tour, souvent avec l'aide des mains d'un copain, ou bien seul, grâce à une ceinture, une écharpe... Les sensations recherchées sont celles provoquées par l'anoxie cérébrale (insuffisance d'apport en oxygène aux tissus vivants dont le cerveau qui est le plus sensible à l'anoxie) obtenue par la compression des carotides et qui peut entraîner une

perte de connaissance, le coma ou des convulsions. À leur réveil, les jeunes se prennent pour des héros et racontent les visions perçues, appelées « rêves indiens ». Ce jeu, très dangereux, l'est encore plus pratiqué seul, car les copains ne sont pas là pour réveiller l'adolescent qui s'y est prêté.

- Les PJC (petits jeux cons) ou régressifs comme les jackasseries (venant de ***Jackass*** : collectif anglais de jeunes prenant des risques au cours d'épreuves bêtes et dangereuses et filmant leurs prouesses). Le jeu de la cannette : « petit pont massacreur », appelé également ***happy slapping***. Puis dans les cas extrêmes : humiliations filmées, vrais combats, provocations parfois suivies de bagarres (pour un oui ou pour un non), organisées avec des échanges de coups et éventuellement avec des armes improvisées ou non (armes blanches, bâtons), souvent destinées à être filmées et diffusées.
- Risques divers, liés à l'outil Internet : hacking de sites gouvernementaux, achats frauduleux en ligne, incitation à la haine raciale ou autre, sur les réseaux sociaux. Il existe également les jeux d'argent qui peuvent donner lieu à des mises considérables que l'adolescent sera dans l'impossibilité de rembourser.
- Les consommations addictives ou excessives : tabac, alcool, médicaments, drogues... Tout ce qui a pour objectif une recherche temporaire d'anesthésiant, d'endormissement de ses peurs (en raison de son effet narcotique) et de désinhibition.
- Les activités sexuelles imprudentes : relations multiples, prises de risques sexuels diffusés sur Internet, expériences autoérotiques à risques (asphyxie, électrostimulation...), rapports sans préservatif « no kpote ».

L'inconscience des adolescents : un cauchemar pour les parents

Les adolescents ignorent vraiment, ou sous-estiment, la nature ou la gravité des risques encourus. Ils surestiment leurs compétences et parfois n'ont pas conscience de la gravité des conséquences de leurs actes ; par exemple, la souffrance qu'ils peuvent infliger à autrui (jeux d'humiliation). Devant ces pratiques, les parents sont souvent démunis.

Beaucoup d'adolescents ne cherchent pas à réfléchir. Leur immaturité et la superficialité de leur réflexion s'expliquent à la fois par une dimension spontanée liée à l'âge, et par la volonté délibérée de nier l'évidence quand cela leur convient. Il est donc souvent utopique d'imaginer que l'adolescent pèse soigneusement le pour et le contre et qu'il ne décide de ses actes que si le bénéfice escompté à la prise de risques paraît supérieur au danger. Parce qu'ils le désirent, certains adolescents se surestiment, ou à l'inverse, minimisent ou dénient les risques encourus. Ils ferment les yeux devant l'évidence pour ne pas penser aux conséquences. Tous ces comportements, malgré le caractère logique lié au passage de l'enfance à l'adolescence, ne sont pas pour autant excusables. En effet, lorsque votre adolescent cumule plusieurs comportements à risques (consommation d'alcool, sports dangereux, violence…), il est important de s'interroger pour comprendre ses motivations et les effets recherchés. Pense-t-il que cette démarche le fera grandir et devenir adulte ? Ou cherche-t-il des sensations fortes et anesthésiantes pour ne plus avoir mal en tant qu'être vivant ? Ce dont vous pouvez être sûr, c'est qu'il agit sans être conscient du danger, qui pour lui n'existe pas ! L'amour et l'attention que vous portez à votre enfant vous permettent de le connaître suffisamment pour ressentir instinctivement s'il se met en danger de dépendance en consommant, en quantités de plus en plus importantes et de plus en plus souvent, différents produits nocifs à sa santé physique et mentale, ou en pratiquant des activités régulières nombreuses et dangereuses. Sa nouvelle dépendance l'oblige à accepter n'importe quoi pourvu qu'il puisse assouvir son besoin vital de consommation ou sa recherche de sensations extrêmes. Sa vie familiale, sociale et scolaire s'en trouve affectée en raison de son comportement décalé par rapport à la réalité et de son incapacité à assumer normalement sa vie quotidienne. Si malgré vos mises en garde, votre enfant montre un état anormal de dépendance, faites-vous aider, car il ne s'arrêtera pas, étant certain de posséder la « toute-puissance », certes illusoire mais bien réelle pour lui.

Retours d'expérience

Lors d'un séjour itinérant, un des jeunes dont j'avais la charge se mettait en danger constamment. Il multipliait les conduites à risques, et ce quelle que soit l'activité pratiquée. Lors d'un atelier de création de boomerangs, il se hissa sur le toit d'une maison et partit récupérer son boomerang à une douzaine de mètres en hauteur. Et pour achever son exploit, il se laissa glisser le long des tuiles pour atterrir sur le sol. J'allai à sa rencontre pour le réprimander tant son attitude m'avait effrayé. J'éprouvai également une grande colère à son égard. Quelques jours s'écoulèrent avant qu'il ne se fasse à nouveau remarquer par son comportement irresponsable. Au cours d'une activité de sauts dans les dunes avec un quad encadrée par des professionnels, il trouva le moyen de s'échapper. Je fus excédé par sa conduite et décidai de le renvoyer chez lui en rédigeant un rapport destiné à ses parents pour conduite dangereuse. Le doute quant à la portée de ma démarche me préoccupait. Après réflexion, je préférai essayer de gagner sa confiance, pour comprendre la raison qui le poussait à prendre tous ces risques. Je lui interdis de participer aux activités où la prudence s'avérait nécessaire. Malgré tout, il continua à jouer avec le feu, jonglant avec des couteaux pendant les repas. Je décidai de le convoquer et lui expliquai que son renvoi était inéluctable.

« Pourquoi ? rétorqua-t-il.

— C'est à moi de me demander pourquoi. Ne crois-tu pas ?

— Je suis un fou », affirma-t-il.

Sa réponse me surprit, et j'avoue que je ne la compris pas immédiatement. En analysant sa façon de se comporter, j'en déduisis qu'il était en détresse psychologique et agissait ainsi pour attirer l'attention. Il manquait cruellement d'assurance et avait connu de nombreux échecs, malgré son jeune âge. Il comptait peu d'amis, et de ses dires, ne possédait aucun talent. Pour s'intégrer au sein d'un groupe, il eut l'idée de se créer un personnage et de l'incarner auprès des adolescents qui l'accepteraient. Devenir « le fou », tel était son objectif. Désormais, il n'existerait qu'à travers ce héros créé de toutes pièces, et qui n'avait peur de rien. Un peu inquiet de ce besoin de s'inventer une identité fictive pour se sentir exister, j'en discutai avec d'autres éducateurs. J'appris qu'il excellait dans la conduite d'une moto-cross. J'en profitai pour prévoir une sortie adaptée à sa passion, avec l'encadrement nécessaire à son bon fonctionnement. À la fin de l'activité, je lui proposai d'exécuter le parcours à bosses devant ses camarades. Il l'accomplit avec brio et devint aux yeux de tous un motard émérite. Cette expérience lui permit d'être accepté par le groupe et d'y occuper une place importante. Il ne ressentit plus le besoin de se mettre en danger, car désormais, du haut de ses 17 ans, il possédait enfin une réelle identité.

Je vous relate ici une deuxième expérience qui illustre bien le côté grisant et addictif de certaines prises de risques. Un adolescent dont je m'occupais avait la réputation de jouer au jeu du foulard (pratique expliquée plus haut). Il s'y adonnait avec des amis à l'école, mais personne ne pouvait le prouver. Bien sûr, il niait se livrer à cette pratique. Quelques mois plus tard, ses parents m'évoquèrent leur étonnement d'avoir surpris leur fils jouant à ce même jeu avec son frère. Je leur conseillai de consulter un psychologue le plus tôt possible, et ils m'assurèrent de le faire la semaine suivante. Je restai deux semaines sans aucune nouvelle des parents et sans revoir le jeune adolescent. Les parents m'appelèrent un soir pour me rassurer sur l'état de santé de leur enfant. D'après eux, tout allait pour le mieux, leur fils avait été absent faute de temps pour le conduire au centre. Ils me précisèrent également que leur enfant ne présentait aucun symptôme de démence, qu'il ne faisait que s'amuser en faisant semblant de s'étrangler, et qu'il ne fallait pas me soucier de sa manière de concevoir ce jeu comme une simple distraction. N'étant pas d'accord avec leur analyse, je me rendis au collège pour m'entretenir avec le principal et lui exposer mon inquiétude. Les parents furent convoqués dans son bureau pour officialiser ce rendez-vous indispensable. Le principal insista pour leur conseiller vivement de s'en remettre à un professionnel de la santé mentale des adolescents, et ceci, dans les plus brefs délais. Le lendemain, j'appris que le jeune avait été hospitalisé dans un état sérieux, pour la bonne raison qu'il avait essayé de s'étrangler lui-même, ne ressentant plus une excitation suffisante à suivre ce « jeu » à la règle. Étant seul durant cette tentative de jeu du foulard, il n'avait pas été en mesure de détacher la corde passée autour de son cou et avait eu la vie sauve grâce à l'intervention de son frère, qui, l'ayant trouvé sans connaissance, avait eu la présence d'esprit d'appeler immédiatement les secours. Les médecins comprirent la gravité de son acte et son caractère addictif. L'adolescent, insatisfait par ses tentatives antérieures quant aux sensations ressenties, avait dépassé les limites, et le drame avait été évité de justesse.

Les conseils de Pascal

- Proposez à votre ado de pratiquer des activités à risques encadrées (sports extrêmes, séjours nature...). Ne le surprotégez pas et ne paniquez pas, car cela l'inciterait à aller plus loin. Communiquez régulièrement avec votre ado sur ces activités et demandez-lui son avis sur les conduites à risques. Parlez-lui également de ses problèmes et demandez-lui ce qu'il ressent, tout en essayant de déceler la cause profonde qui le conduit à prendre des risques. Votre adolescent a besoin de s'exprimer et d'être compris. Encouragez-le et montrez-lui qu'il est apprécié.

- Informez-le des conséquences des risques qu'il encourt : accidents graves entraînant des répercussions sur sa vie future (par exemple : avenir tronqué à cause d'un handicap...). Illustrez vos propos d'exemples, voire de photos (jugez auparavant de son degré de sensibilité, afin de ne pas le heurter trop violemment).

- Soyez exemplaire. Vous êtes un modèle pour votre adolescent, ne donnez pas le mauvais exemple ! Soyez prudent au volant et montrez-lui une conduite calme et responsable. Ne consommez pas d'alcool en grandes quantités, montrez-vous raisonnable et crédible à ses yeux, pour qu'il soit fier de vous et veuille vous ressembler. Réagissez immédiatement en lui imposant des interdits, en cas de prise de risques inacceptable.

- Soyez clair et précis dans vos attentes et dans les limites que vous lui fixez. Gardez en tête que les adolescents ont besoin d'adultes pour contrôler leur vie, et que même s'ils rejettent explicitement vos conseils, ils les entendent néanmoins.

- Faites-vous aider, en cas d'excès. Ne minimisez pas une conduite addictive ou dangereuse. Les addictologues et les psychologues seront vos meilleurs alliés. Les Maisons des Adolescents* peuvent aussi accueillir les parents et leur permettre de rencontrer des professionnels pour dédramatiser cette étape délicate de la vie de leur enfant – et donc de la leur – et recevoir des conseils avisés.

---

* Site internet : http://www.anmda.fr/.

DEVOIR Nº 4
Smartphone : comprendre, réguler

Le smartphone : un « doudou pour ados »

Cet objet représente avant tout un moyen de communication permettant à l'ado d'être autonome. La découverte du smartphone et de ses multiples fonctions nous prouve qu'il ne s'agit pas simplement d'un téléphone, tant les possibilités d'utilisation sont riches et variées. Alors que les premiers mobiles permettaient de rassurer les parents quand leurs enfants s'absentaient, de nos jours, tout le monde s'accorde à dire que le smartphone est bien plus qu'un lien sécurisant entre l'adolescent et sa famille. Il peut jouer le rôle d'appareil photo, de mini-récepteur pour visionner des vidéos ou encore permettre d'écouter la musique de son choix. Toutes ces éventualités peuvent conduire votre adolescent à un état de dépendance vis-à-vis de son téléphone portable. Le smartphone est également un objet complètement paramétrable. Les différents modèles mis sur le marché varient et évoluent très rapidement (de par leurs formats, leurs coloris, et bien sûr, en raison de l'étendue de leurs capacités). Ils attisent la convoitise des jeunes (et des moins jeunes), étant devenus de véritables objets de « mode » grâce à une recherche esthétique de plus en plus évoluée. Les campagnes de publicité ciblent une population jeune qu'ils savent réceptive, vantant à l'aide de spots non seulement les nouveautés en matière de smartphones, mais surtout en offrant d'accéder directement aux applications des réseaux sociaux. Les adolescents trouvent dans ces téléphones un moyen de contacter leurs copains (copines) et de communiquer entre eux sans limite et sans contrôle (plus loin, nous évoquerons les dangers des abus et comment y remédier) et donc de conserver ce lien indispensable avec leurs semblables (que l'on peut qualifier de « comportement clanique »).

Un objet populaire difficilement confiscable

Les jeunes, dès l'âge de 12 ans (voire parfois moins) rêvent d'acquérir un modèle de smartphone qui leur plaise et qu'ils considèrent comme un objet représentant leur statut social. Ils s'en servent aussi pour affirmer leur personnalité au sein du groupe. Ils éprouvent de la honte à posséder un « vieux » modèle de téléphone et risquent d'être traités de « ringards » par leurs camarades. Privés de cet objet, les adolescents se sentent exposés et vulnérables. Ils le considèrent comme un véritable prolongement de leur personnalité. Parfois, ils se confient à lui par le biais d'applications (notes...), tout comme ils écriraient dans un journal intime. Ils accèdent aussi directement à leur compte personnel sur des réseaux (tels que WhatsApp, Instagram…). Doit-on pour autant voir en cet objet le nouveau « nounours » ou autre « doudou » que l'on garde près de soi, enfant, qui nous rassure et que l'on câline avant de s'endormir ? Certes l'adolescent dort parfois avec lui et entretient une relation représentant un enjeu important dans sa vie. Pour toutes ces raisons, confisquer le mobile de votre enfant peut susciter de vives réactions de sa part et être très mal vécu, car vous le privez, par cet acte, de tout support de socialisation. Son smartphone témoigne de sa propre existence. En définitive, enlever le smartphone des mains d'un adolescent, c'est comme l'amputer d'une partie de lui-même.

« ***La science, c'est ce que le père enseigne à son fils. La technologie, c'est ce que le fils enseigne à son papa.*** »

Michel Serres, philosophe,
historien des sciences et homme de lettres français

Un téléphone multifonctions, l'ennemi de nos adolescents

Dans un passé pas si lointain, quand la rentrée scolaire approchait, nous étions impatients de choisir un nouveau cartable ou un nouvel agenda. Aujourd'hui, les technologies rythment notre quotidien et sont devenues indispensables. Nous les utilisons régulièrement, et parfois contraints et forcés (dans le cadre de certaines professions, situations…). Ce nouveau phénomène de société s'avère-t-il un allié pour nos adolescents ou un frein à leur développement ?

De nombreuses études démontrent que les ados utilisant leur téléphone de façon abusive présentent davantage de risques de souffrir de problèmes comportementaux et d'hyperactivité. Le cerveau d'un enfant absorberait 60 % plus de rayonnement que celui d'un adulte. Bien que le résultat des études menées sur le sujet reste encore à prouver, on observe d'autres dérives bien réelles et préoccupantes. L'attachement d'un jeune vis-à-vis de son smartphone peut devenir obsessionnel et le plonger dans la « nomophobie » (en anglais : ***no mobile-phone phobia***), véritable fléau en Asie, où il existe des « centres de désintoxication » pour les jeunes présentant une addiction aux smartphones. En France, de telles structures ne sont pas encore d'actualité, mais de nombreux cas de troubles du comportement liés à une utilisation abusive existent. Cet état s'apparente à un véritable manque, et à la peur de ne plus être en contact avec son monde par l'intermédiaire du téléphone portable. Cette pathologie aux apparences saugrenues est de plus en plus récurrente auprès des ados. Une réaction physique (sueurs, petits tremblements, irritabilité) n'est pas rare face à l'éventualité que représenterait l'impossibilité de se connecter au réseau ou encore de brancher son portable pour le recharger.

Une utilisation intensive peut avoir d'autres conséquences, notamment en matière de résultats scolaires. Quand un adolescent utilise son smartphone en classe pour envoyer des SMS ou naviguer sur les réseaux sociaux, en postant des selfies, il est distrait, donc moins réceptif à l'apprentissage dispensé par l'enseignant. Il est très difficile pour un professeur de réguler l'utilisation du portable pendant un cours, car les élèves sont nombreux (une trentaine par classe). Il n'existe pas encore de contrôle parental permettant de limiter l'utilisation des téléphones cellulaires. Plus jeunes sont les enfants, plus ils éprouvent de difficultés à différencier les moments adéquats pour utiliser leur téléphone de ceux où il est nécessaire de ne pas s'en servir. Ils se montrent incapables d'entrevoir les conséquences de leurs actes, car ils n'en mesurent pas la portée. Pour eux, l'usage du portable dans une salle de cours (ou autre) n'est en rien un élément perturbateur, tant qu'il n'est pas sonore, donc programmé en mode silencieux. Pourtant, le mobile peut devenir un instrument de harcèlement scolaire et n'a pas sa place à l'école. Le téléphone est de ce fait un faux ami, puisqu'il s'avère néfaste au bon sommeil de certains adolescents ainsi qu'à un déroulement correct de leur scolarité. Certains ados n'hésitent pas à dormir avec leur mobile sous l'oreiller ! Des études sanitaires ont démontré récemment la nocivité des cellulaires, prouvant dans certains cas extrêmes, l'impact du portable en matière de santé. Ils pourraient effectivement être responsables de certaines tumeurs du cerveau et accentuer le risque de stérilité auprès de nos jeunes !

Les parents et les pouvoirs publics, main dans la main

Devant cette nouvelle problématique, les établissements réagissent et s'adaptent en installant par exemple des brouilleurs pour limiter l'accès au Wi-Fi à l'intérieur des bâtiments. Certains collèges (ou écoles élémentaires) choisissent de fouiller sommairement chaque élève passant la grille d'entrée. L'interdiction d'utiliser son portable dans l'enceinte d'un bâtiment scolaire (loi Grenelle 2) est tout à fait légitime et stipulée dans le règlement intérieur du collège. La mise en application de ces dispositions étant particulièrement délicate, il nous faudra compter sur la confiance réciproque entre les enseignants et les élèves et sur d'éventuelles sanctions, si ces derniers venaient à enfreindre le règlement. Dans les lycées, les élèves étant plus âgés, les parents devront avancer d'autres arguments pour appréhender les problèmes liés à l'utilisation du smartphone en cours. En effet, les portables actuels font aussi office d'appareils photo et permettent la diffusion instantanée sur les réseaux sociaux de toutes prises de vue en un temps record, ce qui est totalement interdit et peut être perçu par la personne photographiée comme une violation de sa vie privée, et entraîner de graves conséquences. De plus, il est primordial que les adolescents discutent entre eux quand ils se trouvent dans un même lieu. Ils pourront s'envoyer des SMS quand ils seront éloignés les uns des autres.

Dans certains établissements du secondaire, les principaux et les proviseurs rédigent des règlements intérieurs très restrictifs. Par exemple, l'interdiction du téléphone mobile est étendue aux professeurs. Pour des mesures plus justes, il faut veiller à laisser circuler la communication entre les adolescents sans l'intermédiaire du téléphone, ou avec, en cas de nécessité absolue (les élèves ont des droits, et on se doit de les respecter !). Quant aux professeurs, ils disposent d'une salle qui leur est réservée, où ils peuvent téléphoner et se retrouver en dehors des élèves. Ces derniers ont la possibilité de se rendre au « point phone » pour appeler, le cas échéant. Il est indispensable de réglementer l'usage du smartphone dans les établissements scolaires, quelle que soit la méthode employée. Étant donné les enjeux, on peut s'imaginer qu'à court terme de nouvelles lois viendront s'ajouter aux anciennes pour éviter toute dérive et prévenir les dangers inhérents à l'utilisation de cet outil extraordinaire, quelque peu magique et maléfique à la fois. Soyez vigilants, gardez en tête l'emprise que les smartphones opèrent sur vos enfants et faites en sorte qu'ils en soient suffisamment conscients pour pouvoir s'en passer sans difficultés !

Le smartphone : un outil incontournable

Malgré ce constat négatif, le smartphone est devenu un accessoire dont il est impossible de ne pas tenir compte. Pour un adolescent, il est défini comme étant le prolongement de lui-même pour communiquer avec son groupe et entrer dans la norme imposée par la société moderne. Le smartphone, objet convoité par tous, offre, si l'on maîtrise son utilisation, de nombreuses possibilités pratiques ou divertissantes. Les adultes permettront à leurs enfants un usage responsable de leur smartphone afin qu'il devienne un objet utile et éducatif. À nous de nous approprier l'objet, d'en user intelligemment pour que la machine reste à notre service et que nous ne soyons pas dominés par elle. Nous pourrons inciter notre adolescent à chercher sur Internet certains articles et documents et à les imprimer pour enrichir les exposés à produire en cours. Le smartphone lui permettra également de traduire des textes, d'enrichir son vocabulaire, d'améliorer son orthographe, et surtout, d'étendre ses connaissances dans tous les domaines, tant l'utilisation de ses applications se décline à l'infini.

Nous vivons une époque où la technologie tient une place d'honneur et où les progrès ne cessent de nous étonner. Les jeunes sont nés dans ce tourbillon de découvertes permanentes et se retrouvent « élèves » au centre de ce mouvement perpétuel et de plus en plus rapide de l'évolution technologique, telle qu'elle se présente de nos jours. Cette technologie offre certains avantages, comme une influence positive sur la vie sociale « réelle » des jeunes. Notamment, à travers les applications de réseaux sociaux qui permettent de développer leur groupe d'amis. Ils ressentent moins le vide créé par l'absence des autres et vivent mieux la solitude. Grâce à ce moyen de communiquer, ils se rencontrent (de manière réelle), dialoguent et tissent de nouveaux liens. Ils se créent ainsi une vie plus riche en amitié. Les adolescents les plus timides trouvent un intérêt certain à l'emploi du smartphone comme moyen de communication, car ils peuvent participer à des activités de type « jeux en réseau » ou encore s'inscrire à des forums en ligne. Cela représente pour eux un moyen de faire connaissance qui peut les amener, par la suite, à se rencontrer véritablement, à se découvrir des affinités et à devenir des amis. Posséder un téléphone portable améliore la qualité de vie de nos adolescents en rendant les relations entre amis plus aisées. Pour certains enfants, il serait même la clé d'une vie sociale épanouie. Enfin, cet appareil permet d'éviter les moments de solitude et d'ennui, par l'intermédiaire d'Internet, qui nous ouvre une fenêtre sur un monde fascinant et riche de connaissances diverses et variées à l'infini. L'accès à l'outil Internet mesuré et contrôlé par les parents est un atout indéniable à l'épanouissement de l'adolescent, dans la mesure où il lui permet de s'ouvrir sur le monde et non de l'enfermer dans une bulle virtuelle.

Retour d'expérience

Au cours d'un de mes déplacements dans un quartier de banlieue, ayant reconnu des jeunes adolescents, je voulus les saluer. La discussion s'orienta sur les études de chacun et sur les soucis rencontrés dans la vie quotidienne. L'un d'eux recherchait un patron pour son stage en CFA (centre de formation d'apprentis). Connaissant bien le procédé à suivre, je le fis profiter de mon expérience en lui donnant quelques pistes à suivre et en espérant lui être utile. Parmi le groupe, figurait un adolescent de 13 ans. Il tenait son portable à la main et le passait tour à tour à ses copains. Soudain, une exclamation jaillit telle une balle sortant d'un pistolet : « T'es ouf comme mec ! » Le visage de l'auteur de ses paroles prit une teinte rosée montrant son embarras face à ce qu'il venait de voir. Il s'adressait à un garçon dont l'âge devait avoisiner les 13 ou 14 ans. Ce dernier exposait fièrement la photo prise avec son portable d'une jeune fille nue et de dos. Tous les adolescents présents se montrèrent très intéressés et se bousculèrent à grands coups de « Vas-y, montre ! » pour admirer de plus près cette inconnue qui se dévoilait sans pudeur. Il la présenta comme étant sa « meuf » et se vanta de l'avoir photographiée à son insu. Je me devais d'intervenir tant l'acte commis par cet ado me paraissait grave et lourd de conséquences. Je lui expliquai, à l'écart des autres, qu'il n'était pas en droit d'exhiber ainsi la nudité d'une personne à des inconnus, alors qu'il disait l'aimer, donc la respecter ! D'autant plus qu'elle n'était au courant de rien. Il s'agissait tout simplement de la violation de l'intimité d'une jeune fille ! Après une longue conversation, il prit enfin conscience de son geste et en mesura la portée. Il accepta d'effacer la photo compromettante. Ce type de dérive nous amena à parler longuement et à réfléchir sur les risques engendrés par un tel acte et l'importance de les éviter.

« ***Si tu souhaites que l'on te respecte, commence déjà par respecter les autres.*** »

Héraclite d'Éphèse,
philosophe grec (535-475 av. J.-C.)

Les conseils de Pascal

- Établissez des règles simples sur la manière dont le mobile peut être utilisé. Adaptez régulièrement les conseils et les règles à l'âge de votre enfant.

- Pendant le temps des devoirs scolaires, interdisez formellement l'utilisation du portable, qui devra obligatoirement être éteint. Établissez cette règle avec votre adolescent afin qu'il l'acte. N'hésitez pas à l'appeler de temps en temps afin de vérifier l'application de la règle. Dans le cas contraire, une sanction définie à l'avance sera de rigueur.

- Pour maîtriser les coûts, privilégiez les cartes prépayées ou les forfaits bloqués. Informez votre enfant de ne pas utiliser les services payants sans votre consentement (téléchargement de musique et de vidéos, navigation sur Internet). Sachez que le smartphone permet de parler et d'envoyer gratuitement des photos grâce à des applications comme WhatsApp, Twitter ou d'autres, vous éviterez ainsi les surcoûts liés à l'envoi de SMS ou de MMS.

- Retirez-lui son téléphone pour la nuit. Un bon sommeil est salutaire pour une meilleure récupération et nécessaire pour supporter les périodes de travail scolaire. La sollicitation des amis, l'envie d'utiliser différentes applications par l'intermédiaire du portable peuvent s'avérer excessives et nuire à l'endormissement de votre enfant. Incitez-le à lire. La lecture représente un excellent moyen pour lâcher prise avec la réalité. S'évader dans le calme l'aidera à s'apaiser et à glisser doucement vers un sommeil réparateur. S'il vous pose la question: «Comment je vais me réveiller sans mon portable? Répondez-lui sans hésiter: — Aucun problème, je t'achète un réveil!»

- Parlez avec votre adolescent des ondes envoyées par le mobile et de l'impact sur sa santé. Si vous ne maîtrisez pas ce sujet, de nombreux sites d'information existent, comme l'INPES ou encore l'Association Santé Environnement France (ASEF), et peuvent, sur simple demande, vous envoyer des dépliants.

- Interdisez formellement d'utiliser le smartphone à vélo ou à scooter! Les risques d'accidents sont élevés, et les adolescents n'ont que très rarement conscience du danger. Vous insisterez sur la nécessité de respecter le code de la route et de mesurer les risques encourus s'il l'enfreint. Le manque de vigilance et de concentration lié à l'usage du téléphone lors de ce type de déplacement met votre adolescent dans une situation très dangereuse dont il ne doit rien ignorer.

- Sensibilisez aussi votre enfant aux prix exorbitants des smartphones, notamment des derniers modèles. Ceux-ci, très prisés, peuvent faire l'objet de convoitise! Rappelez-lui de s'en servir discrètement, en prenant soin de ne pas l'exhiber aux yeux de tous. Achetez-lui une coque ou un étui protecteur pour éviter la casse. Je vous conseille également de prendre une assurance contre le vol, cela représente un investissement peu onéreux et nécessaire.

- Discutez avec votre adolescent de certains sites, trop facilement accessibles et préjudiciables aux jeunes, comme la pornographie, la violence ou les jeux de hasard. Même s'il n'y a pas accès sur son propre appareil, votre enfant pourrait y être confronté par l'intermédiaire de ses connaissances.

- Encouragez-le à en parler à des personnes de confiance (famille, enseignants, amis...), s'il se sent agressé par des images qu'on l'oblige à regarder.

DEVOIR N° 5

Rester parents et adultes, quoi qu'il advienne !

Des parents « adolescents »

De plus en plus de parents deviennent les « copains » de leurs enfants pendant la période ingrate de l'adolescence, créant ainsi un lien amical pour appréhender au mieux les problèmes qui surgissent et éviter la remise en cause du milieu familial. Certains parents s'improvisent les plus proches amis de leur adolescent pour prolonger leur jeunesse, en se lançant dans une caricature d'« adolescents-adultes ». « Il est interdit d'interdire ! » (à l'origine, une boutade de

Jean Yanne, devenue l'un des slogans les plus connus de mai 1968), se persuadent certains parents démissionnaires qui ne savent plus quelle attitude adopter. Cette manière de penser explique le refus de manifester quelque autorité ou de prendre une responsabilité importante à l'égard de leurs enfants, désireux de laisser leurs adolescents vivre leur propre expérience et leur permettre d'assumer leurs envies. Ces parents immatures – que l'on peut nommer « adulescents » – ont pour certains eu leur premier enfant très jeunes et n'ont pas vécu comme ils auraient dû leur propre adolescence, dans une totale insouciance et une nécessaire rébellion, étant entrés trop tôt dans le monde des adultes ; mais cela ne constitue pas une excuse recevable pour se comporter comme s'ils avaient l'âge de leurs propres enfants.

Si une séparation intervient dans le couple, la compétition entre le père et la mère concernant la quête de l'amour de leurs enfants entraîne parfois un mode éducatif permissif, dans l'un des deux foyers, si ce n'est au sein des deux. Les parents sont confrontés à la peur de vieillir, et se comporter comme s'ils revivaient leur adolescence les éloigne de cette crainte bien légitime. La « jeunesse » des parents, de par leur attitude, sera vénérée tel un « culte » qui leur fera oublier leur rôle de modèle éducatif. Cette fascination de l'adolescence de la part des « parents-adolescents » prend sa source dans le désir de se fondre dans l'autre, de créer une véritable dépendance affective, ce qui nuit à une autorité efficace qui ne peut exister sans maintenir une certaine distance entre les parents et leurs enfants. Les adulescents finissent par obéir à leurs enfants (ce qui est l'opposé de ce qui devrait se passer !) pour obtenir leur respect. La vulnérabilité de l'adulte est alors exposée au grand jour, et on assiste à un échange de rôles tout à fait inacceptable et dramatique pour le bon développement psychologique de l'adolescent. En effet, ce dernier devient son propre modèle et n'a plus de référent adulte ; ce qui le conduit à développer un comportement narcissique exacerbé. L'échange des rôles au quotidien déstabilise les enfants et leurs parents, et ni les uns, ni les autres ne se sentent exister par eux-mêmes, ce qui peut entraîner de graves conflits dans l'avenir.

> « *C'est dans la mesure où l'on ne s'accepte pas soi-même que l'on désire changer l'autre, et dès qu'on veut changer l'autre, le conflit commence parce qu'il s'agit d'une tentative de prise de pouvoir sur l'autre**. »
>
> Paule Salomon

Les attentes des adolescents

Les adolescents n'apprécient ni ne respectent les parents-adolescents, et encore moins les parents-copains. Ils attendent de l'adulte référent que vous représentez, de la bienveillance, de la positivité, de la compréhension et beaucoup d'amour à leur égard. Ils s'accrochent à ces dispositions d'esprit ainsi qu'à votre autorité indispensable pour se sentir rassurés. Les règles sont de précieux repères qui aident vos adolescents à se comporter comme de futurs adultes en apprenant à s'y confronter. Pour asseoir votre autorité, vous devrez vous faire écouter et leur montrer l'exemple. Il est facile de comprendre qu'il vous sera impossible, à leurs yeux, d'être exemplaires, si vous représentez une simple caricature de votre adolescent. Les adolescents vous perçoivent comme de « vieilles personnes » critiquant le monde des ados et comme étant aux antipodes de leurs préoccupations. Il est

* *La Sainte Folie du couple*, Le Livre de Poche, 2001.

normal que les jeunes s'opposent aux règles et aux exigences établies sur ce territoire étranger où gravitent les « adultes », car ces derniers leur apportent un soutien psychologique et matériel, mais ils attendent d'eux en retour un certain comportement, que les adolescents ne souhaitent pas nécessairement adopter. Votre adolescent cherche en vous l'adulte qu'il souhaite devenir ; de ce fait, s'il ne parvient pas à vous comprendre, il lui sera très problématique de se projeter à travers vous vers son avenir d'adulte.

La transmission intergénérationnelle parents-ados est une relation basée sur le respect de l'autre, en ce qui concerne ses choix et ses goûts, sans pour autant qu'il soit obligatoire d'y adhérer pour se faire aimer et accepter. Les adolescents ne vivent pas cette transmission avec d'autres adultes, comme leurs professeurs, les amis de la famille… Vous jouez le rôle principal de cette passation, de par la relation de filiation qui vous lie et qui vous donne toute la légitimité aux yeux de votre enfant. Il ne vous accordera sa confiance que si vous lui présentez l'image d'un adulte référent et non pas une pâle copie de lui-même. Les adolescents ont besoin de « véritables adultes » qui ne les surprotègent pas, ne ressassent pas sans cesse leur mauvaise opinion de la jeunesse, ne font pas preuve d'excès dans leurs attentes, ne les méprisent pas, et enfin, qui soient des adultes présents à leurs côtés, sur lesquels ils peuvent compter si besoin est. En aucun cas, ils ne désirent que leurs parents se comportent comme leurs égaux.

Un désir de jouvence

En grandissant, les enfants devenus des adolescents rappellent à certains parents leur conjoint au même âge, qui éprouvent alors de la nostalgie pour cette époque révolue parsemée de souvenirs heureux, qu'ils regrettent de ne plus vivre. Cette sensation d'une jeunesse perdue est source d'envie chez les adultes, lesquels, arrivés à une période de stabilité dans leur vie quotidienne rythmée par la routine, rêvent de retrouver ces instants où la passion et l'insouciance dictaient leurs désirs et leur conduite. Dans la société actuelle, les adolescents représentent un attrait majeur pour les médias, ils sont à la fois les héros des temps modernes et des objets de désir. L'adolescent d'aujourd'hui n'a jamais été autant exploité pour véhiculer l'image de la beauté plastique parfaite, aidée en cela par les progrès réalisés dans le domaine de la santé (alimentation) et de l'hygiène (cosmétiques), telle que notre société la conçoit. Certains jeunes, conscients de l'impact qu'ils ont sur le jeune public, l'utilisent pour exercer une emprise sur les adultes en éveillant chez eux, dans les cas les plus extrêmes, une jubilation destructrice. Devenir « adulescent » peut apparaître comme la solution au désir profond de revivre sa jeunesse transposée à notre époque. Mais il n'en est rien, car en agissant de la sorte, la relation avec votre adolescent basculerait pour passer de verticale et hiérarchique à une relation horizontale et égalitaire, et plus grave encore, vos rapports deviendraient fraternels. Toute autorité est basée sur la barrière générationnelle, et la transgresser par un mélange des générations constituerait un obstacle pour s'imposer. Certains enfants ont plus de difficultés (souffrance éprouvée à la suite d'un abandon ou d'une trahison) que d'autres à résoudre leur complexe d'Œdipe, or si cette phase n'est pas résolue, elle peut refaire surface et s'intensifier à l'adolescence. Même s'il a abandonné depuis la fin de son enfance l'idée de devenir l'amant du parent de sexe opposé, il voit en lui un modèle à suivre en termes de relations amoureuses. Ce n'est pas parce qu'un adolescent vous contredit qu'il cesse de vous idéaliser.

Parents-copains, l'autorité oubliée

Les parents d'aujourd'hui semblent attachés au slogan des années 1960 : « Il est interdit d'interdire ! » Derrière ce refus d'imposer une autorité afin de laisser les jeunes libres de leurs choix et d'assumer leurs envies se cache en vérité une fuite vis-à-vis des responsabilités. Si les « parents-adolescents » se plaisent à montrer une certaine décontraction dans leur manière d'éduquer leurs enfants, ils cachent en réalité leur grande difficulté à incarner l'autorité parentale. Ils aiment afficher un style de « parents modernes », ouverts au dialogue, compréhensifs, permissifs (parfois trop !) et complices avec leurs enfants. Ils s'épargnent ainsi leurs critiques qui débouchent inévitablement sur des situations conflictuelles et désagréables à vivre. En n'imposant ni règles de vie, ni limites, ils s'évitent d'avoir à justifier leurs choix éducatifs, préférant tout simplement démissionner, ce qui les réconforte puisqu'ils doutent eux-mêmes de leur capacité à remplir leur rôle de parents. L'enfant ayant des « parents-copains » n'a que peu d'intérêt à leurs yeux, même s'ils font croire le contraire. Ils cherchent avant tout à satisfaire le besoin de mettre en scène leurs propres difficultés, tout en laissant paraître qu'ils se soucient de leur enfant. Au cours de cette période délicate pour les parents, il peut paraître opportun d'être décontracté et conciliant avec les adolescents. En effet, la période gratifiante de la petite enfance, où votre enfant sollicitait votre aide en utilisant des mots affectueux et vous prodiguait des câlins tout naturellement, est révolue. Il est normal que tous ces instants de tendresse partagés vous manquent à son entrée dans l'adolescence, et que vous vous sentiez déconsidéré et mal aimé par votre enfant, et donc, en carence sur le plan affectif. Les adolescents profitent de vos faiblesses individuellement, mais aussi au sein de votre couple pour semer le trouble et éprouvent un sentiment de triomphe à vous voir perdre contenance et à mal le vivre. À trop chercher à ne pas décevoir l'adolescent en jouant les parents-copains, vous perdrez vos repères et l'autorité naturelle liée à votre statut. Il est évident qu'il vous sera nécessaire d'user d'autorité charismatique (celle qui vous donne le pouvoir d'être obéi) et non pas d'autoritarisme (pouvoir tyrannique), mais vous éviterez de prodiguer le laxisme (pouvoir défaillant). Votre adolescent, ayant besoin de sécurité, dirigera son affection (à sa façon) sur la personne qui le sécurise. De fait, celle qui lui imposera des règles.

Accompagner son enfant en tant que parent, c'est lui apprendre à combattre les défis et à supporter les frustrations que la vie sème sur son chemin, pour mieux le préparer à les affronter à l'âge adulte. Un copain ou une copine peut-il lui apprendre cela ? Je ne le pense pas. Ce n'est pas le rôle d'un copain, c'est celui d'un parent. Quant aux parents trop stricts et trop rigides dans leur manière d'éduquer leur enfant qui grandit, et qui ne prennent pas en compte sa maturité, ils compromettront tout autant l'apprentissage de sa future vie d'adulte en le conduisant à la révolte ou à la soumission excessive. L'équilibre subtil et essentiel entre l'affection et la fermeté rend la relation parent-enfant unique !

Ni des policiers, ni des copains !

Pour se construire, l'adolescent doit avoir des repères clairs et rencontrer des limites. En les remettant en cause, en s'y opposant, il fait la part des choses et peut de cette façon les intégrer. L'adolescence est une période de construction qui nécessite la présence d'un adulte, et cela même si votre adolescent ne le verbalise pas. Ses parents lui sont indispensables !

Les adolescents doivent se sentir épaulés, encouragés par leurs parents, pour avancer sur le chemin de la vie.

Les approbations systématiques de tous leurs faits et gestes seront vécues comme un désintérêt. L'équilibre n'est pas facile à trouver. « Les parents-copains », loin d'être ouverts d'esprit, craignent en réalité la critique et le regard des autres. Les adolescents, quant à eux, face à des parents « adulescents », ne peuvent se construire, à moins qu'ils ne compensent en devenant des adolescents-adultes. Le fait de se plonger dans le monde des adultes trop vite, en apprenant à se débrouiller par eux-mêmes, peut leur faire regretter leur enfance. Ils manqueront de confiance en eux et se sentiront comme des individus dominés au sein d'un groupe social, recherchant constamment la reconnaissance de leur entourage. Cette enfance perdue peut également avoir des conséquences néfastes sur les relations amoureuses quand l'envie de replonger dans l'enfance (recherche du père ou de la mère dans le partenaire...) se fera sentir.

L'adolescent vit dans une société où il est considéré comme un modèle, ce qu'il ne ressent pas toujours positivement. En présence de parents qui cherchent à revivre leur sexualité comme des adolescents, les enfants connaissent une grande confusion de sentiments : un mélange entre incompréhension, malaise et excitation.

Éternels adolescents, des enfants victimes

Les parents-adolescents craignent de vieillir, de s'éloigner des préoccupations de leurs enfants, de ne plus les comprendre et donc de ne plus faire partie de leur univers. La notion de « famille » étant de nos jours de plus en plus restreinte, se limitant la plupart du temps aux grands-parents, aux parents et aux enfants, les difficultés rencontrées par les parents au niveau de l'éducation ne sont pas aisément délégables à un autre membre de la famille. L'enfant n'a plus la possibilité de se confier à d'autres personnes qui lui serviraient de « modèles ». Les adolescents sont les premières victimes du déséquilibre de leurs parents. Cette attitude immature et anormale peut entraîner des conséquences graves, car les adolescents devront être des adultes avant l'heure, et assumer la complexité des rapports aux autres à leur place, alors qu'ils se trouvent eux-mêmes en plein questionnement. Certains adolescents sortiront péniblement de la période de l'adolescence pour affronter la réalité de la vie quotidienne, car la métamorphose du cocon (dans lequel ils étaient totalement protégés) en un papillon prêt à s'envoler (un peu démuni dans cette société frustrante) ne se fera pas sans heurts. L'ineptie parentale ne peut être compensée par une attitude adéquate et réfléchie des adolescents. La relation de proximité des « parents-copains » sera en fait vécue comme un éloignement par les enfants, auxquels la protection des parents échappe. Les jeunes, abandonnés par leurs parents, sans leur soutien et leurs conseils, seuls avec leurs problèmes et en pleine confusion, pourront se révéler violents pour se révolter contre ce qu'ils jugeront comme un abandon pur et simple. Il n'est pas nécessaire de se montrer strictement autoritaire envers son enfant, il suffit d'être ses parents, ceux qui le guident sur le chemin de la vie en le prenant par la main. Les relations entre les adolescents et les parents-copains peuvent entraîner une confusion des rôles, et même sur le plan sexuel, on parle ici de « flirt psychologique » avec les parents. Pour devenir adulte, cela nécessite que votre adolescent vous juge, vous conseille, tente d'usurper vos droits, souhaite prendre votre place et vous infantilise, mais il s'identifie à des images de parents murs. Donc montrez-lui que vous l'êtes !

Retour d'expérience

Je me souviens de parents m'expliquant que leur adolescent ne respectait rien. Il les insultait, voire parfois devenait violent et les agressait physiquement. En discutant avec le père, je me rendis compte qu'il partageait les mêmes passions que son enfant. Il jouait aux jeux vidéo, il se battait avec lui en considérant cet acte comme un jeu ! La mère sortait en boîte de nuit avec sa fille ! Ils estimaient que leurs adolescents ne respecteraient pas leurs règles, sans même avoir essayé d'en mettre en place ! Leurs attitudes respectives les avaient conduits petit à petit et inconsciemment à abandonner le rôle principal qu'ils jouaient sur la scène de la vie de leurs enfants. Cette position inconfortable les avait amenés à se définir comme étant soumis à eux. Ils ne se donnaient pas le droit de leur refuser ce qu'ils demandaient et comblaient tous leurs désirs. Les adolescents avaient bien compris leur fonctionnement et en profitaient pleinement. Ils exigeaient d'eux qu'ils réalisent leurs souhaits les plus extravagants, voire impossibles à satisfaire, ce qui avait pour but de culpabiliser leurs parents. Ils régnaient en dictateurs sur ces parents désavoués et semaient également la zizanie au sein du couple, en comparant leurs deux parents, de telle sorte qu'ils entrent en compétition dans le jeu cruel « du parent le plus aimé ».

Par la suite, j'appris que la mère avait rencontré de grandes difficultés à les concevoir. Elle avait subi deux fausses couches et mis au monde des enfants mort-nés, ce qui avait gravement affecté le couple. Ils craignaient désormais, en s'opposant à leurs enfants (qu'ils avaient tant désirés), de ne plus être aimés par eux. À 44 ans, le père souhaitait vivre une adolescence tardive, d'autant plus que la sienne avait été écourtée et bafouée par des parents intransigeants et par des conditions de vie difficiles où la privation et donc la frustration étaient les maîtres mots, ce qu'il refusait de faire vivre à ses enfants. En coordination avec un psychologue, nous les avons aidés à établir des règles, pour leur permettre de se réapproprier leur rôle de parents, tout en partageant des passions communes ainsi que des moments de détente ensemble et en gardant leurs positions respectives. Leurs adolescents, pouvant désormais les identifier comme parents, n'ont plus jamais utilisé la violence à leur encontre.

Les conseils de Pascal

- Intéressez-vous aux activités de votre adolescent. Si celles-ci ne sont pas enrichissantes pour vous, il faut l'exprimer, cela permettra une conversation entre vous et votre enfant.

- N'ayez pas peur d'être démodé aux yeux de votre adolescent, s'il a honte à vos côtés, c'est ***normal*** !

- Connaître le monde des adolescents est un atout précieux, ne le critiquez pas ! Mais ne vous sentez pas obligé d'y adhérer. Je vous déconseille d'essayer de pénétrer cet univers à nouveau, votre temps est révolu. Restez adulte !

- Imposez vos règles ! Un adolescent aime celui qui le protège, il ne sera pas content, mais il vous identifiera comme son parent protecteur. Il ne vous en aimera que davantage ! Même si ses paroles vont à l'encontre de ses sentiments réels.

- Vos relations amoureuses relèvent du domaine privé, mais n'oubliez pas que votre adolescent observe et juge vos relations et essaie, pour mieux les accepter, de comparer ce lien avec celui que vous entretenez avec lui. Soyez donc vigilant sur votre façon de vous comporter avec votre conjoint devant votre enfant.

DEVOIR N° 6

Agir face à la démotivation et à la négativité de votre adolescent

« L'ennemi du moindre effort »

Le manque de motivation et la passivité caractérisent généralement les adolescents, qui peinent à se motiver pour participer à des activités ou pour réaliser les tâches du quotidien. L'adolescent étant par essence « égocentrique » n'apprécie guère de renoncer à ses propres intérêts au profit de ceux des autres. Les adolescents, avides de plaisirs immédiats et éphémères, vivent dans l'instant présent, ne se projettent pas, même dans un avenir proche, et nous l'avons vu, aiment diriger leur vie. Ils agissent comme ils l'ont décidé, et souvent, leurs aspirations sont aux antipodes des vôtres. Vous espérez des efforts de leur part alors qu'ils se réfugient dans la facilité. Ce comportement nonchalant de l'adolescent agace les parents, qui prennent cette manière d'agir comme une provocation. Ce constat des adultes, bien que réel, est aussi réducteur, car la démotivation chez les adolescents et la négativité se révèlent complexes à analyser et à comprendre et se manifestent pour diverses raisons.

L'une d'elles (une des principales) est la perméabilité aux influences extérieures. En effet, bien qu'éduqué, votre enfant est facilement influencé par ses fréquentations et se désintéresse souvent d'une activité, en fonction du groupe d'amis auquel il se lie. Les adolescents, de nature changeante, commencent des relations d'amitié facilement et s'en libèrent tout aussi aisément. Leur recherche d'identité les conduit à participer en dilettante – voire à abandonner – une activité sportive, culturelle ou de loisir qui revêtait à vos yeux une importance capitale, tant vous éprouviez de la fierté à voir votre enfant évoluer dans un milieu qui lui permettait de s'épanouir, de repousser ses limites ou tout simplement de s'enrichir grâce à un nouvel apprentissage. Ce manque d'effort se manifeste également à l'école et s'étend à tout ce qui a trait à la culture. Le caractère contraignant des divers apprentissages qui demandent de la concentration et de l'écoute de leur part les amène à délaisser ces activités pourtant nécessaires et indispensables. Vous aurez la lourde tâche de comprendre les raisons de leur réticence face à certains apprentissages et de les inciter à persévérer pour obtenir de meilleurs résultats et une attitude correcte. Vous avez certainement déjà vécu cette scène dans laquelle vous proposez une activité à votre enfant qui vous rétorque, d'une façon on ne peut plus nonchalante, « C'est nul ! » et cela même si le projet lui plaît. Il ressentira le besoin de vous le dire ! Votre enfant désire grandir, et comme les grands, il veut argumenter, refuser, décider, et pour ce faire, il rejette toute initiative de l'adulte ainsi que ses idées. Même si cette négativité est logique, elle ne peut être acceptée. N'oubliez pas : c'est vous qui décidez !

La motivation chez les adolescents : un procédé complexe

Si votre adolescent vous paraît morose, il se peut qu'il manque d'entrain et de motivation. Cette attitude n'a pas la même signification chez tous les jeunes, car bien que traversant la même période, ils sont tous différents, et leur comportement varie donc selon leur personnalité. Tandis que certains se montreront très fainéants, d'autres au contraire feront preuve de plus de courage. Une baisse de motivation peut intervenir pour des raisons personnelles, comme un bouleversement au sein de la famille : un divorce des parents ou un déménagement. Ces changements s'avéreront des événements déclencheurs de démotivation chez l'adolescent, que l'instabilité déconcerte. Ils heurtent sa sensibilité et son émotivité, déjà malmenées par les transformations hormonales, et plongent l'adolescent dans un état de « sinistrose » laissant peu de place à l'engouement et au peu de motivation qu'il peine à mobiliser. L'adolescent, très soucieux du regard des autres, se démotive par peur de subir des échecs. Il préférera se désengager d'une activité plutôt que d'échouer. Si vous insistez pour qu'il persévère, il délaissera ce qu'il a entrepris, car il pense qu'il est préférable d'abandonner plutôt que de commettre des erreurs.

En général, l'adolescent a tendance à dramatiser les événements vécus, et la moindre contrariété (un professeur qui ne lui porte plus d'intérêt, un ami ou une amie qui le délaisse, des aptitudes insuffisantes dans un domaine, des appréciations médiocres…) peut pour certains être décevante et les conduire à subir une désillusion telle qu'ils se démobiliseront, voire ne fourniront plus le moindre effort, persuadés que cela ne leur serait d'aucun secours.

Le manque de motivation peut aussi venir de son vécu à l'extérieur du foyer; ses fréquentations peuvent l'amener à perdre sa motivation, à cause de l'influence négative de certains amis et ce, pour diverses raisons. Il peut aussi vivre des moments difficiles à l'école ou même dans la famille, comme être rabaissé ou harcelé. Son implication et sa position de médiateur dans la gestion des conflits entre ses amis lui demandera une énergie importante et le détournera de ses objectifs, ne lui permettant pas de se concentrer sur un autre domaine.

Peu importe d'où provient la baisse de motivation de votre adolescent, vous en déterminerez la raison avec circonspection, même si les probabilités de résolution de ses problèmes sont très minces. La situation traumatisante pour lui ne facilitera pas le dialogue entre vous, mais grâce à une communication quotidienne, en se focalisant sur les détails, vous serez au courant des difficultés qu'il rencontre, et cela sera un réel avantage pour l'aider. N'oubliez pas que les parents sont les éducateurs primordiaux de leurs enfants, et à ce titre, vous êtes en droit d'être exigeant à leur égard. Votre laxisme, voire votre désintérêt, satisfera votre enfant, mais le rendra plus perméable aux difficultés rencontrées dans sa vie sociale à l'âge adulte et beaucoup moins apte à les affronter.

La culture : le défi des parents

Votre adolescent a-t-il les capacités pour mobiliser ses efforts sur les activités essentielles ? On dit souvent : « Quand on veut, on peut ! » Mais est-ce vraisemblable ? Le monde moderne offre tout un assortiment de distractions dont l'accès se trouve fortement facilité. Votre enfant est vulnérable devant la sollicitation convaincante des différents outils technologiques dont il dispose. Les professionnels de l'éducation et les parents s'accordent à dire que les enfants ne prennent plus de plaisir à lire, et qu'ils éprouvent bien des difficultés à les y inciter. S'évader et s'instruire par le biais d'un livre de nos jours se décline au passé. Les adolescents lisent essentiellement des magazines, ou des bandes dessinées, mais sont surtout avides de lecture par le biais des écrans. Internet offre aux jeunes (et aux moins jeunes !) des possibilités de lecture, et reste un formidable outil d'ouverture sur le monde et d'accès gratuit à la culture, quand on en use intelligemment. Vous ne devez pas vous en inquiéter mais plutôt le guider à consulter des sites passionnants. Un enfant est un être en évolution, s'il ne lit pas à 12 ans, cela ne signifie pas qu'il ne s'y intéressera pas plus tard. L'adolescent dispose d'un large éventail de domaines pour se cultiver, comme le cinéma, la musique… Ces activités lui permettent de s'ouvrir à différents modes de pensée et lui proposent des modèles identificatoires. Même s'il est vrai que la lecture développe l'imagination, elle ne détient pas à elle seule le monopole en la matière. Vous lui proposerez, sans lui imposer et en tenant compte de ses goûts, des livres racontant des histoires imaginaires que les adolescents affectionnent particulièrement, comme le succès de la saga ***Harry Potter*** le démontre.

La démotivation scolaire peut être due à des ennuis personnels. Chacun appréhende l'apprentissage de manière unique et y puise son propre intérêt. Le soutien familial demeure essentiel, que ce soit dans l'adversité face aux difficultés, en se montrant incitateur, apaisant et valorisant ou dans la réussite, où il jouera le même rôle. L'aide apportée par les parents passera par la communication et la compréhension. Vous serez à même d'expliquer que tout est possible et que l'amélioration des résultats passe par un travail assidu.

> « ***Qui a reculé devant l'effort pénible devra reculer toujours plus.*** »
> Henri-Frédéric Amiel, écrivain et philosophe suisse, journal intime, le 8 août 1875

Un passage logique

Toute activité requérant le dépassement de soi et nécessitant un effort paraît difficile à réaliser pour un adolescent. Alors que l'enfant se montrait curieux, friand d'apprentissages et de découvertes et, surtout, ne rechignait pas à l'effort, l'adolescent est devenu paresseux, testant ceux qui souhaitent l'éduquer, et allergique à la moindre mobilisation de ses capacités physiques ou intellectuelles. Souvent, les adolescents disent s'ennuyer à l'école, alors qu'ils souhaitent surtout éviter de nouvelles difficultés et les contraintes qui en découlent. Il s'agit souvent d'une attitude passagère, mais si malgré votre bienveillance et votre fermeté, votre enfant s'y complaît ou dépasse les limites imposées et qu'il ne parvient plus à se motiver, il convient d'approfondir les raisons de ce laisser-aller, car les conséquences à long terme seraient tragiques. Le retard pris dans l'apprentissage, ajouté à l'habitude de ne plus travailler régulièrement, serait préjudiciable à la continuité des études. L'adolescent, pour se construire, teste vos limites et votre autorité, veut prendre ses propres décisions et de plus doit détruire l'image de cet adulte qui le renvoie et le maintient dans l'enfance. Alors qu'il vous suffisait lorsqu'il était plus jeune de lui donner des directives, il vous est maintenant souvent difficile de vous imposer face à votre adolescent, son plus cher désir étant de s'opposer à vous pour s'affirmer, n'hésitant pas à déclencher une vraie crise en vous contredisant avec ses propres arguments. Vous ne devrez ni ne pourrez accéder à toutes ses demandes et vous le lui rappellerez.

L'adolescence étant une période de fragilité émotionnelle, vous solliciterez votre enfant s'il présente un état légèrement dépressif et ne trouve que peu d'intérêt et d'entrain à agir, pour améliorer sa vie privée. Si votre adolescent désire ne rien faire, n'a aucun but dans la vie ni aucune envie particulière, vous lui imposerez la pratique d'activités à l'extérieur afin qu'il sorte de sa léthargie. N'oubliez pas qu'un adolescent traverse une étape de transformations physiques, psychologiques, émotionnelles et sexuelles qu'il doit accepter et affronter. Or, même s'il se sent plus fort, il éprouve aussi une fatigue supplémentaire qu'il vous faudra prendre en considération. L'adolescent présente des difficultés de concentration, car son cerveau n'a pas atteint sa maturité émotionnelle, et il a donc du mal à gérer ses émotions pour apprendre efficacement. Votre rôle est de l'aider à acquérir cette concentration, car – bonne nouvelle – la concentration se travaille. « Bien dans son corps, bien dans sa tête ! » Il doit adopter une bonne hygiène de vie, se détendre et trouver de l'intérêt à ce qu'il entreprend pour générer de la motivation qui entraînera de la concentration. Maintenez la communication avec votre adolescent, même si vous êtes inquiet de son manque de volonté et de son désintérêt, écoutez-le, soyez souple, ayez des échanges détendus, restez calme, et autant que possible, guidez-le, mais n'imposez rien. Quand on est parent, on a non seulement le droit d'exiger, mais le devoir d'enseigner à nos enfants les limites qui vont leur permettre de « s'humaniser » et d'accéder aux règles de la vie humaine. Exiger, c'est analyser, comprendre, expliquer et rendre un arbitrage.

Agir face à la démotivation des adolescents

Maintenant que vous cernez mieux la cause de l'attitude de votre adolescent, voyons comment lui donner de nouveau l'envie d'aller à l'école pour apprendre et le mobiliser pour effectuer les tâches essentielles. Face au manque de motivation de l'adolescent, il est facile pour les parents d'user de l'injonction. Néanmoins, cette solution serait une erreur, car elle ne ferait qu'accroître la sensation d'infériorité qu'il ressent face au manquement à ses devoirs. Il se contenterait alors de vous témoigner son mépris ! Pour éviter cela, la patience sera votre meilleure alliée. En effet, ne blâmez pas votre enfant, cela serait vain, ne focalisez pas sur ses erreurs et ses échecs, mais au contraire, valorisez ses réussites naturellement en mentionnant à haute voix les tâches quotidiennes accomplies et tout ce qu'il réalise de conforme à vos souhaits et exprimez-lui votre contentement (même si cela vous paraît normal !).

Ne le critiquez pas constamment et ne soyez pas des parents trop moralisateurs sous peine de le conduire à vous rejeter et à vous exclure de sa vie, se sentant emprisonné et jugé. Nous avons tous un jour abandonné un projet ou repoussé une échéance, et le mieux pour y remédier maintenant qu'il s'agit de votre enfant repose sur l'encouragement que vous lui prodiguez pour le mener à l'émulation, en classe comme à la maison. Ne rien dire ou le dire trop tard n'est pas non plus la bonne tactique. Jugez l'acte et non votre enfant en tant que personne ! Ne lui renvoyez pas une image négative de lui-même, car il s'identifiera inconsciemment à « ce fainéant incurable » que vous lui dépeignez. Plus la pression exercée sur lui sera forte et plus l'adolescent se démotivera. Les adolescents ont des emplois du temps chargés et manquent souvent d'organisation ; aidez-les sur ce plan, cela leur évitera de se démotiver devant l'ampleur des tâches accumulées par manque d'aménagement de leur temps de travail.

L'assiduité à l'école étant primordiale, il doit respecter les règles mises en place à l'intérieur du foyer, basées sur le respect et la confiance que vous lui témoignez, sous peine de se voir amputé de certains créneaux réservés à ses loisirs. Certains aménagements seront utiles et pertinents à mettre en place en ce qui concerne les règles dites « inconscientes ». Votre adolescent n'acceptera pas facilement ces obligations et vous le prouvera en pleurant, en manifestant son mécontentement, son désaccord et sa mauvaise humeur, par des récriminations ou encore en vous menaçant. Son comportement pourra même empirer dans un premier temps nécessaire pour digérer l'information avant qu'il accepte d'améliorer son comportement. Ne cédez pas, mais ne fuyez pas le conflit, car cela l'encouragerait à devenir paresseux et irresponsable, ce qui finalement lui nuirait. Rappelez-lui que pour atteindre un objectif, il doit sacrifier des plaisirs à court terme pour obtenir un résultat à long terme, et que plus tard, dans sa vie d'adulte, il devra fournir des efforts, et que sa réussite dépendra de ceux-ci. Citez-lui en exemple ses idoles qu'il adule tant et représentent des modèles de réussite, en soulignant la somme importante de travail qu'ils ont dû accomplir pour parvenir à leurs fins.

« *Le sage est calme et serein. L'homme de peu est toujours accablé de soucis.* »

Confucius, philosophe chinois

S'inquiéter quand on a épuisé toutes les solutions

L'adolescent peut se complaire dans cet état de fainéantise et de léthargie, et s'y installer. Cela peut provoquer chez lui un réel mal-être. Si votre enfant se mure dans le silence, décide d'abandonner sans raison apparente les activités qu'il adorait et n'exprime plus aucune envie de poursuivre son cursus scolaire normal en ne voulant plus aller à l'école, cela signifie qu'il choisit la rupture avec cette institution fondée sur la transmission du savoir. Quand un adolescent veut agir comme il le souhaite, indépendamment de ses parents et des autres, il est bien difficile de le remotiver, car vous contrariez, en vous opposant, ses désirs constitués essentiellement de plaisir immédiat. Préférez toujours la communication pour l'amener à formuler les raisons de cet abandon, qui peuvent venir d'un événement banal pour vous, comme un conflit avec un ami proche, un échec scolaire mal vécu ou une déception amoureuse. Questionnez-le sur les raisons de ce changement d'attitude, cela vous évitera toute interprétation hasardeuse, perçue comme fausse par votre adolescent. Avertissez-le des conséquences d'une démotivation et n'accordez-lui aucune concession. La reprise de l'école est primordiale. Et même si votre grande inquiétude à ce sujet est légitime, pour réussir la réinsertion de votre enfant, dissimulez le plus possible votre angoisse, car vous affronterez mieux les difficultés dans un environnement calme et équilibré. Pour votre adolescent, des parents confiants de sa réussite, apaisants et rassurants sont les garants nécessaires de sa motivation à se ressaisir.

Les causes de la perte d'envie d'apprendre sont souvent dues à des conflits (avec des camarades, des enseignants…) ou à des difficultés passagères (fatigue chronique, apprentissage difficile et sentiment d'ennui à l'école). Dans ce cas précis, la communication avec l'adolescent ne sera pas suffisante, n'hésitez donc pas à vous renseigner auprès de ses camarades de classe et/ou leurs parents sur le climat régnant pendant les cours et sur les élèves susceptibles d'être perturbateurs. Fort de ces renseignements, questionnez votre enfant, vérifiez la véracité des informations détenues avec le personnel du collège ou du lycée (CPE et professeurs) et agissez en conséquence.

Les professeurs transmettent un savoir, mais ce sont les parents qui éduquent leurs enfants. En ce qui concerne son aversion à l'exécution des tâches inhérentes à la vie en famille, vous allez devoir user de stratagèmes pour qu'il change d'attitude et s'implique. Si la tâche à accomplir demande beaucoup de temps et d'application et lui paraît insurmontable, proposez-lui de courtes pauses (par exemple : utiliser Internet ou participer à un jeu vidéo), limitées à 15 ou 20 minutes au maximum, qu'il devra respecter scrupuleusement. Ces courts instants de détente lui seront profitables pour trouver de la motivation et se fixer un objectif. Attention, votre adolescent ne doit pas exécuter son travail à la hâte afin de profiter plus vite de sa pause ! Prenez ses refus et sa nonchalance avec humour, sans vous moquer de lui, mais en affichant un air détaché pour créer chez lui un effet de surprise, ce qui l'aidera à s'acquitter de sa tâche, même s'il n'en a pas vraiment envie. Il faut bien évidemment l'adapter à la situation et à la personnalité de votre enfant. Pensez également à lui laisser des responsabilités aussi bien dans la gestion des tâches (rédaction de tableaux ou d'organigrammes) que dans leur exécution. En se sentant responsable, il sera valorisé et n'aura pas envie de trahir vos attentes.

N'agissez pas à sa place, car il doit mesurer les conséquences inévitables de son manque d'implication et des échecs qui en découleront. Le désagrément que cela lui procurera le motivera certainement à s'appliquer et à achever un ouvrage commencé. Montrez-lui concrètement les conséquences de ses manquements. S'il vous refuse son aide en ce qui concerne les courses, n'achetez plus ses produits préférés ! S'il continue à laisser traîner son linge sale dans sa chambre, ne vous en occupez pas ! Il comprendra que s'il s'obstine à ne faire aucun effort, ses vêtements resteront sales. Ne le surprotégez pas, car le manque de motivation est étroitement lié à la paresse, et vous entretiendriez celle-ci !

L'être humain est tenté par la facilité, et votre adolescent l'est davantage qu'un adulte. Si malgré ces recommandations aucun changement ne se produit, demandez de l'aide à des professionnels pour vous aider à appréhender la situation avec discernement, vous permettant ainsi d'éviter les dérives liées aux conflits inévitables, pouvant dégénérer et provoquer des querelles entre tous les membres de la famille. Il est inutile de vous sentir coupable et injuste de vous blâmer pour ce qui arrive, mais important de ne pas accepter la négligence de votre enfant. Même si les agissements de votre adolescent nécessitent une aide extérieure, il est à même de la refuser, et dans ce cas, c'est à vous de le convaincre d'en faire l'expérience pendant un temps minimum, pour qu'il se rendre compte si cela lui est profitable ou non. Ne vous laissez pas décourager par les obstacles qui se dressent devant vous, entrevoyez le maximum de possibilités (même les plus extrêmes) comme éléments de démotivation (possible prise de cannabis, aux effets inhibiteurs de la volonté). Si la dépression (ou toute autre maladie mentale) s'installe, une aide médicale sera obligatoire.

Retour d'expérience

Pendant des vacances scolaires, je décidai de créer un projet intergénérationnel. L'objectif étant de se rendre dans une maison de retraite pour proposer des activités aux personnes âgées. Sur quinze jeunes, quatre d'entre eux furent particulièrement négatifs et montrèrent leur mécontentement et leur mauvaise humeur en permanence. Ils parvinrent même à entraîner le groupe dans leur attitude de refus systématique. Je décidai malgré tout de les maintenir dans la structure, devinant qu'ils penseraient que je les obligerais à remplir leurs fonctions. J'avais aussi l'intime conviction qu'ils regretteraient leur manque d'application à l'issue de l'expérience. La journée se passa très bien. Les jeunes furent invités à participer à la fête de fin de journée, organisée par leurs aînés, qui confectionnèrent des gâteaux pour l'occasion. Ainsi, jeunes et moins jeunes partagèrent de doux moments d'intimité et tous s'en réjouirent. À notre retour, je demandai à l'ensemble du groupe de dresser un bilan. Les récalcitrants, n'ayant pas (ou peu) participé, entendirent tout le bien qu'en pensaient leurs camarades et s'en trouvèrent tout décontenancés et honteux de ne pas s'être impliqués pendant ce jour exceptionnel. La semaine suivante, les enfants exprimèrent le vœu d'y retourner. Je refusai, tout en leur expliquant qu'ils auraient dû tenir leur engagement, sans rien attendre en retour. Dans ce cas précis, il s'agissait d'un acte social, et nous devions faire honneur à notre promesse. Le lendemain, je décidai malgré tout de les laisser participer à nouveau à cette expérience. Les plus motivés y consentirent. Ayant compris l'importance et la portée de leur désengagement, ils s'impliquèrent totalement, vécurent une vraie aventure humaine et y prirent un réel plaisir.

Les conseils de Pascal

- Obligez votre ado à argumenter: «Tu ne veux pas? Pourquoi?»
- Mettez-le devant le fait accompli. Quand vous comprenez qu'il dit non simplement pour être négatif, répliquez alors: «Tu ne veux pas? Bien!»
- Faites-lui faire un choix: «Tu ne veux pas le faire? D'accord, dans ce cas, je n'ai pas envie de faire quoi que ce soit pour toi!»
- Quand vous lui demandez de fournir des efforts, exigez qu'il réponde à vos attentes en légitimant votre requête et en invoquant la confiance et l'affection que vous lui portez.
- La punition est un outil qui n'élimine pas les causes du conflit, soyez vigilant et punissez votre enfant tout en restant juste.
- Apprenez à votre adolescent à éviter les conflits avec ses semblables, en lui conseillant de privilégier le dialogue. En cas de conflit avec un enseignant, rappelez-lui qu'il doit respecter les adultes. Protégez la crédibilité de l'enseignant, accordez-lui votre confiance en ce qui concerne son jugement. N'oubliez pas, à l'école, il est le garant de l'autorité parentale (donc de la vôtre!). Enfin, rangez-vous de son côté et ne le critiquez pas devant votre enfant, sous peine que celui-ci se sente soutenu par ses parents et donc persuadé qu'il peut défier l'autorité d'un professeur (donc d'un adulte) sans être inquiété.

- Choisissez des lectures adaptées à votre adolescent, l'essentiel étant qu'il prenne du plaisir à lire (manga, bande dessinée...). En ce qui concerne les livres pour la jeunesse, demandez conseil à des professionnels (bibliothécaires, libraires...) ou encore visitez des sites internet.

- L'adolescent ressent le besoin de se sentir compris, écoutez-le tout en gardant un esprit ouvert et critique. Ne négligez pas le fait qu'un détail à vos yeux peut se révéler d'une importance capitale pour lui. Ne le jugez pas et donnez votre avis. S'il vous sent concerné et impliqué, il comprendra l'intérêt qu'il représente pour vous, et sa motivation à avancer dans la vie s'en trouvera renforcée.

- Apprenez à connaître ses centres d'intérêt et essayez – avec l'appui d'un professionnel de l'éducation – de lui permettre, dans le cadre d'activités spécifiques proposées tout au long de sa scolarité, d'exploiter ses compétences dans la vie quotidienne, afin de le motiver.

- Cette citation de Gabriel Meurier (grammairien et lexicographe, v. 1530-v. 1600) – « Qui veut ce qu'il désire, des efforts il doit fournir » – s'applique à chaque adolescent qui cherche toujours à optimiser son temps et à recevoir sans fournir le moindre effort.

- Démontrez-lui la satisfaction éprouvée à l'accomplissement d'une action ou d'un projet et combien il est plaisant de se sentir utile en agissant. Ce sentiment de satisfaction représente à lui seul le plus grand bénéfice à tirer de l'action réalisée.

- Valorisez votre adolescent, il sera plus motivé à agir, car il aura confiance en ses capacités.

- Une fois l'engagement pris, il ne doit pas y déroger. Il doit se motiver pour respecter sa parole et s'y contraindre, même s'il n'en a pas envie.

- Laissez-le agir seul, ne tenez pas les rênes, mais maîtrisez la situation le mieux possible, en étant un soutien qu'il pourra solliciter, s'il en éprouve le besoin.

- Plaisanter avec vos enfants peut se révéler parfois un bon moyen pour les motiver à agir.
- Limitez le temps passé par votre adolescent devant un écran, pour qu'il retrouve de la motivation.
- Réduisez certaines de ses activités, car s'il manque de temps libre pour lui, votre adolescent voudra s'en créer et perdra sa motivation pour ses occupations planifiées.

DEVOIR Nº 7

Faire face au sujet sensible de la sexualité

Un sujet épineux pour les parents

Votre enfant est en train de devenir adulte, et la puberté aidant, la pulsion sexuelle va s'accroître. Comment accompagner votre enfant pendant cette étape délicate ? Comment répondre à ses questions tout en le rassurant ? Le guider, lui assurer une sexualité saine tout en lui laissant une marge de liberté : un subtil équilibre à trouver, alors qu'il est si difficile d'aborder le sujet de la sexualité avec un adolescent et que les parents préféreraient parfois l'éviter.

De nombreux adolescents éprouvent de la difficulté à partager leurs émotions et leurs craintes, d'où la pertinence d'aborder avec eux la pudeur et le respect des limites à ne pas franchir, car nous le savons, les jeunes sont bombardés d'informations et d'images explicites très faciles d'accès, entre autres sur Internet, où est privilégiée une sexualité de performance. Il est donc indispensable de les aider à comprendre le rôle de la pudeur dans leur sexualité, car elle leur permettra de découvrir leurs limites, leurs peurs et leurs angoisses et de respecter leur intégrité physique et mentale lorsqu'ils se trouveront dans un contexte d'intimité avec un partenaire. Pourquoi ne pas enseigner tout d'abord à votre adolescent ce qu'est la pudeur en lui parlant de la notion de respect ? Bien qu'il soit très difficile pour les parents de recevoir ses confidences, il est pourtant de leur devoir de ne pas ignorer les problèmes qui découlent de cette période et de tout mettre en place pour instaurer un climat d'écoute et de compréhension propice à un dialogue constructif avec leur adolescent.

Tout d'abord, adoptez une approche générale en abordant avec votre adolescent la sexualité dans sa globalité afin de réduire au maximum les conversations axées sur l'acte sexuel en tant que tel. Vous lui parlerez de sentiments et de sensations ressenties, notamment dans l'évolution de la relation amoureuse, mais aussi des différences existant entre les femmes et les hommes en termes de comportement vis-à-vis de la sexualité. Parlez aussi de la normalité d'avoir des attirances sexuelles, car elles font partie intégrante de l'assurance d'une bonne santé, d'un bon équilibre psychique et d'un développement positif de la personnalité. Même si votre adolescent (comme beaucoup) n'a pas une sexualité active, expliquez-lui l'importance des sentiments dans tout acte amoureux et de la nécessité de communiquer pour qu'il soit sûr d'être prêt à engager son corps et/ou son cœur dans une relation sexuelle, car c'est peut-être s'exposer affectivement et physiquement et éprouver du bonheur et/ou de la souffrance. Mieux comprendre ses désirs peut l'aider à s'accepter, à savoir dire « oui », à savoir dire « non » à l'autre.

La plupart des adolescents ne souhaitent pas en discuter avec leurs parents, mais ils en ont néanmoins besoin. Il conviendra de ne pas en parler au cours d'une réunion de famille, mais plutôt de manière informelle. Par exemple, dans sa chambre, vous profiterez d'une discussion sur sa relation amoureuse ou sur un beau garçon (ou fille) pour évoquer la sexualité. Plus vous serez accessible, plus votre adolescent vous informera. Ne paniquez pas et surtout ne jugez pas votre enfant, au risque de briser le dialogue. Il ne vous fournirait alors plus aucune information. Les films diffusés au cinéma ou à la télévision abordant la sexualité (comédies en tous genres) vous serviront, à l'occasion, de toile de fond pour entamer une discussion sur la sexualité. Si votre adolescent refuse catégoriquement de parler de sexualité avec vous, ne le percevez pas comme un échec. Il vous en parlera quand il sera prêt et saura que vous êtes à son écoute en cas de difficulté ou de nécessité, ce qui reste le principal.

Une banalisation de la sexualité

Il existe un réel danger du traitement de l'information, résultant de la facilité d'accès à la pornographie. L'inquiétude des parents devant la profusion des films pornographiques auxquels leurs adolescents peuvent accéder est légitime ; ils doivent jouer leur rôle d'éducateurs et en interdire l'accès le mieux possible. Les médias, certains magazines, la publicité… présentent une image de la femme « hypersexualisée ». Encouragées par les grandes marques de vêtements et de cosmétiques, les jeunes filles de 11 à 14 ans se transforment en « femmes-enfants » en se livrant à une hyperérotisation de leurs expressions, postures et codes vestimentaires. Ces enfants s'inspirent de leurs stars favorites au sex-appeal débridé ; il n'est donc pas rare de voir des filles de CM2, maquillées à outrance et portant des tenues hypersexuées, laissant même parfois dépasser un string ! Ces vêtements sont achetés par des parents qui cherchent à faire ressembler leur enfant à « l'être rêvé ». L'enfant n'a alors plus de valeur par lui-même mais seulement dans l'aspiration de ses parents, qui, en quelque sorte, lui volent son enfance.

Parfois, ce sont les enfants qui souhaitent plaire et séduire, même s'ils n'ont pas atteint l'âge de la maturité sexuelle. Ils aspirent avant même la puberté à endosser le costume de la femme fatale telle qu'ils se la représentent, s'imaginant par ce biais devenir plus vite indépendants. Ces informations mal perçues entraînent des dérives, par exemple, une éducation précoce à la séduction. Les clips et autres campagnes de publicité à l'érotisation démonstrative est dommageable, car les enfants de 10 à 12 ans vivent encore dans une période bien éloignée des préoccupations basées sur la sexualité, ils traversent l'étape de leur construction cognitive et de la construction de leur personnalité. Un autre problème de cette hypersexualisation est l'identification de la femme comme produit de consommation, jetable après usage. Cette image de la femme est symptomatique de notre société actuelle. Certains adolescents cherchent dans l'acte sexuel une surenchère et une performance. Il est courant de voir que le mot ***bitch*** (salope) est parfois perçu comme un compliment par des jeunes filles.

De plus, la réduction du corps humain à un objet représente pour nos adolescents un facteur de risque de basculement dans la prostitution. En tout cas, ces pratiques viennent polluer leurs relations « psychoaffectives ». Toutes ces raisons prouvent que l'adolescent a besoin de l'analyse et des conseils d'un adulte.

Les 12-15 ans en ligne de mire

Cet âge était auparavant celui des premiers flirts et des baisers. Il est, de nos jours, celui des premiers rapports sexuels. Les jeunes sont persuadés que l'acte sexuel avec un partenaire est inévitable pour prouver leur amour et commencer une relation. De plus en plus, le sexe fait partie intégrante de la préadolescence, et ce, de manière très directe et irréfléchie. Les adolescents s'envoient des « sextos » – des images de leur corps nu. Des jeunes filles trouvent normal de faire des fellations dans les toilettes, ou d'être « prêtées » à des copains. Encouragés par le groupe, les adolescents « faibles » sont prêts à tout dans la surenchère de l'acte sexuel. Ils craignent de dire « non » de peur d'être bannis du groupe. C'est une période de changement pubertaire où les enfants ont une perte d'estime d'eux-mêmes et ont horreur de leur corps. Ils ne cessent donc de l'agresser. Certains pensent à monnayer ces actes. C'est ainsi que l'engrenage de la prostitution se met en place. Les risques sont bien réels, or il n'est pas rare d'entendre : « C'est pas grave de se comporter comme ça ! » Il s'agit d'un moyen pour ces jeunes de fuir la réalité et de minimiser ces dérives sexuelles. Lorsque l'adolescent prend conscience de la gravité de ses actes, les conséquences immédiates sont la honte, le repli sur soi et parfois, les actes auto-agressifs, comme les scarifications ou les tentatives de suicide. Pour prévenir tous ces agissements dangereux, n'ayez pas peur de parler sexualité avec votre adolescent, en adulte qui aborde la sensualité et non l'acte sexuel. Dirigez votre enfant sur la bonne route, en l'écoutant et en le conseillant. Sans appui de votre part, il n'hésitera pas à braver tous les interdits avant même d'en connaître les conséquences.

L'éducation sexuelle passe par l'écran

De plus en plus d'adolescents regardent des films classés X, et ce, de plus en plus jeunes. Tout d'abord, les ados souhaitent visionner des images ou des vidéos par simple curiosité et en tirent leur propre conclusion, à savoir que l'acte sexuel est un acte brutal où la tendresse, les émotions, les sentiments et tous les gestes d'amour n'ont pas leur place, et qu'il est nécessaire pour le jeune homme de réaliser de vraies prouesses, ce que l'adolescent prend comme un défi à atteindre quand il aura des rapports sexuels. Ces jeunes finissent par adopter un langage emprunté au film classé X lors de l'évocation de leur sexualité. Les sites pornographiques ont envahi le quotidien de nos adolescents, et en accès libre sur Internet et souvent gratuits, ces films sont de plus en plus regardés. Selon diverses études du CSA, un garçon sur quatre et une fille sur cinq, de 14 à 18 ans, en auraient visionné une dizaine sur l'année 2015. Plus grave encore, un enfant sur deux, dès l'âge de 11 ans, à déjà regardé un film classé X. On assiste alors à une « pornographisation » de nos jeunes adolescents, qui réagissent différemment selon leur caractère et leur sensibilité. Parfois surpris, parfois apeurés et même dégoûtés, coupables et confus, les enfants de 11 à 13 ans sont souvent gravement touchés par ces images.

Plus tard, à partir de l'âge de 13 ans, visionner des films pornographiques devient, pour certains garçons un moment à partager avec des copains pour se distraire. Cette pratique autoérotique peut devenir addictive pour certains et transmet aussi un faux message aux adolescents, à cause du manque apparent dans ce genre de films de liaison entre plaisir et lien affectif. Devant ce constat, il appartient aux parents de contrôler l'accès à ces vidéos tout en restant lucides sur les connaissances de vos adolescents, des différentes manières d'opérer pour accéder à ces films, et cela, malgré le filtre parental que vous aurez mis en place. Vos enfants de moins de 14 ans ont besoin d'une surveillance basée sur des règles permettant un contrôle de l'utilisation d'Internet (filtre parental, règles de durée et d'heures de connexion…). L'interdit non motivé étant contre-productif à l'adolescence, privilégiez l'échange dès que votre enfant atteint ses 14 ans. Vous pouvez expliquer à vos enfants les raisons pour lesquelles vous trouvez la pornographie néfaste, sans bien entendu jouer les moralisateurs. Il vous faut trouver le moment opportun (diffusion à la télévision d'un sujet parlant de la pornographie, article dans un journal…) pour en parler et échanger avec eux à ce sujet. L'objectif en tant que parent est de protéger vos enfants d'images inadaptées à leur jeune âge, mais surtout de les guider vers une sexualité saine, contrôlée par eux, appréciée, sans la mauvaise influence de quiconque, basée sur des sentiments réels et sans recherche de performance ni de violence.

Le parcours risqué d'un spectateur de pornographie

La pornographie est devenue une nouvelle forme d'éducation sexuelle du fait de son intrusion dans la vie de nos adolescents, ainsi, de nouvelles mœurs et de nouvelles normes ont fait leur apparition. Les termes empruntés aux films « ***hard*** » deviennent des mots d'amour, et les pratiques extrêmes paraissent normales. Certaines adolescentes acceptent même de se comporter selon les clichés de la pornographie (épilation du pubis, acceptation de coït à plusieurs, fellation dans les lieux publics pour plaire à son partenaire, vidéos «*hot*» envoyées sous la forme de textos, pratique de la sodomie...). Devant ces images, certains jeunes, plus fragiles, peuvent développer des angoisses parfois durables et éprouver de la peur en voyant ces corps nus qui se livrent à plusieurs à des actes qu'ils ne comprennent pas. Ils peuvent également développer un sentiment de crainte vis-à-vis de leurs parents, pensant qu'ils vivent des situations du même genre. S'ils prennent ces films comme un modèle de l'acte sexuel auquel ils aspirent, ils seront en quête de performance pour aboutir obligatoirement à la jouissance et s'appliqueront à maîtriser une technique sans se soucier de ressentir du désir pour l'autre. Les filles chercheront l'orgasme vaginal sans atteindre le plaisir qui ne sera plus l'enjeu essentiel de l'acte amoureux. Les garçons eux pourront être confrontés à des effets insidieux, comme développer un complexe en ce qui concerne la taille de leurs pénis, car ils se compareront aux acteurs de films pornographiques qui arborent fièrement des pénis démesurés et une érection interminable. Au vu de ces images, ils se poseront la question légitime «Est-ce normal?», et surtout «Suis-je normal?». Ce questionnement traumatisant pourrait les conduire à se renseigner pour faire agrandir leur pénis et/ou se procurer des médicaments (Viagra...).

J'ai eu l'occasion, dans le cadre de mon métier d'éducateur spécialisé, de recueillir des questions d'adolescents, dont je vous livre ici un échantillon:

- «Suis-je obligée d'avaler le sperme de mon copain?» (15 ans)
- «J'ai mal à chaque fois que je m'entraîne à la sodomie, je stresse et j'ai peur que mon copain me quitte si je n'y arrive pas!» (17 ans)

– « Pourquoi je ne crie pas fort quand je fais l'amour ? » (16 ans)
– « Je ne veux pas coucher avec l'ami de mon copain, mais il m'en veut, je dois le faire ? »
– « Ma maman couche-t-elle avec des animaux pour exciter papa ? Car ça me dégoûte… (14 ans)

Pour mémoire, l'âge du premier rapport sexuel est de 17,2 ans pour les garçons et de 17,6 ans pour les filles, ce qui prouve que les jeunes s'interrogent avant le passage à l'acte et que votre écoute bienveillante leur est précieuse. Vous devez donc leur présenter le rapport sexuel comme étant l'aboutissement de l'amour entre deux êtres où la tendresse et les sentiments tiennent une place prépondérante. Les adolescents sont des romantiques qui s'ignorent, et ils rêvent de vivre une belle histoire d'amour où la sexualité représente un moment intime privilégié qu'ils souhaitent partager avec un être aimé. N'hésitez pas à le leur rappeler.

Éduquer à la sexualité : un défi comme les autres

L'éducation comprend l'ensemble des valeurs et des conseils à transmettre à son enfant pour l'informer et le protéger ; la sexualité a de ce fait toute sa place, et ce, malgré l'hésitation de certains parents à évoquer ce sujet délicat qui les met mal à l'aise. C'est votre rôle de parent d'accompagner vos adolescents tout au long de la découverte de leur sexualité. Toute discussion avec un adolescent étant épineuse, parlez-en avec légèreté et bienveillance, sans les y contraindre. Soyez à leur écoute et profitez de moments de complicité pour aborder le sujet dans son ensemble : sur le plan anatomique, sur la contraception et sur la prévention des maladies. Même s'ils vous assurent être déjà au courant, il n'est pas inutile de faire le point avec eux. En effet, les adolescents pensent souvent tout connaître, mais les sources où ils puisent leur savoir sont souvent erronées et peu fiables (différents forums sur le Net, expérience de copains mythomanes...). L'objectif à atteindre étant que votre adolescent devienne une personne respectueuse de son corps, mais aussi de celui de son partenaire, et qu'il apprenne les gestes affectueux et les bons réflexes à adopter lors d'un rapport sexuel. Sauf exception, il est plus facile de discuter de sexualité avec un parent du même sexe, et il est aussi indispensable que ce parent « choisi » pour partager ce moment d'intimité se sente à l'aise. Vous adapterez l'information dispensée à l'âge de votre adolescent. Parler de la sexualité est une démarche qui doit commencer dès la préadolescence (10-12 ans), car en parler tôt permet d'éliminer les tabous inhérents à ce sujet. De plus, à cet âge, ne subissant pas les bouleversements liés à l'adolescence, ils seront plus perméables à l'information. La discussion avec vos préadolescents portera sur la sexualité en général : de la conception d'un enfant, aux bouleversements et aux changements qu'ils connaîtront à l'adolescence. Cet échange servira de base pour leurs questions futures. Vous évoquerez la pornographie, qui ne devra pas être écartée, en raison de sa présence importante sur le Net et de son accessibilité.

Choisir les bons mots

Dans le cas d'adolescents plus âgés, abordez le sujet avec légèreté et humour ; après tout, quoi de plus naturel que la sexualité ? Cette manière d'en parler s'avérera une bonne méthode pour minimiser la gêne occasionnée. Même si votre adolescent rit, se moque, fait mine de ne pas être intéressé ou de tout savoir, il écoute néanmoins votre discours et apprend de votre expérience. Il est très important qu'il sache qu'il peut vous parler de tout, et ce, à tout moment. Cette attitude le confortera dans la possibilité de vous informer, surtout en cas de problèmes ingérables par lui-même (possible infection, traumatisme lié à un acte sexuel mal vécu, grossesse éventuelle et non désirée, incident ou oubli d'un moyen contraceptif…). Évitez les questions trop intimes, et appuyez-vous sur des exemples concrets et à sa portée, comme un reportage vu à la télévision traitant des premières expériences sexuelles des adolescents. En le commentant, en reprenant les répliques des personnes interrogées ainsi que leurs questions, vous pourrez ainsi vous en servir comme intermédiaire et ne serez pas impliqué personnellement. Vous éviterez aussi les questions trop directes afin de ne pas couper court au dialogue naissant. Les garçons sont moins communicatifs, car aucun changement physiologique ne les oblige à se livrer aux parents, contrairement aux filles qui elles vivent l'apparition de leurs premières règles et doivent consulter un gynécologue. Soyez prêt à répondre à toutes les questions sans a priori, et à tout entendre. Ne paraissez pas surpris et fournissez une réponse à toutes ses interrogations pour que votre adolescent se sente soutenu. Si vous ne souhaitez pas engager des conversations trop élaborées sur un sujet délicat ou que vos compétences ne vous le permettent pas, proposez-lui de consulter des sites, des fascicules ou encore d'en parler avec un médecin en qui il a confiance, de préférence du même sexe pour faciliter le dialogue. Il est indispensable que vous ne vous positionniez pas en juge et que vous trouviez un juste équilibre entre un échange ni trop intrusif, ni trop complice. Jouez simplement votre rôle de parent bienveillant, informateur, éducateur et tout simplement adulte !

Les points essentiels à aborder

L'éducation sexuelle est un vaste sujet qui demande du temps, de la patience et surtout de l'expertise pour l'évoquer. Même si tout peut être abordé, il y a des sujets dont on doit commencer à parler en priorité. Souvent, certains sujets sont évités ou survolés par les parents, qui sont persuadés que les adolescents reçoivent déjà des informations par l'école, leurs lectures, la radio, la télévision ou l'Internet, mais aussi parce que la sexualité relève de l'intime donc d'un domaine qui présente des aspects difficiles, embarrassants, complexes et malaisés à relater à des parents. Pourtant, il est souhaitable d'y faire face afin de vérifier leurs connaissances et de vous assurer de leur compréhension face aux informations recueillies en dehors du foyer.

Un des sujets primordiaux est l'utilisation obligatoire du préservatif et la méthode contraceptive à choisir pour les filles. Ce n'est pas parce que vous parlez de la contraception et du port du préservatif avec eux que vous les inciterez à avoir des rapports sexuels plus tôt qu'ils n'en auraient eu sans en discuter. Cela aura un effet bénéfique en les alertant et limitera les risques qu'ils prendraient de se passer de ces moyens de protection incontournables. Chaque année, plus de 6000 nouvelles infections au VIH sont découvertes en France et elles sont à 80% issues de rapports non protégés. Il faut savoir que des statistiques de l'INVS (l'Institut national de veille sanitaire) démontrent qu'au minimum 30000 jeunes ignorent leur séropositivité. Aujourd'hui, 150000 personnes vivent avec le VIH en France et 12% font partie de la tranche d'âge des 12-25 ans. Ces chiffres vous démontrent qu'un travail éducatif sur ce sujet est essentiel en matière de prévention. Mettez des préservatifs à sa disposition, proposez-lui de consulter des sites et assurez-vous qu'il sait le mettre! Utilisez les conseils que vous trouverez à la fin du chapitre pour utiliser les bonnes techniques explicatives. Pour vous rassurer, sachez que 90 % des jeunes de 18 à 24 ans ont utilisé un préservatif au cours de leur premier rapport sexuel et que plus ils commencent tôt, plus les jeunes utilisent des préservatifs.

Malgré tout, une grossesse non désirée peut survenir et reste un drame qui touche de nombreux adolescents : une telle nouvelle est un bouleversement dans leur vie mais aussi dans celle de leur famille. La pilule prescrite par un médecin est un moyen de contraception efficace. Le gynécologue vous expliquera qu'il existe deux sortes de pilules : celles qui contiennent de la progestérone et des œstrogènes et celles qui contiennent uniquement de la progestérone ; et que des pilules microdosées existent également afin de limiter les effets indésirables. Seul le médecin est habilité à choisir le moyen contraceptif adapté à votre fille. Il prescrira une pilule en adéquation avec son âge (par exemple : la pilule microdosée est plus indiquée à l'âge adulte qu'au cours de l'adolescence, car le capital osseux est en plein développement pendant l'adolescence). Le médecin privilégiera donc une pilule contenant 30 mg d'éthynilestradiol (pilule normodosée) pour permettre l'acquisition d'une densité osseuse optimale, surtout durant les trois années qui suivent les premières règles, sauf bien sûr contre-indication ou intolérance à la pilule à base d'œstrogènes, et dans ce cas, le médecin rédigera une ordonnance de pilules contenant uniquement de la progestérone. Dans tous les cas, les effets bénéfiques de la contraception sont à privilégier sur l'impact osseux. Il existe d'autres mesures permettant de préserver une bonne santé osseuse, comme arrêter le tabac, l'alcool, adopter une alimentation équilibrée et riche en calcium et pratiquer une activité sportive de façon régulière. Dans tous les cas, votre médecin sera votre meilleur conseiller. N'oubliez pas que les adolescentes mineures doivent pouvoir connaître la possibilité d'avoir accès à la contraception gratuitement. Informez votre adolescente que si besoin est, elle peut vous en parler et indiquez-lui l'adresse du planning familial qui garantit l'anonymat au cas où parler d'une contraception d'urgence (à prendre dans les 3 à 5 jours suivant le rapport) ne lui serait pas concevable. Chez les jeunes de 15 à 19 ans, une femme sur cinq sexuellement active a eu recours à la contraception d'urgence au cours des douze derniers mois.

Enfin, abordez (si possible, sinon une autre personne proche pourrait vous y aider) la notion de « désir » et le fonctionnement de celui-ci pour les jeunes des deux sexes. Il faut expliquer que le désir sexuel est un processus normal qui doit être partagé. Il est primordial dans une relation de respecter le désir de l'autre ou d'entendre son refus, et donc, dans certains cas, d'accepter que l'autre n'éprouve pas de désir ou d'excitation et souhaite ne pas entreprendre ou continuer le rapport sexuel. Le partage et l'échange sont deux notions indispensables, les sentiments éprouvés l'un pour l'autre pèsent lourd dans la balance des rapports physiques, et les précautions (expliquées plus haut) doivent être prises dans un respect mutuel pour aboutir à une sexualité épanouie. Il implique donc de se montrer responsables !

Le cauchemar des parents

La puberté marque le démarrage d'un « cataclysme » hormonal réveillant l'érotisation du corps et du cerveau, et l'attirance vers le sexe opposé. L'arrivée de la sexualité débute chez les garçons par des érections nocturnes inconscientes, et par la suite, par des pratiques autoérotiques entre l'âge de 12 et 14 ans. La masturbation fait alors son apparition ; ces caresses naturelles et physiologiques sont indispensables à la découverte de l'intimité des adolescents et à l'apprentissage de la maîtrise de leur plaisir. Bien que la masturbation ne soit pas néfaste, elle peut vous amener à vivre des situations embarrassantes et difficiles à gérer. En effet, surprendre un adolescent en train de pratiquer la masturbation fait partie des situations extrêmement gênantes pour un parent mais demeurent néanmoins gérables. Tout d'abord, cela risque de vous choquer, et de ce fait, vous réagirez en fonction de la forte émotion éprouvée sur l'instant, ce qui serait bien sûr une erreur (bien pardonnable). Si vous montrez de la honte, du dégoût, il éprouvera la même chose. Il ne faut surtout pas juger son comportement et l'assimiler à de la perversion. Cette image négative transmise par le parent peut avoir des répercussions tout au long de sa vie sexuelle. Aussi, devant cette scène de vie de votre enfant devenu « grand », feignez l'ignorance en vous excusant d'une voix naturelle de votre intrusion dans son domaine privé et en lui déclarant que vous reviendrez le voir plus tard. Ne l'évoquez plus, car cela n'a aucune importance, vous vous trouviez simplement au mauvais endroit au mauvais moment et vous n'auriez pas dû y assister. Vous pouvez aussi être confronté à cette pratique sans en être le spectateur, en trouvant le lit mouillé ; cet événement est dû soit à la masturbation, soit à des érections nocturnes. Dans ce cas, changez les draps sans rien dire, et s'il vous en parle, soyez rassurant en lui expliquant que les érections nocturnes à son âge sont des phénomènes normaux qui prouvent que le corps fonctionne correctement et qu'il devient un homme. Dites-lui que vous répondrez à ses questions et donnez-lui des pistes pour l'aider à se documenter (sites internet sérieux, livres adaptés...).

Une autre situation embarrassante à laquelle vous pourriez être confronté est de surprendre votre adolescent qui regarde un film pornographique ou qui se filme seul, dénudé et s'adonnant à des caresses érotiques. Si vous connaissez cette situation, vous tenterez de gérer votre gêne afin de ne pas vous montrer nerveux pour ne pas le culpabiliser. Il vous faudra en parler dès que possible avec votre adolescent, car comme nous l'avons évoqué, le cinéma pornographique peut avoir des effets néfastes. Se filmer présente aussi un aspect dangereux, surtout s'il conserve les vidéos ou souhaite les partager sur le Net, car il ne peut pas connaître les personnes qui visionneront ces images et l'usage qu'ils pourraient en faire. Les vidéos pourraient circuler et tomber entre les mains de personnes totalement étrangères, en cas de perte de son portable, par exemple. Est-ce vraiment ce qu'il souhaite ? Ne trouve-t-il pas plus agréable de préserver son intimité et de la partager uniquement avec l'être aimé ? N'est-il pas préférable de poser devant l'objectif pour se faire admirer par sa copine ? S'il est d'accord avec vous, profitez-en pour lui souffler qu'il est inutile de dévoiler son visage qu'elle connaît très bien ; cela garantira l'anonymat au cas où ces vues se trouveraient malgré lui dans les mains de gens inconnus auxquels elles ne seraient pas destinées. Tout en dédramatisant l'acte de se filmer (peut-être utilise-t-il simplement son smartphone comme un miroir des temps modernes ?).

Que recherche-t-il dans les films pornographiques ? En fonction de sa réponse, exposez-lui vos arguments pour lui démontrer que malgré ce qu'il peut penser, il n'en ressortira rien de positif. A-t-il l'âge légal pour regarder ce genre de films ? Si ce n'est pas le cas, rappelez-lui qu'il n'a pas l'autorisation.

Retour d'expérience

Lors d'un séjour de rupture avec des adolescents de 12 à 17 ans, j'ai eu l'occasion de discuter avec une jeune fille de 12 ans qui ne se sentait pas bien. Elle portait des traces de scarification. Elle se montrait violente, et ce, surtout avec moi. Je ne comprenais pas les raisons de son comportement à mon égard. Qu'avais-je bien pu faire ou dire pour l'amener à ces emportements agressifs à mon encontre ? En parlant avec une collègue, j'appris qu'avec elle, tout se passait bien. Je m'interrogeai sur la raison de cette violence verbale et n'en trouvai aucune. Quelques jours passèrent avant que nous organisions une activité avec un intervenant masculin. Elle se montra très insultante envers lui également, au point d'être dans l'obligation de l'évincer du groupe. À la suite de cet épisode, je compris qu'elle avait un problème relationnel avec les hommes. Je décidai d'en parler avec elle, et sa réaction fut à la hauteur de mes craintes, elle m'insulta en ces termes : « Lâche-moi, pauvre con ! » Je lui répondis par la négative, ce qui eut pour effet de décupler sa rage. Ses bras battaient l'air tel un papillon apeuré se cognant à une vitre. Elle cherchait à m'atteindre, sans grand succès, je parais ses coups et tentais difficilement de l'immobiliser, mais je refusais néanmoins l'aide proposée par ma collègue, persuadé qu'elle lâcherait prise et me parlerait. En effet, à bout de nerfs, elle céda et me lança au visage cette phrase cinglante qui me fit l'effet d'une gifle : « Tu attends quoi de moi ? Que je baise avec toi ? » Je gardai mon sang-froid et lui rétorquai : « Que sais-tu de ça, toi ? Tu es une enfant ! » Elle me répondit que tous les « mecs » étaient des porcs et qu'elle-même se considérait comme une « pute ». Bien entendu, ces propos me choquèrent, et je m'empressai de lui dire le contraire en lui assurant que je trouvais qu'elle était une jeune fille tout à fait convenable. À cette annonce, elle se mit à pleurer et me raconta un fait très grave. Elle avait, une semaine avant le séjour, joué à Action ou Vérité avec des copines et des copains. Toutes les filles présentes avaient accepté des pratiques sexuelles, de peur de passer pour des mauvaises joueuses. Depuis ce jour, ses nuits étaient peuplées de cauchemars. Elle redoutait par-dessus tout que les films de cette soirée soient diffusés sur le Net. Je lui conseillai de se rendre à la police pour exposer ses craintes et aussi de consulter son médecin pour se faire aider. Auparavant, avec son accord, je convoquai ses parents pour leur expliquer les mésaventures de leur fille. Ils s'occupèrent des démarches judiciaires et médicales afin d'aider au mieux leur enfant.

Les conseils de Pascal

- Mettre à disposition dans un lieu neutre de la maison des préservatifs en libre accès.
- Prévoir une boîte de questions-réponses où l'adolescent pourra poser (s'il le désire) une question ou des questions, sur la sexualité. Vous y répondrez (en toute discrétion), ce qui aidera les plus timides. Ces échanges prendront l'apparence d'un jeu et lui seront utiles et sans désagrément.
- Ne vous voilez pas la face ! Si votre adolescent de 16 ans passe des heures avec son copain ou sa copine dans sa chambre, peut-être serait-il temps de parler contraception ?

Pour discuter de la sexualité avec votre adolescent

- Comme pour tout autre sujet et afin de ne pas être pris au dépourvu et/ou de s'éparpiller, préparez ce que vous souhaitez dire et le but à atteindre.
- Entamez la conversation et faites face à vos responsabilités en ce qui concerne la prévention des différentes maladies transmissibles. Les adolescents craignent de parler de sexe avec leurs parents, mettez-les en confiance pour les y inciter.

- Choisissez un lieu adapté à cet échange ; il doit être calme, rassurant et à l'écart des autres, afin que vous ne soyez pas interrompus. Pour éviter le côté institutionnel, vous pouvez en parler lors d'un déplacement en voiture ou en marchant le soir lors d'une balade…

- Précisez à votre adolescent que votre intérêt n'est pas de connaître sa sexualité, mais de partager votre vision de l'amour, de le soutenir et de l'aider si besoin est, par exemple en répondant à ses questions éventuelles.

- Parlez franchement avec votre adolescent. S'il vous assure tout savoir et qu'il vous fait part de ses connaissances erronées, mettez-le en garde en lui signifiant ses erreurs.

- Restez positif, et ce, même si vous n'êtes pas en accord avec le point de vue de votre adolescent en termes de sexualité. Votre objectif étant de rester à son écoute pour ne pas qu'il fuie le dialogue.

- Soyez prêt à parler de tout, même si certains thèmes vous paraissent choquants ou délicats ; la sexualité étant un vaste sujet, chaque information recueillie peut vous mettre sur la piste d'une dérive ou d'un risque encouru par votre adolescent.

Les risques de la pornographie à rappeler à votre adolescent

- En s'imprégnant du modèle pornographique, votre adolescent risque de s'approprier ce modèle cinématographique, de ne plus respecter la femme et son désir, et de ne plus apprécier l'importance de ses propres sentiments dans sa vie amoureuse.

- Les vidéos pornographiques extrêmes abordant l'humiliation ou simulant des viols et des violences peuvent créer une accoutumance auprès des adolescents qui considéreront ces pratiques comme conformes à la normalité.

- Les films X restent de la fiction, mais les adolescents peuvent s'en inspirer, et de ce fait s'attendre à des exploits sexuels irréalisables et ressentir une grande déception, voire ne plus éprouver de plaisir pendant l'acte sexuel.

- La pornographie peut également entraîner une addiction. Plus un adolescent visionne jeune ce genre de films, plus l'addiction est récurrente et risquée.

- La pornographie peut entraîner votre adolescent à confondre le réel et le virtuel et à modifier sa conduite sexuelle par rapport à ce qu'il voit et non à ce qu'il désire.

- La pornographie n'a pas de vocation éducative concernant la pratique amoureuse. Au contraire, elle dépeint un monde sexuellement agressif et n'est qu'une caricature de la sexualité dans le monde réel ; nul besoin d'élaborer des sentiments et de l'émotion, il suffit de montrer comme « normales » des pratiques extrêmes ou particulières (éjaculations sur le visage, cris très audibles, insultes...).

- Une représentation de l'homme dominant et de la femme soumise peut induire un modèle de relation qui pourrait influencer vos adolescents dans leurs rapports.

Les sites utiles à consulter ou à faire consulter par vos adolescents

- http://www.onsexprime.fr est un site d'information créé par l'Institut national de prévention et d'éducation pour la santé (INPES). Il a pour mission de conseiller les jeunes en matière de sexualité ; extrêmement complet, il met à disposition des vidéos, des tutoriels pour mettre un préservatif ou autre, des quiz, et un listing des numéros indispensables à appeler en cas d'urgence. Je le conseille vivement.

- http://www.allodocteurs.fr : moins complet mais regorgeant d'informations utiles.
- http://www.educationsexuelle.com est un site d'information à destination des parents.
- http://www.tasante.com est un site d'information pour les adolescents sur des sujets variés, dont la sexualité.
- http://www.filsantejeunes.com est un site d'information complet à destination des adolescents, qui regroupe des témoignages.

DEVOIR Nº 8

Adapter la pratique sportive de votre adolescent

Les ados boudent le sport

La pratique du sport à l'adolescence constitue un facteur de développement capital. L'adolescent en pleine croissance renforcera son capital osseux. À tout âge, le sport est bénéfique, malheureusement, il n'est pas très couramment pratiqué chez les jeunes. En effet, un jeune sur cinq ne fait pas de sport, et le pourcentage de non-sportifs est plus important chez les filles. Pourtant, les bienfaits d'une activité physique à l'adolescence sont nombreux : lutte contre l'obésité, développement des muscles, prévention des maladies chroniques… Les jeunes sportifs sont également plus confiants, mieux dans leur peau et adoptent une meilleure hygiène de vie (non-fumeurs, pas de consommation d'alcool) que les non-pratiquants. Le sport à l'adolescence est de ce fait un outil indéniable pour traverser cette période de la vie sereinement, car il réduit l'anxiété et améliore la qualité du sommeil. Longtemps négligé par les campagnes de sensibilisation, le temps consacré au sport s'est vu réduit au fil du temps bien qu'il soit un déterminant majeur du maintien en bonne santé des jeunes. Si l'on fait abstraction du facteur « santé » dont se moquent les adolescents car ils ne se sentent pas concernés, la pratique sportive leur est salutaire, car elle les oblige à se conformer aux règles et à l'arbitrage qui la régissent, alors qu'ils vivent une période de leur vie où ils rejettent systématiquement toute sorte d'autorité. Le sport leur permet également de canaliser leurs pulsions agressives. Si le sport est obligatoire à l'école, le nombre d'heures qui lui sont réservées diminue quand l'enfant grandit. Au collège, quatre heures hebdomadaires sont attribuées à l'éducation sportive contre seulement deux heures au lycée. Le mode de vie moderne des adolescents modifie leur conduite en les rendant davantage sédentaires. Aujourd'hui, seul un jeune sur deux utilise un mode de transport actif pour ses déplacements (en vélo, en rollers, ou même à pied). Cet accroissement de la sédentarité augmente de façon inquiétante l'obésité des adolescents.

« ***Si tu abandonnes une fois, cela peut devenir une habitude. N'abandonne jamais.*** »

Michael Jordan, joueur de basket-ball américain

Sportifs durant l'enfance, démissionnaires à l'adolescence

L'entrée dans l'adolescence entraîne une grande frustration chez les adolescents sportifs. En effet, les variations de leur taille et de leur poids observées par les jeunes et l'image constamment remaniée qu'ils se font de leur corps (schéma corporel) suivant les expériences vécues amènent les jeunes à travailler sur la réconciliation de leur corps avec eux-mêmes pour se le réapproprier. En plus de ce critère déterminant de l'abandon du sport à l'adolescence, un deuxième critère encore plus profondément ancré et plus récurrent existe : la baisse de l'estime de soi. En effet, au moment de la puberté, il est difficile de gérer son corps en transformation. Or la pratique d'un sport oblige à se dévoiler, à accepter de ne pas toujours réussir et à montrer certaines parties de son corps avec ses imperfections (cours de natation). Pour certains, ces obligations sont tout simplement insupportables à vivre, d'où une augmentation du nombre de dispenses, particulièrement chez les filles, dans les établissements scolaires. Le culte de la minceur, tel qu'il est représenté dans tous les outils de communication, joue un rôle négatif pour certaines jeunes filles qui ne correspondent pas aux modèles véhiculés. Tandis que les garçons développent leur musculature, les filles, elles, accumulent des graisses à la puberté, ce qui engendre des complexes et freine la pratique sportive. Alors que celle-ci, paradoxalement, leur permettrait de stabiliser leur poids et même d'en perdre.

Les adolescents éprouvent des difficultés à s'engager et à être assidus dans les cours. Ils se lassent vite de ce qu'ils entreprennent et se construisent fréquemment des nouveaux centres d'intérêt. Les jeunes sont influençables, l'ambiance régnant dans le club et l'entraîneur jouent donc un rôle essentiel dans leur choix. Il doit être bienveillant et sympathique. L'autre critère de désintéressement des jeunes est le conflit entre les contraintes de pratiques intensives et le rapport entre le coût de leur investissement personnel et le bénéfice que le sport leur apporte. L'adolescent a vraiment besoin de ressentir un sentiment de contrôle et de liberté (notion d'autonomie). Les sports d'équipe, souvent plébiscités, répondent à un autre besoin (déjà évoqué précédemment) des jeunes, celui de l'appartenance à un groupe et le sentiment de se sentir proches de leur catégorie sociale. L'adolescent attend avant tout d'une pratique sportive de ressentir du plaisir. Une dimension qui n'est pas toujours prise en compte par les clubs de sport.

Un corps frustrant

Comme je l'ai déjà évoqué dans ce guide, l'adolescence est une période de multiples transformations souvent déstabilisantes, qui place les jeunes face à de nouvelles possibilités porteuses de fragilité. Ces transformations phénoménales et soudaines accroissent la difficulté concernant la quête de performances. Préférez la prévention à la guérison ! À partir de l'âge de 12 ans, l'enfant devient plus entreprenant et vit en même temps un moment de transformation physique impressionnante (d'où la volonté des parents de le protéger en l'économisant contre la fatigue et les risques inhérents de blessure accidentelle). Un pic de croissance accélère de façon significative la poussée des os. En moyenne, un adolescent entre 12 et 13 ans grandira de 9 centimètres, et un adolescent de 15 ans, de 10 à 11 centimètres. De ce fait et parce que son schéma corporel est indéfinissable, il est difficile, voire impossible, pour l'adolescent de ne pas montrer de la maladresse dans ses actes.

L'adolescent souple pendant son enfance perdra de son agilité à cause de l'incapacité des muscles et des tendons à suivre le rythme de la croissance osseuse. Son squelette étant soumis à une pression constante, il lui faudra redoubler de vigilance pour éviter toute affection osseuse. L'augmentation de la masse musculaire va de plus accentuer ce risque, et il n'est pas rare de voir des tendinites se développer. Leur guérison totale sera nécessaire, afin de ne pas fragiliser les articulations de manière irréversible. La moindre douleur, notamment au genou, doit vous interpeller. En effet, il n'est pas rare de voir la maladie d'Osgood Schlatter atteindre la rotule à cause de tractions du tendon rotulien trop importantes. Il faudra inciter votre ado à s'échauffer avant l'effort et à s'étirer après, afin de libérer les tensions. Il évitera de pratiquer des exercices qui exigent une flexion complète. La maladie de Scheuerman, elle aussi fréquente à cet âge, touche la colonne vertébrale et se traduit par une cyphose dorsale ou thoracique au moment de la croissance. Les vertèbres présentant un développement retardé, il conviendra de choisir des sports qui renforcent les muscles de soutien du rachis, notamment les abdominaux, et surtout les transversaux. Les exercices de musculation à base de tirages sont également intéressants pour muscler les dorsaux.

Des hormones en ébullition

L'adolescence marque l'arrivée de changements hormonaux qu'il vous faut prendre en compte pour choisir et pratiquer un sport. Les garçons en quête de reconnaissance et en pleine rébellion auront un sentiment de toute-puissance malgré l'instabilité ressentie face au développement de leur corps. Il sera essentiel de préférer une activité sportive dispensée par un éducateur prônant la valeur des relations et des contenus individualisés, valorisant les progrès de chacun et optant pour des séances en autonomie.

Chez le garçon, la puberté est le moment idéal et favorable au développement de la force, de la vitesse et de l'endurance, grâce à une production hormonale accélérée (testostérone, hormone de croissance). Il serait dommage de ne pas tirer profit de cette période pour développer les qualités physiques essentielles à la poursuite d'activités sportives. Par ailleurs, bien que la compétition puisse être un élément de motivation, ce n'est pas le cas pour tous. Soyez à l'écoute de votre enfant afin de savoir ce qu'il pense de cette notion de rivalité au sein d'un sport et qu'il ne la ressente pas comme un élément destructeur et déclencheur de son désengagement à l'égard d'une pratique sportive. Ne nourrissez pas une soif de réussite compétitive à sa place, l'important, c'est qu'il reste actif !

Chez les filles, les données sont différentes, et les enjeux également. La production d'œstrogènes est fréquemment accompagnée d'une prise de masse corporelle influençant négativement le débit maximum d'oxygène consommé lors d'un effort, c'est-à-dire le volume maximal d'oxygène prélevé au niveau des poumons et utilisé par les muscles par unité de temps. Cela explique leurs difficultés à exécuter des sports d'endurance (course) et se traduit parfois par une baisse des performances conduisant à une démotivation chez les adolescentes. Leur seuil de tolérance à la douleur est modifié par l'effet des œstrogènes et entraîne une baisse de résistance à l'effort pour les filles. Au regard de ce constat, il faudra orienter votre fille vers des sports dispensés par un éducateur sportif spécialisé dans l'approche des adolescentes et ayant une attitude bienveillante envers elles, pour ne pas les démotiver. Le sport choisi devra nécessiter davantage une maîtrise technique de la gestuelle et de la stratégie tactique au sein d'un groupe.

Les adolescents sont instables psychologiquement, et leurs émotions dictent souvent leurs décisions. Leur quête d'identité, leur besoin de s'affirmer, leur nécessité de se prêter à tout un panel d'activités déterminent leur appartenance à la classe des sportifs peu assidus. Par la diversité des actions entreprises, ils cherchent à s'émanciper du cercle familial qui tend à les rattacher à l'enfance mais désirent néanmoins trouver un sport où règne un climat de sécurité. Friands d'expériences nouvelles et de défis, il sera important de trouver des activités ne nécessitant pas leur inscription pour une année complète et privilégiant « l'agir ». La plupart des adolescents aiment les sensations fortes. Ces motivations les poussent à tester leurs limites et celle de l'adulte référent (d'où l'importance de choisir un professeur à l'aise avec cette tranche d'âge). Certains adolescents montrent une grande sensibilité et un tempérament explosif ; certains enseignants d'éducation sportive se trouvent démunis face aux réactions contradictoires des adolescents, qui s'expliquent sur le plan physiologique par le bouleversement que subit le lobe frontal responsable du contrôle des pulsions, des émotions et de la perception de soi et des autres. Pour motiver votre enfant, vous privilégierez un éducateur enclin à établir un cadre rassurant et s'adressant aux jeunes de manière valorisante. Il sera capable d'accorder sa confiance aux adolescents en leur permettant d'adopter un esprit d'initiative. Une pincée de défi et de dépassement de soi pour les garçons, une dimension conviviale et le développement du « rapport à l'autre » (notamment en laissant transmettre des connaissances aux plus jeunes) constitueront le climat idéal pour les filles. Ces procédés seront la clef pour favoriser l'engagement des adolescents dans le sport. Vous suivrez assidûment l'évolution de votre enfant, afin d'avoir la certitude que le sport choisi lui est adapté, et vous vous en assurerez auprès de l'éducateur sportif.

Un corps à redécouvrir

L'adolescent sportif a plus de chances de devenir un adulte dynamique et entreprenant. La période de l'adolescence comporte de réels enjeux en ce qui concerne l'évolution des jeunes. L'adolescent doit apprendre à connaître son nouveau corps. Les modifications corporelles inhérentes à son âge constituent un événement naturel qui lui échappe et l'oblige à se tester pour mieux appréhender et découvrir ce nouveau corps, et en cela, le sport peut l'aider. La mise à l'épreuve de son corps par la pratique de l'éducation physique amène l'adolescent à en percevoir les limites pour se le réapproprier. Il intègre l'idée de son vieillissement et se sent exister grâce à l'accroissement des sensations sensorielles. Le sport est aussi une incitation aux mécanismes de défense. À cet âge, l'agir se manifeste de manière privilégiée, comme mode d'expression des conflits et des angoisses. Votre enfant apprendra également à contrôler ses émotions ; en effet, l'activité physique intensive permet l'évitement d'une confrontation à soi-même, à ses désirs et à sa profonde anxiété. Il recherchera avant tout les sensations corporelles en évitant les représentations mentales. Participer à des activités deviendra un procédé autocalmant. Pendant la séance de sport, l'adolescent agira et éprouvera la sensation de mettre à profit, et non de subir, les changements de son corps. Vos enfants subiront l'influence de certaines de leurs connaissances (non-sportifs) et préféreront réserver leur temps libre à sortir avec eux pour discuter, écouter de la musique… De plus, ils ressentiront de la fatigue liée à tous les bouleversements physiques que leur âge entraîne. Votre statut de parent ne vous confère certes pas la meilleure place pour encourager votre adolescent à pratiquer un sport, mais tentez tout de même de l'y inciter, c'est votre rôle ! Nous le savons tous, les adolescents éprouvent un réel plaisir à nous contrarier en adoptant une attitude inverse à celle espérée. Vous devrez essayer de le persuader et vous insisterez tout en douceur en employant les arguments nécessaires pour lui donner l'envie de s'inscrire.

L'adolescent est un être passionné.

« ***La Révolution et l'Empire se sont faits par des généraux de 18 ans*.*** »

Jules Michelet, historien français (1798-1874)

Le sport est bénéfique, mais avec modération

Le jeune éprouve de la passion dans la découverte – de nouvelles pratiques sportives ou autres – et l'innovation, mais aussi dans la destruction (anorexie, boulimie, toxicomanie…). Il appréhende ses nouveaux engagements avec impétuosité et risque de vivre ses choix de manière obsessionnelle. Une activité physique, bien qu'indispensable, doit rester raisonnable en termes d'investissement. Le temps consacré ne doit pas excéder une dizaine d'heures par semaine. Les parents veilleront à ce que sa pratique sportive ne perturbe ni sa scolarité, ni sa vie familiale et sociale. L'apprentissage d'un sport chez l'adolescent peut revêtir une quête d'idéal, laquelle, en période de profond doute, peut le conduire à certaines dérives. Il est fréquent d'observer des abus dans le domaine

* *Histoire de France,* Flammarion, 2008.

de la musculation quant à l'utilisation de certaines machines ou la pratique de certains exercices chez des adolescents avant la fin de leur croissance, dans l'espoir de modifier ce corps qui ne leur convient pas, ceci au mépris de leur santé.

Souvent, les filles conçoivent le sport comme un outil stratégique pour perdre du poids. Certaines adolescentes atteintes d'anorexie mentale doivent être prises en charge sur le plan médical, car il s'agit d'une maladie potentiellement grave. Pour entretenir et conforter leur quête de minceur, elles choisissent souvent des disciplines qui comportent des exigences spécifiques en matière de poids (danse, gymnastique, patinage artistique, course à pied...) et les pratiquent sans mesure. On peut parler d'excès quand le sujet ne supporte plus son entraînement. Les enjeux de la société actuelle associés au rêve de réussite des adolescents persuadent ceux-ci de s'identifier à leurs « héros », qu'ils soient footballeurs, boxeurs ou autres sportifs célèbres... Cette médiatisation du sport est un élément fort de motivation chez les jeunes. Ils se révèlent souvent monomaniaques et obsédés par leur sport. Cette implication abusive nuit à leur santé et à leur vie sociale puisqu'ils n'ont plus de temps à consacrer à d'autres découvertes. Une des conséquences souvent observées est le surentraînement devant leur impossibilité à ralentir leur activité sportive. L'interruption momentanée d'un sport, en cas de blessure incapacitante ou simplement due aux vacances, peut développer des symptômes d'anxiété chez les adolescents, trahissant une véritable addiction à la pratique sportive. Les adolescents s'entraînent sans relâche pour atteindre un but, mais cette pratique à l'excès est dangereuse et provoque un désordre neuroendocrinien et, a contrario, une diminution de la capacité de performance due à un déséquilibre entre l'entraînement et la récupération, ce qui est bien sûr l'inverse de l'effet recherché. L'adolescent ressentira de plus en plus de symptômes traduisant cet excès. Cette difficulté à récupérer peut entraîner des douleurs, des blessures et même des infections virales. Sur le plan psychologique, l'adolescent sera blessé, n'arrivant pas à se surpasser, il deviendra instable émotionnellement et accusera une baisse de l'estime de soi provoquant une irritabilité accrue.

Le sport est une source de multiples bienfaits pour l'adolescent à condition que sa pratique reste raisonnable. C'est à vous, ses parents, qu'il incombe de sensibiliser et d'informer votre adolescent des risques encourus s'il ne respecte pas les consignes afférentes à la discipline sportive choisie. Les lésions articulaires apparues au cours de l'adolescence sont un facteur déclenchant du risque d'arthrose à l'âge adulte. Faites un travail auprès de votre enfant en lui exposant les problèmes auxquels il s'expose en cas de surentraînement. En effet, il courrait alors le risque de ressentir un véritable épuisement physique engendré par l'intensité déployée pour pratiquer son sport. Il en résulterait un profond sentiment de dévaluation personnelle qui nécessiterait une longue prise en charge psychologique. Certains adolescents se droguent pour anesthésier la douleur liée à un échec sportif. Le rôle des parents est de poser des limites à leurs adolescents pour qu'ils conservent une vie sociale et scolaire satisfaisante.

Retour d'expérience

Un soir, alors que j'entraînais un groupe d'élèves au taekwondo, un adolescent fit irruption en plein cours. Il avait l'allure d'un rappeur américain et portait un gros casque vissé sur ses oreilles. Il s'assit au fond de la salle et scruta l'entraînement de façon intéressée. À la fin du cours, je vins à sa rencontre et lui demandai si je pouvais le renseigner. Il me répondit :

« Ouais, je veux m'inscrire.

— D'accord, je te donne les documents à lire et à remplir pour ton inscription, reviens quand tu seras prêt.

— OK ! »

Il réapparut deux jours plus tard, avec une tenue flambant neuve et un dossier correctement rédigé qui prouvaient sa détermination à vouloir s'inscrire à mes cours. À la fin de son premier essai, il décréta :

« J'aimerais trop faire des compétitions !

— Qu'est-ce que tu aimes dans le taekwondo ?

— Ben… me battre, bien sûr !

— Non, plutôt combattre !

— C'est pareil !

— Non, pas du tout ! Si tu veux combattre, tu vas devoir te battre !

— Avec qui ?

— Avec toi-même !

— Ça veut dire quoi ? Je capte pas ! Je veux juste devenir un champion !

— Juste ?

Il se montrait présomptueux et bombait le torse, telle une sorte de "petite frappe". Derrière son attitude et son apparence se cachait un être fragile et manquant totalement de confiance en lui. Je devais comprendre quelles étaient ses motivations profondes. Avait-il été agressé ? Avait-il besoin de se prouver quelque chose ? Je ne savais pas vraiment ce qu'il recherchait dans le sport.

— Tu désires souffrir ?

— Quoi ?

— Les vrais champions souffrent, tu sais.

— Pourquoi ?

— Ils s'entraînent dur, bien plus que tous les autres, et tu devras faire de même pour y arriver !

— Je suis prêt à tout ! »

Cette exclamation sortait vraiment du cœur. Je décidai donc de lui donner une chance. C'était un très grand jeune garçon athlétique et peu craintif. Il se révéla doué et très motivé. Je perçus, grâce à mon expérience dans l'enseignement, qu'il réagissait et se comportait de manière excessive, mais je ne lui en fis pas part. J'entrepris de le préparer pour la prochaine compétition au cas où sa réaction serait de ne pas accepter la moindre défaite. Il participa avec le groupe aux championnats départementaux et surclassa tout le monde avec une facilité déconcertante. Il apprenait vite, et son physique correspondait en tout point à un futur champion de taekwondo. Je savais, pour avoir combattu pendant de nombreuses années, que la prochaine rencontre, celle des championnats régionaux, était d'un niveau supérieur à la compétition précédente. Toute l'équipe se prépara pour y participer. J'expliquai comme à mon habitude à mes élèves de prendre garde et de ne pas accorder trop d'importance aux résultats obtenus. J'insistai particulièrement auprès du nouveau en lui précisant que personne n'était imbattable ! Mes avertissements n'eurent aucune influence sur lui ; les quelques bribes de conversation que j'entendis me confirmèrent qu'il voulait seulement se prouver ses capacités et que rien d'autre n'avait d'importance. Les tableaux affichant le nom des adversaires que chacun rencontrerait m'apprirent, même si je vouais une totale confiance à mes élèves et prenais soin de les rassurer en permanence, que les combattants auxquels ils devaient se mesurer étaient d'un niveau bien supérieur au leur. Ils devaient donc se méfier et ne pas penser la victoire comme acquise. Mon nouvel élève perdit au premier tour et prit un coup à la tête. J'avais, en tant qu'arbitre, décidé d'arrêter le combat, jugeant qu'il n'était pas en état de continuer. Il m'en voulut à un tel point qu'il en vint à me manquer de respect, ce qui ne lui était jamais arrivé. Il me bouscula sans s'excuser. L'adrénaline qui coulait dans ses veines, mêlée à la frustration, contribua à le transformer en un individu furieux. Je le pris par le bras et le conduisis dans les vestiaires. Dès qu'il fut apaisé, nous eûmes une longue discussion à l'issue de laquelle je lui donnai rendez-vous pour l'entraînement, auquel il ne se présenta pas. La défaite mal vécue avait démotivé l'adolescent, prouvant son désir de gagner et non de participer. Pour lui, il n'avait pas atteint son objectif, il était donc inutile de continuer l'apprentissage d'un sport.

Les conseils de Pascal

- Profitez-en, le sport est un formidable outil pour responsabiliser votre adolescent !

- Apprenez-lui à être attentif et à bien préparer son sac de sport. Dressez ensemble une liste de ce qui lui est indispensable (prévoir systématiquement une bouteille d'eau) et laissez-le remplir son sac ! À son retour, vous vérifierez qu'il dépose ses vêtements de sport dans le bac à linge sale. S'il est absent, il en expliquera lui-même la raison à son entraîneur. Une fois les rudiments expliqués, apprenez-lui à se débrouiller sans vous ! La ponctualité est essentielle au moment des compétitions et pour les entraînements. Laissez-le s'organiser ! S'il est en retard, tant pis, il assumera et en expliquera la raison à son entraîneur, qui jugera de la sanction (si cela s'avère nécessaire) à infliger. Il comprendra mieux l'importance d'être ponctuel.

- Les adolescentes souffrent souvent de complexes. Évitez donc de leur proposer des sports pratiqués en grand groupe (par exemple : la danse) qui l'obligeraient à révéler aux autres leurs compétences et/ou leurs faiblesses. Par contre, les filles préférant pratiquer un sport avec une copine plutôt que seules, incitez-les à trouver la bonne !

- Attention à ne pas concevoir le sport uniquement comme une épreuve basée sur la compétition. Cela pourrait rebuter certains adolescents peu à l'aise avec cette conception. Le sport se définit comme un loisir. En effet, le plaisir de bouger, de rencontrer d'autres jeunes, de construire ensemble un projet et de se donner les moyens de le réaliser représente une motivation primordiale pour votre enfant. Vous évaluerez les finalités qu'il s'est fixées afin qu'il n'y ait pas de décalage entre ses motivations, vos propres appétences et celles des entraîneurs.

- Pour les filles qui, nous l'avons vu, recherchent moins la notion de compétitivité dans le sport, le jogging ou le badmington seront tout à fait indiqués. Celles qui optent pour la danse préféreront des cours de zumba (danse à la mode actuellement). Si vos moyens financiers vous le permettent, elles pourront également s'inscrire à des cours privés (de tennis, par exemple).

- Enseignez à vos enfants l'importance de s'alimenter avec des denrées adaptées et de qualité et à bien s'hydrater. Préférez les bananes aux barres chocolatées (beaucoup plus sucrées).

- Il est essentiel de ne jamais sanctionner de mauvais résultats scolaires en les privant de leurs cours d'éducation sportive. Votre adolescent a besoin de cette activité pour son bien-être et son épanouissement.

- Proposez à votre ado de faire du sport avec lui de temps en temps. C'est un moyen de vivre avec votre enfant un moment privilégié et propice aux confidences. Évitez cependant la confrontation et privilégiez les activités de partage (balade à vélo, footing…).

- Choisissez un matériel en adéquation avec le sport choisi. Les chaussures seront adaptées à l'activité. Votre adolescent étant en pleine croissance, il ne doit pas pratiquer la course avec des baskets réservées à l'apprentissage du tennis ou faire du basket-ball avec des running conçues pour la course. L'adolescent, aimant le changement, risque de passer d'un sport à l'autre plus d'une fois, ce qui entraînera des achats multiples. Aussi, s'il débute, équipez-le avec les articles les moins chers dénichés dans des boutiques spécialisées proposant néanmoins des articles de qualité. Pensez aussi aux sites d'achats d'occasion, mais évitez de vous y procurer les chaussures ainsi que le matériel ayant trait à la sécurité et/ou nécessitant un parfait état (casque de vélo ou de ski).

- Proposez à votre adolescent de partir en vacances dans un club «sport et nature». Ils sont nombreux et présentent un éventail très large de possibilités. Ils permettront à vos enfants de découvrir les sports de plein air. Ces activités en pleine nature permettront à vos adolescents de connaître des sensations fortes, très prisées par eux, dans un cadre sécuritaire et avec un personnel qualifié.

- Votre adolescent n'apprécie pas le sport dispensé en structure close? Il ne veut pas respecter les règles? Certains sports se pratiquent sans contraintes, en toute liberté et le plus souvent hors de toute structure. De nos jours, la rue redevient une scène ouverte à tous pour exprimer son art. Elle est un terrain idéal où le groupe se fixe ses propres règles. Certains sports comme le skate, le roller, le bicross et même le streetball (basket de rue) peuvent y être pratiqués. La capoeira est un art martial afro-brésilien qui trouve tout à fait sa place dans la rue. Cette activité se distingue des autres arts martiaux par son côté ludique et acrobatique, l'esthétique primant sur la compétition. Cela plaît beaucoup aux jeunes et leur permet de satisfaire leur besoin d'appartenance à un groupe et de partager leur passion avec leurs camarades. Vous avez, malgré tout, un droit de regard et devez vous assurer qu'ils pratiquent leur activité dans des lieux adaptés (rues piétonnières ou aménagées spécialement pour qu'ils ne courent aucun danger) et utilisent un matériel adéquat.

- Adaptez sa pratique sportive selon les problèmes de santé de votre enfant, par exemple, en cas de traitement contre l'acné. En effet, il assèche et fragilise les tissus et peut même, parfois, amplifier les phénomènes inflammatoires.

- Inquiétez-vous et agissez en conséquence: si vous notez chez lui des signes notables d'une chute de ses performances sportives, ceci malgré un entraînement sérieux, régulier et intense, s'il présente des troubles du sommeil, de l'appétit et de l'humeur (irritabilité), liés à un entraînement trop intensif, ces symptômes graves entraîneraient une fatigue généralisée ainsi qu'une baisse de ses résultats scolaires si vous n'y accordez pas l'attention nécessaire.

DEVOIR Nº 9

Veiller à l'hygiène de vie de votre adolescent

Un rapport complexe au corps

Comme nous l'avons évoqué, l'adolescent traverse une période délicate, et l'acceptation de cette nouvelle enveloppe corporelle est souvent difficile. L'adolescent ne se soucie pas de ce corps qu'il a bien du mal à accepter comme étant le sien. Cette tendance inquiète les parents, à juste titre, car son attitude laxiste face aux soins essentiels nécessaires à une bonne hygiène corporelle seront négligés par l'adolescent. Son rejet de l'autorité parentale et son renoncement à les accepter comme des référents sont les critères principaux qui le motivent à balayer d'un revers de main tous les conseils éducatifs que ses parents lui ont ressassés, tels des mantras, pendant toute son enfance. Il prendra le chemin opposé de celui tracé par ses parents, ce qui l'amènera à se conduire de manière contraire aux principes inculqués. Il préférera ne plus se laver, dormir peu et mal s'alimenter. Les parents, garants de la bonne santé de leurs enfants s'en soucieront davantage et tenteront de s'assurer de l'exécution de ces « tâches », ce qui ne sera pas chose aisée. Votre adolescent choisira plutôt une autre activité, car s'occuper de son hygiène de vie ne fait pas partie de ses priorités et lui occasionne des efforts qu'il n'a pas envie de fournir, alors qu'il pourrait pendant ce temps se trouver connecté à ses amis ou être en leur compagnie. Il manque d'organisation et de courage, car pour un adolescent, s'occuper de lui n'est pas naturel et il assimile cette nécessité à une corvée. Le développement physiologique de votre enfant en passe de devenir adulte l'oblige à bien s'alimenter afin de donner à son corps les nutriments essentiels à une santé optimale. L'intensité de la concentration et l'implication personnelle nécessaires à la poursuite d'études dans le secondaire, ainsi que le nombre d'heures important qui leur est réservé, combiné à la fatigue générale éprouvée par les jeunes et liée à la croissance, imposent un sommeil long et réparateur à l'adolescent pour les mener à bien. Les modifications hormonales nécessitent une bonne hygiène de vie, d'où l'importance de votre rôle, pour aider votre enfant à le comprendre, à l'intégrer et à adopter la bonne attitude au plus vite garante d'une bonne santé.

L'hygiène, nécessaire à une bonne santé

La douche ou le bain ne sont pas très prisés par les adolescents, en particulier par les garçons, qui n'éprouvent pas la même motivation que les filles dans la quête de séduction et qui préfèrent les copains aux relations amoureuses. Tout d'abord, vous devez savoir que les jeunes passent tous par une phase plus ou moins brève de désamour ou de désintérêt de leur corps. Cette période est normale, mais il ne faut pas pour autant l'accepter. Vous devez les obliger à se laver et vérifiez que c'est bien le cas ! Méfiez-vous du petit malin qui ouvre le robinet de douche sans pour autant se tenir en dessous... Il se mouille les cheveux et vous fait croire qu'il s'est lavé ! Je vous conseille de mettre à sa disposition, sans lui préciser, un savon surgras spécial « peaux sensibles » et de ranger hors de sa portée tout autre produit mis à part le shampooing. Si le savon est mouillé, il s'est peut-être lavé ! S'il est sec, vous aurez compris et insisterez pour qu'il y retourne ! La relation avec le corps est une des raisons du manque d'hygiène. En effet, pour se laver, il faut se dévêtir, et pour certains, cela représente un traumatisme, car le miroir leur renvoie une image négative d'eux-mêmes. Ils se trouvent laids, donc apercevoir ce corps disgracieux est pour certains une véritable épreuve.

Une autre forme de processus psychologique peut expliquer le manque d'engouement pour l'hygiène, celle de l'excitation, en pleine période de découverte sexuelle ; certains adolescents vivent mal ces sensations et préfèrent se protéger, en évitant le contact avec leurs zones érogènes. Enfin, n'oubliez pas que votre enfant cherche à dompter son corps, à en garder le contrôle, donc conserver la crasse et l'odeur bien caractéristique qui se dégage de lui est un moyen inconscient de le maîtriser. Vous vous montrerez patient et compréhensif, tout en gardant en tête que viendra le jour où il aura envie de plaire et comprendra alors l'intérêt de soigner son apparence. Exprimez-lui tout de même votre mécontentement quant à son manque d'hygiène, tout en faisant preuve de tact. Expliquez, en lui relatant des faits avérés, que le développement intense hormonal (un véritable festival !), qui le conduit à la puberté et au développement adulte, fait que certaines glandes, dont les glandes sébacées présentes dans le derme (qui sécrètent le sébum) et sudoripares (qui sécrètent la sueur), s'activent et modifient l'odeur du corps de l'adolescent en la rendant plus forte, ce qui peut être gênant pour le reste de la famille. Même si ces comportements sont explicables et passagers, vous vous assurerez que son attitude ne relève pas d'un état dépressif. Si votre adolescent fait preuve depuis déjà un bon moment d'un désintérêt total pour l'image qu'il renvoie aux personnes de son entourage et ne se soucie jamais de leur avis par rapport à son hygiène, mais au contraire ne désire pas s'entourer et se cantonne à la maison, prétextant une grande fatigue, ce sont des signes alarmants ! Il convient dans ce cas d'emmener votre enfant consulter un médecin spécialiste des maladies mentales des adolescents.

Fatigue et adolescence

Les adolescents ont davantage besoin de sommeil que les adultes, car ils sont en plein développement corporel et cérébral. Les fonctions cognitives (ou la véritable « boîte à outils intellectuelle ») qui organisent et contrôlent les actes volontaires et regroupent la mémoire, l'attention, le langage, le raisonnement, la vision, l'imagerie mentale visuelle et les fonctions exécutives (capacités nécessaires à une personne pour s'adapter à des situations nouvelles), bien qu'elles soient déjà développées, continuent leur processus de maturité.

À l'entrée dans l'adolescence, les jeunes dorment de moins en moins, ils refusent de se coucher à une heure raisonnable et retardent de plus en plus le moment, en grandissant, d'aller au lit. Selon une enquête de L'INPES (l'Institut national de prévention et d'éducation pour la santé), près de 30 % des 15-19 ans présentent des symptômes liés au manque de sommeil. À partir de 15 ans, 25 % des adolescents dorment moins de 7 heures par nuit, alors qu'il leur est conseillé de dormir pendant 9 à 10 heures par nuit. À cet âge, veiller tard fait partie des expériences rituelles permettant aux adolescents de découvrir leurs capacités et d'en explorer les limites. C'est également un moyen de se révolter contre le diktat parental pour prouver à ses parents que l'on n'est plus un enfant à qui on impose une heure pour se coucher et que l'on est suffisamment mature pour savoir gérer son temps.

Bien que le rôle des parents soit de conforter leurs enfants dans leur volonté d'autonomie, vous vérifierez qu'ils ne restent pas trop longtemps éveillés, afin de supporter leur journée sans fatigue apparente. Votre adolescent apprécie énormément ces moments où il échappe à votre contrôle, pour pouvoir s'adonner à ses occupations personnelles et favorites, comme discuter longuement avec ses amis. Il ne dérogera pas à l'application des règles de vie du foyer, et vous l'obligerez, dans le cas contraire, à les respecter. À partir d'une heure définie au préalable, il sera tenu d'éteindre la lumière ainsi que ses différents moyens de communication avec l'extérieur (téléphone portable, ordinateur, tablette), car de lui-même, il n'arrivera pas à se réguler. Il n'est pas aisé pour un parent de faire dormir un adolescent, car il ne ressent pas la fatigue ou ne veut pas écouter son corps. Pour lui, « être fatigué » revient à montrer de la faiblesse. Votre enfant exprimera sûrement le désir de dormir moins. Essayez d'obtenir de sa part qu'il dorme d'un sommeil réparateur en s'approchant, le plus possible des 9 heures et demie de sommeil préconisées. Certains signes permettent de vérifier la qualité du sommeil de votre adolescent : s'il se réveille difficilement tous les matins, s'il éprouve des difficultés à se concentrer en classe, s'il montre des sautes d'humeur, ou encore s'il s'endort en classe, il faut vous en inquiéter. Parmi les adolescents, il en existe qui ressentent en permanence une impression de grande fatigue ; il sera nécessaire, si c'est le cas du vôtre, de s'en préoccuper afin de distinguer la part du physiologique de celle du domaine de la psychologie (cette dernière étant souvent liée à un manque de motivation).

Le sommeil : un enjeu important

Si l'heure du réveil est imposée par le rythme scolaire pour les adolescents, celle du coucher incombe aux parents et détermine la durée du temps de sommeil. La transformation physiologique des adolescents concourt à retarder l'heure du coucher. En effet, la venue du sommeil est plus tardive à l'adolescence en raison de phénomènes physiologiques, tels que l'abaissement de la température corporelle (favorable à l'endormissement), ayant lieu plus tard à cette période. Le décalage du moment de se coucher, dû a un aspect psychologique de l'adolescent (anxiété, stress...), est également à prendre en cause. Le manque de sommeil chez un adolescent peut avoir des conséquences néfastes, comme des difficultés de concentration et de motivation dans la réalisation d'objectifs. Les risques peuvent être encore plus graves quand ils s'accompagnent de somnolence, car ils retardent les délais de réaction du jeune. Beaucoup d'adolescents somnolent dans la journée ou dorment pendant les pauses et parfois même pendant les cours. Selon l'INSEE, en vingt-cinq ans, les adolescents français ont perdu cinquante minutes de sommeil par nuit.

Cette accumulation de manque de sommeil amène une fatigue pouvant aboutir, en cas de conduite par un jeune d'un véhicule motorisé, à des accidents de la route. La privation de sommeil, associée au manque d'expérience des conducteurs, est un facteur déterminant pouvant déboucher sur des événements fortuits plus ou moins dommageables sur les personnes. L'enfance et l'adolescence représentent une étape d'acquisition des réflexes et des bonnes habitudes issues de l'éducation dispensée par les parents. Ces habitudes deviennent physiologiques, et le corps s'habitue à un rythme de sommeil. Les conséquences d'un déficit chronique de sommeil sont nombreuses. La fatigue entraîne une irritabilité et une somnolence incontrôlable. Il résulte de ce manque une baisse logique des performances scolaires (dans la mesure où l'on mémorise pendant le sommeil paradoxal, qui est associé à une intense activité cérébrale) et des troubles de l'attention et de l'apprentissage.

Mais le manque de sommeil influe également sur la santé générale de l'adolescent, car il diminue les défenses immunitaires et peut provoquer des malaises et/ou des vertiges. Il nuit aussi au développement, en limitant la production d'hormones de croissance et en réduisant l'élimination des toxines. L'obésité des adolescents, problématique accrue dans notre société, à cause des fast-foods, des boissons sucrées et de nombreuses autres sollicitations, peut aussi être favorisée par un manque de sommeil, car dormir moins de sept heures par nuit perturbe la glycémie, pouvant entraîner un surpoids et développer les facteurs de risques facilitant l'apparition et le développement du diabète. Enfin, le manque de sommeil peut mener l'adolescent à une dépression, qui est une maladie grave, longue et difficile à traiter à cet âge.

L'écran, un élément perturbateur pour trouver le sommeil

La technologie a engendré de nouvelles activités riches et variées dans le paysage des adolescents d'aujourd'hui. Celle-ci rythme les soirées de nos enfants, et ce parfois à notre insu, quand ils se coupent du monde environnant pour envoyer ou recevoir des SMS, des snaps et/ou visionnent des vidéos. Ils utilisent ces moyens de communiquer un peu tout au long de la journée, mais surtout en soirée, quand ils n'ont plus l'obligation de se déconnecter et se retrouvent seuls dans leur chambre, libérés de toute contrainte. Ces agissements se prolongent donc souvent tard, au détriment de leur sommeil. Ils s'adonnent avec plaisir à ces loisirs chronophages et excitants qui ne sont pas adaptés à une utilisation nocturne. Les analystes du sommeil chez les enfants et les adolescents ainsi que plusieurs spécialistes en médecine s'accordent à penser que les adolescents qui possèdent un écran dans leur chambre ont un temps de sommeil plus court que les autres. En effet, les sources lumineuses sont des stimulants qui nuisent au sommeil. Les écrans LED ont aussi un impact négatif à cause de leur lumière bleutée qui inhibe la production de l'hormone du sommeil : la mélatonine. Il est impossible pour un adolescent d'éprouver le besoin de dormir lorsqu'il est concentré devant un écran, car à cet instant, l'agitation intellectuelle provoquée par cette activité est incompatible avec la relaxation nécessaire à la préparation au sommeil. Ces adolescents ne coupent pas le contact avec la réalité et demeurent toujours partiellement éveillés, leur temps de sommeil se trouve donc amputé.

Les réseaux sociaux ont aussi un impact sur le manque de sommeil, car les adolescents piégés dans des conversations interminables, et soucieux de connaître la fin de l'histoire dans laquelle ils se trouvent lancés, éprouvent bien des difficultés à mettre fin à leurs discussions. Cette activité est sans fin, car elle est continuellement alimentée de nouveaux événements qui les passionnent ; surtout quand ces conversations portent sur des jeux vidéo ou encore sur des sports et se passent sur des forums, où des adultes ont la possibilité de participer aux conversations, car ces derniers ont un rythme différent de leurs interlocuteurs plus jeunes. Pour s'autoréguler, il faut s'infliger une discipline de fer, mais les adolescents sont loin d'être des adeptes de cette pratique.

De nombreuses études* démontrent qu'au-delà de quatre heures par jour, les jeunes pourraient souffrir de problèmes affectifs, d'anxiété, voire de dépression. Le nombre d'heures de visionnage réduirait l'estime de soi chez les enfants. Les écrans sont donc à proscrire dans une chambre d'adolescents. Si la pièce en est équipée, ils seront déconnectés au moment du coucher. Nos adolescents sont déjà suffisamment captifs des écrans en tous genres, tout au long de la journée.

---

* Par exemple, celle de Michel Desmurget, chercheur français spécialisé en neurosciences cognitives, qui dénonce les effets délétères (comme des troubles du sommeil, des problèmes de transpositions, une sédentarité excessive, des soucis d'attention, des pertes d'imagination et de créativité…) de la télévision et des écrans dans son ouvrage ***TV Lobotomie. La vérité scientifique sur les effets de la télévision*** (J'ai lu, 2002).
Une autre étude publiée dans le numéro d'octobre 2014 de la revue ***American Journal of Family Therapy*** démontre que plus les enfants passent du temps devant des écrans, plus leurs résultats scolaires sont mauvais.

Des besoins nutritionnels importants

L'adolescence nécessite une alimentation équilibrée et nutritive. En effet, la croissance et les diverses évolutions du corps entraînent des besoins importants en nutriments. C'est, avec la période fœtale et la première année de la vie, celle où l'enfant grandit le plus; il mange beaucoup, à tel point que vous pouvez avoir l'impression de nourrir deux personnes. Les besoins énergétiques étant en augmentation constante, il est nécessaire d'augmenter l'apport de l'ensemble des composants alimentaires: les protéines, les glucides, les lipides (matières grasses), les vitamines et les minéraux, pour éviter les risques d'un déséquilibre alimentaire important. L'adolescence est également le début du changement des comportements alimentaires, et ceux-ci vont souvent à l'encontre des besoins évoqués avec le grignotage, la restauration rapide et les boissons sucrées. La raison de ces bouleversements dans la manière de se nourrir relève des domaines psychoaffectif et social, car la satisfaction des besoins strictement nutritionnels n'est pas la première préoccupation des adolescents (et de loin!), bien plus occupés à se créer une identité et à appartenir à un groupe.

La nourriture va jouer un rôle spécifique d'affirmation de soi, et peu leur importe si l'équilibre alimentaire est respecté ou non. L'adolescente se nourrira en fonction de l'image de la femme dans le monde de la mode, transmise par les médias, sans se préoccuper des réels besoins de son corps. L'adolescent préférera manger à l'extérieur, entre amis, plutôt qu'à la maison. Le plaisir de manger n'étant pas essentiel à cet âge, les ados vont rechercher dans le moment réservé aux repas le contact social plutôt que le «bien manger». La façon de s'alimenter de l'adolescent est également à surveiller s'il pratique un sport régulièrement, ce qui nécessite des besoins accrus dans le domaine de l'alimentation. En cas de négligence de ces apports nutritionnels, les conséquences pourront causer des troubles de la croissance. Les adolescents négligent également les légumes et les fruits, ainsi que les produits laitiers, il n'est pas rare de voir des ados présentant des carences, comme un apport insuffisant en calcium et en d'autres micronutriments, tels l'acide folique et la vitamine C. Assurez-vous également que votre enfant ne « saute » pas de repas, notamment le petit déjeuner, ce qui peut être grave, car celui-ci a un impact positif sur la gestion du poids et sur la qualité de l'alimentation. Il vous revient d'inciter votre enfant à goûter un peu de tout, en lui proposant des repas variés et bien équilibrés, sans pour autant l'obliger à manger des aliments trop spécifiques qui risqueraient de provoquer chez lui une sensation de répugnance face à l'alimentation en général.

Des nutriments incontournables

Les filles et les garçons ne sont pas égaux en termes de besoins nutritifs. Bien que l'adolescence soit une période exigeant davantage de calories, des différences existent entre eux. Les adolescentes doivent manger en quantité suffisante pour avoir un cycle normal de menstruation. Alors que chez les garçons, la masse musculaire étant plus importante, les besoins en énergie sont encore plus grands. Le corps d'une jeune fille est composé de davantage de graisse ; celle-ci est utile et ne doit pas descendre en dessous de 17 %, car elle joue un rôle important dans la production des hormones sexuelles féminines (les œstrogènes). Ces graisses, pouvant sembler disgracieuses à l'adolescente, sont normales et se localisent au niveau des fesses, des hanches, des bras et de la poitrine. La menstruation augmente également les besoins en fer, à cause des pertes sanguines. Le fer est également important chez les garçons, qui ont besoin d'un plus grand volume sanguin et d'un nombre plus élevé de globules rouges, en raison de l'augmentation de la masse musculaire qui implique une consommation plus importante en fer. Les adolescents ne doivent pas manquer de protéines, qui sont les principaux matériaux de base des muscles, des tissus et des organes vitaux. Le zinc – contenu dans de nombreux aliments, comme certains fruits de mer (les huîtres), le bœuf cuit, certains fromages, le pain de seigle et de froment… – est un minéral essentiel à la production des protéines. La croissance des os à l'adolescence (40 % de la masse squelettique adulte) nécessite un apport de calcium et de vitamine D, afin de les solidifier et d'aider à leur croissance. Chaque adolescent est un être à part entière, et tous ont des besoins énergétiques différents, et cela même dans une tranche d'âge identique, car la vitesse de croissance n'est pas la même d'un individu à l'autre. Vous constaterez aussi une grande disparité dans la quantité de nourriture absorbée par votre enfant : d'un jour à l'autre, il pourra passer du personnage de l'ogre à celui qui a un appétit d'oiseau, et ce, du jour au lendemain ! Bien qu'il soit impossible d'établir des normes précises, on peut néanmoins affirmer que les besoins énergétiques augmentent avec l'entrée dans l'adolescence et dépassent ceux d'un adulte. En ce qui concerne les adolescentes entre 13 et 15 ans, la quantité de calories journalières nécessaire ne doit pas être inférieure à 2 490 Kcal. Pour les garçons, entre 16 et 19 ans, il est recommandé un apport calorique de 3 070 Kcal par jour.

Afin de vous aider dans votre rôle de parent, voici une liste des nutriments essentiels, et leurs quantités recommandées à l'adolescence.

Les apports en protéines

Les protéines sont essentielles à la croissance, notamment musculaire, et pour cette raison, les adolescents ont besoin d'un surcroît en protéines. Elles doivent constituer 10 à 20 % de la ration énergétique journalière, dont un quart de protéines d'origine animale (poissons, œufs, viandes), le reste sera d'origine végétale (haricots, semoule, pois chiches). Ne les rationnez ni sur la fréquence, ni sur la quantité. Les protéines, en particulier la viande rouge, sont aussi composées de fer dont, on l'a vu, les filles ont particulièrement besoin. Les protéines d'origine végétale sont aussi à privilégier. Pensez à cuisiner du poisson au moins une fois par semaine, surtout ceux qui sont riches en acides gras essentiels, comme le thon rouge ou blanc, le maquereau ou le saumon.

Les apports en glucides

Ce sont des nutriments importants, car ils fournissent une source d'énergie indispensable. Ils sont présents dans le pain, les pâtes, le riz, les pommes de terre et les céréales. Ils doivent être consommés à chaque repas et couvrir 55 % des apports énergétiques quotidiens.

Les apports en lipides

Les lipides sont indispensables à une croissance harmonieuse et au fonctionnement de l'organisme, car ils apportent des acides gras essentiels (oméga-3 et oméga-6) et sont vecteurs de vitamines (A, D, E...). Ils doivent représenter un tiers des apports énergétiques quotidiens, sous forme de corps gras diversifiés.

Les apports en calcium

Ceux-ci doivent être très élevés lors des poussées de croissance, surtout jusque l'âge de 20 ans. Il convient d'en consommer cinq fois par jour, pour atteindre 1 200 mg à

1 500 mg, sous forme de laitage ou de fromage, afin de prévenir une éventuelle décalcification prématurée (ostéoporose).

Les apports en fer

La croissance des tissus et la multiplication des globules rouges rendent important l'apport du fer, dont il convient de prendre entre 12 et 18 mg par jour pour les garçons, et entre 13 et 18 mg pour les filles.

Les apports en vitamines

Les vitamines et minéraux contenus dans les fruits et légumes sont indispensables à la croissance, d'où l'importance d'obliger votre adolescent récalcitrant à manger un fruit et un légume à chaque repas. Pour les filles, la prise de contraceptifs oraux augmente les besoins en vitamines B 6, B 2, et en acide folique. La vitamine D est aussi à surveiller, car elle permet l'assimilation du calcium. Cette vitamine est synthétisée par l'organisme à l'aide des rayons du soleil. Les déficits chez les adolescents sont nombreux, d'où l'importance de consommer des compléments ou des produits enrichis en vitamine D; certaines huiles apportent également de la vitamine D. Faites-vous prescrire une fois par an par votre médecin un bilan de santé complet à votre adolescent, pour identifier les carences éventuelles en vitamines, pour pallier au plus tôt leur manque, et lui garantir une bonne santé.

Les apports en eau

L'eau est un aliment vital qui va permettre au corps d'éliminer les déchets et les toxines, et contribuer à réguler la température corporelle. Les adolescents ont tendance à boire peu, alors que leur besoin en eau est important, environ deux litres et demi d'eau par jour sont indispensables pour apporter les minéraux essentiels au bon fonctionnement de l'organisme en plein développement de votre enfant. L'eau permet d'éviter les problèmes tendineux fréquents lors de la croissance, et aussi d'hydrater une peau maltraitée par les changements hormonaux. Les risques de déshydratation sont réels et pourraient déclencher des maux de tête et une fatigue généralisée.

Retour d'expérience

Des parents, en difficulté avec leurs adolescents, avaient sollicité mon aide, dans le cadre de ma fonction d'éducateur spécialisé et de coach de vie, pour démontrer à l'un de leur fils l'importance de prendre soin de lui. Ils étaient parents de deux adolescents âgés respectivement de 15 et 16 ans. Le plus jeune était soucieux de son apparence et sportif, alors que le second, fan de percussions africaines, arborait fièrement une coiffure de style « rasta » constituée de « locks », coiffure courante chez les personnes de couleur noire, formée par un entremêlement de frisures, d'ondulations et d'un bon gros paquet de nœuds, non peignés et non lavés. Ses parents le jugeaient sale. Certes, il n'était pas très soigné ni soucieux de son apparence, mais pour ma part, je le trouvais correct. Ses parents comparaient sans arrêt leurs deux fils. Les remarques déplaisantes et blessantes fusaient en permanence : « Recoiffe-toi », « Regarde comme t'es moche ! », « Si tu veux plaire aux filles... » J'essayai de leur expliquer que leur adolescent avait simplement adopté un style différent et original. Mais cela ne les rassura pas. Personnellement, je n'avais aucunement l'intention de l'inciter à changer sa manière de se vêtir qui lui permettait d'affirmer sa personnalité. Je préférai en rester là et cesser mon intervention, persuadé que cela ne mènerait nulle part.

Six mois passèrent avant que je le rencontre de nouveau. Sa mère m'interpella un jour, pour m'expliquer son désarroi face à l'attitude de son fils, de plus en plus difficile à gérer. Elle insista pour que je le revoie le plus rapidement possible. À mon arrivée, je remarquai une sérieuse dégradation de son apparence. Sa chambre ressemblait à une décharge publique en miniature. Quant à l'adolescent, il se négligeait au point de ne plus se laver et dégageait une forte odeur de saleté. Je tentai en premier lieu de discuter avec lui. Sa réaction ne se fit pas attendre, il me rétorqua violemment : « Je fais ce que je veux ! C'est pas le corps de ma mère, c'est le mien, je fais ce que je veux ! »

Je passai le voir trois fois par semaine et constatai les répliques cinglantes que lui adressait sa mère. « On dirait un clodo ! » se plaisait-elle à répéter. Je compris alors que les parents avaient leur part de responsabilité dans la façon de se comporter de leur fils. L'adolescent utilisait ce stratagème pour les provoquer et susciter leur intérêt, car mis à part cette négligence à son égard, rien ne laissait entrevoir un vrai malaise. En effet, il se nourrissait correctement, côtoyait ses amis et ne présentait aucun signe de dépendance ni de dépression. S'il refusait de se laver et de soigner son allure, c'était uniquement par provocation en réponse aux propos de ses parents. Il ne désirait tout simplement pas « leur faire plaisir » en accédant à leur demande. Je leur exposai donc mon ressenti. Ils se montrèrent tout d'abord choqués par mes propos, puis finirent par comprendre. Avec leur accord, je décidai d'organiser une fête avec l'aide de son frère. Quelques jeunes du même âge furent conviés, dont des filles qui ne laissaient pas son frère indifférent. Comme je l'escomptais, l'adolescent se lava et se prépara pour la soirée.

Le lendemain, j'appris que tout s'était passé à merveille et notai que la chambre avait été nettoyée et rangée. Je m'évertuai à faire admettre aux parents que leur adolescent aimait un certain style, et qu'ils devaient le comprendre et le tolérer, afin qu'il ne cherche plus à les provoquer en dépassant les limites de l'acceptable. Trois semaines plus tard, l'adolescent rencontra une jeune fille qui devint sa petite amie. À présent, passionné de hip-hop, il avait le crâne rasé, et ses locks n'étaient plus qu'un vieux souvenir. Comme tout adolescent, il avait traversé une étape de recherche d'identification et en connaîtrait sûrement d'autres. La négligence passagère de son hygiène corporelle n'avait eu de raison d'être que par le fait qu'elle lui avait permis de rejeter ses parents et de les provoquer.

Les conseils de Pascal

Pour l'hygiène

- Aidez vos adolescents à s'organiser, afin de répartir leur temps équitablement pour garder une plage horaire réservée à s'occuper d'eux sur le plan de l'hygiène et de leur qualité de vie. Discutez avec vos enfants, achetez-leur un planning ou un tableau à accrocher dans leur chambre et rappelez-leur l'importance de l'hygiène.

- Si votre adolescent se montre toujours réticent à se laver, obligez-le à assumer les conséquences de ses actes. Son odeur vous incommode? Mettez-le à l'écart pendant les repas entre amis ou en famille tant qu'il s'obstine à ne pas se laver. Le manque d'interaction sociale permettra à votre enfant de comprendre la nécessité de se laver, pour lui-même et pas uniquement pour vous. Obligez-le à assumer ses choix afin de le motiver à adopter une bonne hygiène de vie qui lui permettra de retrouver des moments en commun au sein de sa famille et en société.

- Assurez-vous que le manque d'hygiène de votre enfant n'est pas la conséquence d'un traumatisme profond (attouchements ou agression sexuelle) ayant créé une aversion ou une crainte de se dévêtir et d'entrer en contact avec ce corps souillé qui lui rappelle des moments insupportables. Si votre adolescent continue à négliger son hygiène de vie (sa santé, sa propreté ou son alimentation) en dépit de votre intervention, il convient de consulter un spécialiste.

Pour le sommeil

Quelques règles afin d'aider votre adolescent à dormir plus facilement

- Pendant la semaine, votre adolescent doit se coucher avant 22 heures. Le week-end, vous pouvez lui accorder de veiller plus tardivement, néanmoins, son réveil ne devra pas s'effectuer plus de deux à quatre heures après son heure habituelle de lever, au risque d'éprouver des difficultés à s'endormir le dimanche soir.

- Il faut aménager un climat favorable à l'endormissement et se relaxer. Les écrans seront prohibés en faveur d'un livre que vous lui conseillerez et dont vous aurez parlé ensemble. L'ambiance régnant dans sa chambre sera propice à l'apaisement pour le préparer au sommeil; la fraîcheur, l'obscurité et le calme prédomineront. Votre enfant devra absolument s'endormir dans son lit et non pas sur le canapé du salon. La durée, nécessaire à un repos réparateur est de 8 heures par nuit au minimum, l'idéal étant de dormir pendant 9 heures et demie.

- Si votre adolescent paraît fatigué en rentrant des cours, une sieste sera réparatrice, à condition de ne pas excéder 30 minutes et de ne pas avoir lieu après le souper, afin de ne pas nuire au sommeil.

- Il est important qu'il pratique une activité physique tous les jours, mais il évitera les exercices intenses le soir.

- Votre adolescent doit éviter de consommer des boissons contenant de la caféine après 16 heures, ainsi que toute autre sorte d'excitant (café, thé, vitamine C, Coca-Cola, alcool, tabac, écrans divers, musique trop rythmée...).

- Évitez les repas trop copieux le soir et dînez vers 19 h 30-20 heures, soit deux heures avant de se coucher afin de ne pas commencer la digestion en position allongée.

- Il est préférable de parler avec votre enfant pour qu'il se confie à vous et se libère de ses craintes et de ses soucis avant d'aller se coucher, afin d'être apaisé et préparé à un endormissement le plus sereinement possible.

- Si malgré ces conseils, votre adolescent ne trouve pas le sommeil et présente des symptômes tels que des réveils nocturnes avec impossibilité de se rendormir, une impression de manque d'énergie même en dormant suffisamment, une tristesse constante, des inquiétudes, ou s'il se sent malade (maux de tête, perte d'appétit), vous devez consulter un spécialiste et vous faire aider.

Les dispositifs d'aide pour le sommeil

- Le Réseau Morphée est un site consacré à la prise en charge des troubles chroniques du sommeil, proposant des ateliers et des conseils. www.reseau-morphee.fr

- L'Institut national du sommeil et de la vigilance propose des guides sur le sommeil téléchargeables gratuitement. Il organise également « la Journée du sommeil » en partenariat avec l'Éducation nationale et le ministère de la Santé. http://www.institut-sommeil-vigilance.org

- Prosom, qui est l'association nationale de promotion des connaissances sur le sommeil. www.prosom.org

- La Société française de recherche et de médecine du sommeil (SFRMS) est une société savante qui regroupe médecins, chercheurs et professionnels de santé impliqués dans le domaine du sommeil et de ses pathologies. www.sfrms-sommeil.org

- L'Inserm (Institut national de la santé et de la recherche médicale) propose un guide intitulé : *Le Sommeil et ses troubles.*
www.inserm.fr/

- L'INPES (Institut national de prévention et d'éducation pour la santé) propose un DVD interactif – *Le Sommeil de l'enfant et de l'adolescent* – à destination des familles, réalisé par le Réseau Morphée, l'académie de Paris et des associations de parents.
www.inpes.sante.fr

- La MGEN (mutuelle générale de l'Éducation nationale) propose un module interactif : « Un sommeil de rêve ».
www.mgen.fr

- Les centres du sommeil agréés par la Société française de recherche et médecine du sommeil (SFRMS).
Lien de l'annuaire : www.sfrms-sommeil.org

- L'assurance maladie met à disposition un dossier : *Troubles du sommeil.*
www.ameli-sante.fr/

- Le Centre de référence des hypersomnies rares :
www.je-dors-trop.com/

Pour l'alimentation

- Votre enfant, comme tous les autres adolescents, aime grignoter des chips et des gâteaux et boire des boissons sucrées, riches en graisses, en sel et en sucre. Il est très difficile d'empêcher un adolescent de consommer cette sorte d'aliments, cependant, limitez-le sur la quantité et interdisez-lui d'en manger régulièrement devant un écran ou dans sa chambre à n'importe quel moment de la journée. En effet, absorber cette nourriture sans se contrôler brouille les signaux de la faim et la sensation de satiété, et le conduit à en consommer des quantités plus importantes.

- La situation idéale serait que votre adolescent prenne quatre repas par jour (petit déjeuner, déjeuner, goûter et dîner) afin d'avoir un apport énergétique régulier et suffisant pour vivre pleinement ses journées.

- Votre ado doit consommer une portion de viande ou de poisson – ou encore des œufs – au déjeuner et au dîner. Ce sont d'excellentes sources de protéines, de vitamines, de minéraux et d'oligoéléments, notamment de fer.

- Priver votre enfant de plats vendus dans la restauration rapide est difficile et inutile, car cela l'inciterait à en consommer davantage pour montrer son opposition et provoquer votre mécontentement. Cependant, il est pertinent de préparer des burgers faits maison et des sandwichs, en les agrémentant d'éléments nutritifs variés (fruits, légumes…). Cela aidera votre adolescent à manger sainement, tout en ayant l'impression de se rendre au fast-food. Pensez aussi, lors des repas, à mettre sur la table des fruits déjà épluchés et coupés (les adolescents sont un peu fainéants) ainsi que des légumes en bâtonnets à tremper dans une sauce au yaourt. Cette méthode permettra à votre enfant d'avoir des fruits et légumes variés à tout moment à sa disposition.

- Vous pouvez également préparer des smoothies à base de fruits frais (avec ou sans lait), qui seront d'excellentes collations nutritives et appétissantes.

- Il est dangereux pour la santé de votre adolescent de lui établir un régime alimentaire restrictif. Si celui-ci souffre d'un léger embonpoint, évitez d'acheter des aliments gras, sucrés, et ne lui permettez pas de grignoter dans le courant de la journée. Choisissez un sport qui lui convienne et inscrivez-le. N'oubliez pas que pendant la croissance, il va grandir et s'affiner.

- Privilégiez les bonnes graisses (les huiles végétales, comme l'huile d'olive, de colza, de soja, ou de noix, ainsi que les poissons gras) et limitez les autres.

- Lorsqu'il s'ennuie, votre adolescent risque de s'adonner au grignotage. Incitez-le à se distraire autrement et à bien manger au moment des repas ou du goûter.

- Enfin, si vous n'avez pas le temps de cuisiner le midi, mettez votre enfant à la cantine. Les repas servis en restauration scolaire sont créés par des nutritionnistes et sont équilibrés.

DEVOIR N° 10

Jeux vidéo, réseaux sociaux : les identifier, les comprendre et accompagner votre adolescent

Les jeux vidéo présentent-ils un danger ?

Ils ne sont en rien dangereux, mais doivent faire l'objet d'une surveillance des parents. Pour ce faire, il existe des systèmes d'aide et d'information à leur propos.

La classification par âge

C'est un système destiné à garantir un étiquetage clair des contenus de loisirs (tels que les films, vidéos, DVD et jeux vidéo) en fonction de la classe d'âge à laquelle ils conviennent le mieux. La classification par âge guide les consommateurs (en particulier les parents) afin de leur permettre de décider s'ils peuvent acheter ou non un produit donné.

Les pictogrammes PEGI

Ils apparaissent sur le devant et au dos de l'emballage et indiquent l'une des classes d'âge suivantes : 3, 7, 12, 16 et 18 ans. Ils donnent une indication fiable du caractère adapté du contenu du jeu, en termes de protection des mineurs. La classification par âge ne tient pas compte du niveau de difficulté ou des aptitudes requises pour jouer à un jeu.

Le système PEGI est utilisé et reconnu dans toute l'Europe et bénéficie du soutien sans réserve de la Commission européenne. Il est considéré comme un modèle d'harmonisation européenne en matière de protection de l'enfance.

Les descripteurs apparaissant au dos de l'emballage indiquent les principaux motifs pour lesquels un jeu s'est vu attribuer une classification par âge particulière. Ces descripteurs sont au nombre de huit : violence, langage grossier, peur, drogue, sexe, discrimination, jeux de hasard et jeux en ligne avec d'autres personnes.

Les plus importants pour les parents :

Violence

Insultes

Peur

Sexe

Discrimination

Drogues

Des restrictions et des conseils peu suivis

Les parents doivent prendre en compte le contenu des jeux, mais aussi déterminer si le classement est adapté à leur enfant. La difficulté à « interdire » un jeu, identifié par PEGI, paraît d'autant plus grande aux parents que d'autres adolescents de l'âge du leur ont la permission (ou se la sont octroyée d'office) de jouer à ces mêmes jeux. Le risque est l'exclusion de votre enfant du groupe. Pour lui, ce serait difficilement acceptable, car cette appartenance est primordiale pour le jeune.

Les jeux vidéo : à consommer avec modération

Découvrir un monde virtuel peut être captivant, au point d'exposer l'adolescent à un trop grand isolement. Certains jeux n'ont pas de fin et les parties peuvent durer des heures, car ils renferment des mondes à découvrir, des ennemis à combattre et des défis à valider. Face à toutes ces possibilités et cette émulation, les jeunes perdent facilement la notion du temps passé devant l'écran.

Des jeunes coupés du monde

Ce retranchement dans un environnement virtuel où l'on ne fréquente plus l'être vivant et réel avec lequel on partage une partie d'un jeu modifie les capacités de lien social dans la vie réelle. Plus on pratique les jeux vidéo, plus l'épanouissement et l'attention baissent. L'ado éprouve aussi des difficultés à se socialiser dans la vie réelle. J'ai observé, lors de mes diverses interventions auprès de jeunes en addiction, leur tristesse et leur mal-être dans le monde non virtuel.

En se coupant du monde trop longtemps, les adolescents passent à côté des activités interactives réelles. De plus, devant certains jeux violents, ils deviennent plus agressifs, et certains présentent des symptômes s'apparentant à une dépression.

Les adolescents passent en moyenne entre une et trois heures par jour devant leurs écrans, manette en mains

Je n'ai pu constater aucun effet, positif ou négatif, chez les adolescents qui passent entre une et trois heures par jour à jouer. Ils présentent néanmoins une forte émotivité et sont peu entourés d'amis. En revanche, pour ceux dont le temps réservé aux jeux est plus raisonnable, le degré de sociabilité s'avère plus élevé que chez les joueurs invétérés. Ils se montrent aussi plus imaginatifs et plus créatifs. En conclusion, il est souhaitable pour votre enfant de définir un point d'équilibre entre excès et privation.

Les réseaux sociaux indispensables et risqués

Aujourd'hui, il est impensable et utopique de vivre coupé des réseaux sociaux. Si l'on excepte le côté « voyeurisme », ce sont des moyens indispensables à l'information et à la communication au sein d'un même clan de jeunes ou entre des clans différents. Ces réseaux incontournables font partie du quotidien et deviennent des outils professionnels et culturels permettant de s'informer et de rester en contact avec le monde social. Dans une société où tout va vite, ce moyen de communication est très prisé des adolescents qui s'adonnent à construire leur réseau personnel. Véritables baromètres de popularité ou d'avis partagés sur un événement particulier, les réseaux sociaux, bien qu'indispensables aux jeunes pour ne pas paraître démodés et être exclus du groupe (ce qui, on l'a vu, s'avère dramatique pour un adolescent), n'en demeurent pas moins sans danger. Harcèlement, moquerie, piratage de vie privée… représentent une partie des dangers existants. Beaucoup d'adolescents devant leur écran se pensent seuls. Ils postent des photos, écrivent leurs craintes qui peuvent être lues par tous, puis envoyées à d'autres, pour les exposer à la vue de l'ensemble d'un collège ou d'un lycée et entraîner des critiques et des moqueries particulièrement néfastes pour le jeune pris au piège.

Les principaux réseaux sociaux :

Facebook

Twitter

Instagram

Snapchat

Facebook

C'est une application de réseau social qui permet à ses utilisateurs d'entrer des informations personnelles et d'interagir avec d'autres utilisateurs. Les informations susceptibles d'être mises à la disposition du réseau concernent l'état civil, les études et les centres d'attention. Ces informations permettent de retrouver des utilisateurs partageant les mêmes intérêts. Ces derniers peuvent former des groupes et y inviter d'autres personnes. Les interactions entre membres incluent le partage de correspondance et de documents multimédias.

Twitter

C'est un service qui permet à ses utilisateurs de bloguer à l'aide de courts messages, des « tweets ». Twitter n'invite pas les lecteurs à commenter les messages postés. Il s'agit d'un service permettant de raconter ce que l'on fait au moment où on le fait. De surcroît, Twitter est généralement utilisé comme plateforme de réseau social. Twitter est plus compliqué à utiliser pour les nouveaux utilisateurs.

Instagram

Cette application permet de partager ses photographies et ses vidéos avec son réseau d'amis, de noter et de laisser des commentaires sur les clichés déposés par les autres utilisateurs.

Snapchat

C'est une application de partage de photos et de vidéos disponibles. La particularité de cette application est l'existence d'une limite de temps de visualisation du média envoyé à ses destinataires. Chaque photographie ou vidéo envoyée est visible par son destinataire uniquement pendant une période de temps allant d'une à dix secondes ; le média cesse ensuite d'être disponible à la visualisation et est supprimé des serveurs Snapchat. Cependant, il est assez aisé pour les utilisateurs de faire des captures d'écran.

Un lieu de rassemblement

Les adolescents ont toujours cherché un endroit pour se rassembler. Ils ont besoin de leurs propres espaces loin de l'univers des adultes, pour expérimenter, se découvrir et se définir en tant qu'individus. Ce lieu, tant convoité, peut être matérialisé par les réseaux sociaux. Dans ces lieux de rassemblement virtuels, ils entrent en contact avec leurs amis, tentent d'en trouver d'autres, espèrent trouver l'amour et testent les limites imposées par les adultes. L'adolescence correspond également à la puberté et à l'éveil sexuel. Les sites de rencontre sont aussi plébiscités par les jeunes pour draguer et être dragués, loin du contrôle parental.

Une quête légitime et universelle

Les adolescents considèrent l'outil Internet comme un besoin viscéral d'appartenir et de comprendre ce monde de liberté (virtuelle), loin des règles et des restrictions parentales. Ne vous alarmez pas ! Leurs besoins ne diffèrent en rien de ceux des autres adolescents, ni même des vôtres pendant la période de l'adolescence. Seule la nouvelle technologie (de plus en plus performante et accessible à beaucoup de personnes) que nous connaissions (à cet âge) sous sa forme initiale représente un nouvel outil de communication. Nous devons le prendre en considération, car Internet apporte de nouvelles possibilités qui se révèlent positives. Son maniement et son appropriation demeurent néanmoins délicats, tant l'étendue des possibilités d'utilisation est vaste. Il peut donc se révéler aussi d'un emploi dangereux. Le monde virtuel permet de se rencontrer et de discuter, sans pour autant se soucier des règles et de la crainte d'oser (dire ou faire). L'adolescent se sent plus fort, moins timide, et ses inhibitions disparaissent. C'est à ce moment précis que votre accompagnement est indispensable. Sans paraître un « modérateur espion », soyez un conseiller bienveillant devant ce nouveau monde. Par ailleurs, des mises en garde sont nécessaires. Vous avez sûrement un avis sur ses sorties et ses fréquentations. Dans ce cas, vous avez le droit de savoir le nom du site visité par votre enfant, ainsi que l'identité de la personne avec laquelle il communique. Tout en lui laissant la liberté offerte par Internet, informez-le sur les risques nombreux et méconnus : harcèlements, utilisation d'images et détournement de celles-ci, extorsion d'informations, pédophilie...

Des sites sécuritaires

Le monde du virtuel va plus vite que le monde réel. De nouveaux sites apparaissent et disparaissent. Facebook, Instagram, Rencontres-ados.net, leur notoriété inspire confiance, et ils paraissent sécurisés. Même s'ils le sont, le danger vient d'une utilisation mal contrôlée et donc des utilisateurs mal informés. Comme je le soulignais précédemment, Internet permet aux ados de se créer un personnage pendant une étape de leur vie où, on l'a déjà abordé, le mal-être est omniprésent. Ce moyen de communication et d'ouverture au monde représente une chance appréciable. N'oubliez surtout pas que si vos enfants peuvent mentir sur leur âge, leur personnalité, leurs attentes et leurs goûts, leurs correspondants le peuvent aussi ! Je vous conseillerais d'expliquer à vos adolescents d'échanger uniquement avec des gens qu'ils connaissent ou qu'ils ont déjà rencontrés. Sensibilisez-les sur l'impact des photos ou des vidéos postées et des dialogues écrits sur les réseaux sociaux. Vous vous informerez des récentes applications et des différents médias sociaux afin d'être prêt, en cas de besoin, à réagir et à orienter votre adolescent. Discutez-en ensemble, intéressez-vous à ses recherches et demandez-lui de vous expliquer les nouveautés. Pensez que le meilleur informateur à votre portée, dans ce monde où les technologies se développent à une vitesse effrénée, reste votre enfant.

L'amour avec un grand @

Pour son premier rendez-vous amoureux sur le Net, il utilise peut-être Tinder, rencontre-ados.net ou encore Nodaron.com... Ces sites de rencontre ciblent de plus en plus les adolescents. En effet, pour 7 % des utilisateurs, l'âge se situe entre 13 et 17 ans, et ce chiffre est en constante augmentation. Devant ce constat, quelle position adopter quand on est parent ? Interdire ou vivre avec son temps ?

S'adonner à la drague sur Internet n'est pas sans risques, et malgré la surveillance des sites par des modérateurs, aucun système n'est infaillible. Votre adolescent sera vite confronté à de faux profils et/ou à des photos suggestives. Le deuxième danger est la difficulté à affronter son premier rendez-vous avec l'ami virtuel. De nombreux adolescents, à l'aide d'Internet, s'inventent un personnage à l'image de celui auquel ils voudraient ressembler, et n'assument plus leur personnalité dans « la vraie vie », ce qui peut créer des effets destructeurs, comme adopter une timidité excessive, développer un complexe d'infériorité... Ces sites peuvent aussi, quand ils sont mal utilisés, amener votre adolescent à considérer ses conquêtes comme de vulgaires produits en s'attachant simplement à l'apparence physique des jeunes convoités (par le biais des photos) et en multipliant les rencontres, comme s'il s'agissait d'un jeu, par exemple « Le ***next*** » (« au suivant ») de Tinder. Les risques rencontrés lorsque l'adolescent surfe sur le Net et aborde certains sites sont multiples et peuvent présenter un caractère d'extrême dangerosité pour son équilibre psychologique, car il peut avoir à faire face à des sites proposant de la pédophilie, de la prostitution forcée ou du racket. Tout d'abord, un beau garçon (ou une belle fille) vous drague, ensuite, apparaît à l'écran un message vous demandant des photos « ***hot*** ». Plus tard, on pourrait exiger de votre enfant qu'il les mette en ligne sous peine de le harceler et de le menacer s'il n'obéissait pas au cyber délinquant. À la lumière de ces exemples, on peut se demander s'il faut en interdire l'accès. Certes, mieux vaut prévenir que guérir !

La meilleure garantie contre les abus n'est pas l'interdiction mais la prévention, car votre adolescent s'inscrirait certainement en cachette... Autorisez-le à s'en servir à partir de l'âge de 15 ans, en lui imposant les règles suivantes :

- vous permettrez une connexion trois fois par semaine au maximum et uniquement avec des jeunes dans la même tranche d'âge que celui de votre enfant ;
- vous informerez votre adolescent des risques et serez ouvert à la discussion, ce sera la meilleure manière de vous tenir au courant, sans être intrusif, de ces rendez-vous virtuels ;
- vous l'accompagnerez le moment venu, en le déposant assez loin du lieu de rencontre, ceci vous permettra de vérifier qu'il est en sécurité. Vous pourrez alors le laisser vivre son aventure en toute tranquillité.

Les contrôles parentaux

Ces contrôles (outils incontournables et modulables selon vos besoins) peuvent être mis en place grâce au fournisseur d'accès qui pourra vous aider dans l'utilisation et le réglage de ceux-ci. Ils permettent la limitation des heures d'utilisation, le blocage de certains sites et les indications du trafic de votre adolescent (les sites visités, les heures auxquelles la connexion a eu lieu...). Ils offrent de multiples possibilités, mais pouvons-nous nous y fier aveuglément ? Comment être certains que rien ne nous a échappé ? Vous n'êtes pas sans savoir que votre adolescent connaît mieux l'utilisation des sites que vous-même et qu'il sait contourner les divers contrôles… En conséquence, vous instaurerez une relation de confiance avec votre enfant. Bien évidemment, vous ne réussirez jamais à surveiller tous les ordinateurs, les téléphones ou diverses tablettes qu'il utilise. L'expérimentation est le propre de l'adolescence, des erreurs de jugement peuvent donc se produire. Il est essentiel que votre jeune sache qu'il peut compter sur vous s'il a des interrogations ou s'il se trouve dans une situation délicate.

Retour d'expérience

Un jour, lors d'une de mes interventions dans une classe de collège sur le harcèlement scolaire, des jeunes abordèrent une situation particulière dont ils désiraient parler. Un jeune garçon avait posté sur son compte Facebook une photographie de lui en jupe ! La photo montrait qu'il s'agissait simplement d'un déguisement. Cette publication, qui se voulait anodine, devint une source – pour les autres ados, en la publiant en grand nombre – de moqueries d'une telle ampleur qu'il lui fut impossible de revenir au collège tant il ressentait de la honte. Il n'y remit jamais les pieds. Il changea d'établissement après avoir subi une période de dépression de six mois, suivie de deux tentatives de suicide.

Les conseils de Pascal

- Pour contrôler l'utilisation des réseaux sociaux, imposez-lui d'être ami et de le suivre jusqu'à ses 16 ans.
- Restez informé sur les évolutions et gérez ensemble les préférences des réseaux sociaux (restrictions, confidentialité...).
- Une console de jeux/ordinateur dans la chambre n'a pas sa place avant ses 16 ans. Au-delà de cet âge, limitez le temps d'utilisation à une heure les jours de cours, et à deux heures au maximum les week-ends.
- Essayez les jeux de votre adolescent pour jauger du degré de violence qu'ils contiennent. Certaines restrictions d'âge sont illogiques, tandis que d'autres ne sont pas adaptées. Vous serez le seul juge de la sensibilité de votre enfant face à ce type de jeux.

DEVOIR N° 11

Téléréalité, YouTube : comprendre l'intérêt suscité chez vos adolescents, et réagir

Les « héros » de votre adolescent

Qu'ils se nomment Nabila, Capucine ou Benjamin, ou qu'ils se définissent à l'aide de pseudos comme EnjoyPhoenix, ou encore Mister V ou Norman, ils ne vous sont peut-être pas totalement inconnus. Ils représentent des jeunes qui vous indiffèrent, vous agacent ou parfois vous choquent. Aujourd'hui, ce sont les « stars » de votre adolescent. La téléréalité fascine vos enfants, car elle met en avant tous les stéréotypes de la société idéale telle qu'un jeune se la représente. Les amourettes, le look ultramoderne des acteurs, les clashs dans les relations entre adolescents, tous ces codes véhiculés représentent l'image parfaite des rapports humains pour de nombreux adolescents. La plupart de ces codes sont une reprise des sitcoms qui existaient à votre époque et continuent à intéresser la génération actuelle. Rappelez-vous du film ***La Boum*** ou encore d'***Hélène et les Garçons,*** les codes étaient adaptés à l'époque et se situaient dans le domaine de la fiction. De nos jours, les thèmes abordés sont les mêmes, mais vécus dans une réalité fictive. La fiction a rejoint la réalité, permettant aux jeunes de s'identifier (quelquefois trop facilement) à leurs héros médiatiques. Attention à la déconvenue lorsqu'ils se retrouvent dans la vraie vie… La téléréalité leur dépeint une vérité jouée par de jeunes acteurs sans fard ni costumes qui ne se prêtent pas à la comédie de manière théâtrale, mais simplement comme s'ils vivaient dans la vie quotidienne. Ils permettent ainsi aux jeunes de se transposer dans cette réalité à laquelle ils aimeraient bien appartenir. Les adolescents les imitent et adoptent leur style vestimentaire pour appartenir à leur monde. Ces jeunes gens sont devenus de véritables outils de marketing.

YouTube est aussi un vivier de stars pour adolescents. Les nombreuses vidéos, parfois humoristiques, y figurant utilisent les codes de langage employés par les jeunes surfant sur le Web. Les partages vidéos – véritables engrenages – transforment certains utilisateurs de YouTube en véritables stars du Net capables de diffuser des vidéos attirant plusieurs millions de visiteurs. Attention à ne pas tomber dans le piège du miroir aux alouettes… Tout le monde n'est pas en mesure de devenir une vedette sur YouTube ! En effet, sur plus de 300 000 chaînes que compte le site de YouTube en France, seules 50 environ dépassent le million d'abonnés, et seulement quelques centaines sont suffisamment regardées pour permettre aux jeunes diffuseurs de gagner leur vie à l'aide de la publicité.

Le programme préféré des adolescents

Nous le savons, les adolescents – constamment connectés sur les réseaux sociaux, avides de jeux vidéo et enclins à écouter de la musique – regardent peu la télévision. La téléréalité est une exception à la règle, car elle exerce sur eux une forte attraction. Les chaînes de télévision savent que les adolescents portent un grand intérêt à ces émissions et les diffusent prioritairement pendant le créneau de 16h30 à 19 heures afin de permettre aux ados, après leurs cours, de les regarder et de suivre les aventures de leurs héros favoris. L'attirance des jeunes pour la téléréalité, bien que difficilement compréhensible pour les parents, trouve une explication logique. L'adolescent traverse une période de manque de confiance en lui et doute de ses capacités. Il s'intéresse à ces programmes avant tout pour se rassurer. En effet, manquant d'estime de soi, le jeune ressent la nécessité de se réconforter en humiliant ses semblables. La téléréalité remplit ce rôle. Les participants éliminent arbitrairement d'autres candidats après un vote totalement aléatoire et se moquent allègrement du physique des autres. Sur le lieu du tournage se côtoient les « moches » et les « beaux » (selon les critères de beauté imposés par la société moderne), les « forts » et les « faibles ». Ces images et ces codes stéréotypés amènent les adolescents à commenter entre eux, sous forme de tweets (brefs messages), ce qu'ils regardent sur le petit écran. Ils se défoulent en critiquant vivement les candidats qui ne leur plaisent pas et en se moquant d'eux. Par personnes interposées, ils se libèrent de leurs propres complexes et de leur sentiment de faiblesse. Les jeunes partagent leurs avis sur les réseaux sociaux, car ils se sentent beaucoup plus sûrs d'eux que s'ils communiquaient en direct. L'adolescent étant par nature un être qui n'a pas confiance en lui n'essaiera pas de progresser vers un idéal et d'améliorer son attitude, il optera pour la simplicité en jugeant la vie de ces gens marginaux, grotesques ou en échec, ce qui réconfortera son narcissisme. À cet âge délicat, où l'être humain apprend à se connaître et à comprendre les bouleversements qui se produisent en lui, il identifie difficilement ses émotions. La téléréalité met en scène les émotions des autres, ce qui donne aux adolescents la possibilité d'assister à ce qui pour eux est essentiel dans la vie : tous ces instants partagés entre adolescents où se mêlent des histoires d'amour et d'amitié, mais également les conflits qui en résultent ainsi que les indispensables disputes, suivies d'inévitables réconciliations.

Un passe-temps toxique

Les adolescents abreuvés dès leur plus jeune âge de ces émissions montrant une manière de vivre pernicieuse pour l'esprit (la vulgarité, la bêtise, la trahison sont représentées comme une normalité !) sont conduits à une confusion entre des relations saines et des rapports aux autres immoraux. Ils considèrent ces comportements comme normaux et ne s'offusquent ni du comportement des jeunes filles qui se montrent entre elles excessives et violentes dans leurs propos et leurs actes, ni des jeunes garçons dépeints comme égocentriques, multipliant les conquêtes amoureuses ayant un « look sexy » à outrance, se dénudant sans pudeur à l'écran et exhibant fièrement un corps musclé et bardé de tatouages. Pour les adolescents, ces personnages surmédiatisés deviennent des modèles à suivre. Seuls face à ces images, et sans discussion au préalable avec leurs parents, ils s'exposent à un réel danger d'identification. Ce genre d'émission provoque chez les jeunes la perte de vue des valeurs, telles que la confiance et l'amitié, et suscitent chez les filles une méfiance envers les garçons. Tous doutent également de l'importance et de la véracité du sentiment amoureux (trop galvaudé dans les programmes de téléréalité). L'adolescent conçoit le respect comme une valeur qui prend sa source dans la méchanceté envers autrui. Donc, se montrer bon et aimable consiste à révéler ses faiblesses. Par ailleurs, si le look des candidats est acceptable sur un plateau de télévision, il l'est beaucoup moins dans la vie quotidienne (sociale, professionnelle ou scolaire). Même si peu d'adolescents s'identifient réellement à eux, ils restent les plus influençables, et de ce fait les plus vulnérables, pour envier, voire aduler, ces « stars » du petit écran. Ces jeunes femmes ou jeunes hommes exhibent fièrement et sans pudeur leurs corps dont ils sont si fiers et jouent le rôle qu'on leur assigne sans la moindre hésitation, dans l'espoir d'obtenir la fameuse notoriété, objet de toutes les convoitises.

La téléréalité influence les adolescents et les font s'interroger sur les valeurs que vous leur avez inculquées. Ils iront jusqu'à les rejeter pour adopter celles mises en avant par leurs héros afin de leur ressembler le plus possible. Pourquoi ne s'exhiberaient-ils pas comme eux sur les réseaux sociaux ? Ils se persuadent que vivre à travers ces personnages adulés leur permettra peut-être de devenir célèbres à leur tour. Malgré tout, ne diabolisez pas les médias. Ils ne sont pas responsables de tous les maux de la société moderne ! Nous vivons dans un monde en crise (financière, sociale, économique, écologique, de confiance et de défiance), un monde qui part à la dérive et où l'on nous abreuve (et les adolescents ne sont pas épargnés) de divertissements superflus et d'informations (toutes plus terribles les unes que les autres...), tout cela pour masquer l'essentiel. Encore davantage que les adultes (de par leur vision distraite du monde dans lequel ils vivent), les adolescents (tournés vers leur nombril) n'ont pas envie et ne prennent pas le temps de se pencher sur les problèmes du monde actuel et se laissent bercer par les « anges » de la téléréalité !

La téléréalité : le miroir d'une vie rêvée ?

Ces émissions qui passionnent vos adolescents et qu'ils commentent dès le lendemain à l'école ou en direct sur les réseaux sociaux sont perçues par les adultes comme superficielles et néfastes (à juste titre). Cela fait environ quinze ans que la téléréalité est apparue sur nos écrans. Elle a évolué dans un sens négatif et présente des émissions d'une qualité de plus en plus médiocre. Leurs objectifs, au premier coup d'œil, peuvent paraître divers et variés, mais il n'en est rien. Le thème privilégié (très apprécié par les jeunes) est toujours et avant tout la recherche de l'amour à tout prix. Et par ce biais, la téléréalité atteint son unique but : divertir les adolescents.

Les ados en quête d'identification désirent ressembler à ces icônes de la télévision qui leur font espérer un monde basé sur des relations superficielles avec des personnes au physique conforme aux critères de beauté de notre société moderne. Ces représentations inquiètent, mais il ne faut pas dramatiser. Si les parents sont ouverts au dialogue, les questionnements inhérents au fait de suivre ce genre d'émissions trouveront des réponses appropriées et démontreront à vos enfants qu'il ne faut pas croire à ces scènes de vie vécues par ces personnages aseptisés comme étant le reflet de la vie réelle, mais qu'il faut simplement avoir suffisamment de recul pour regarder ces fictions comme des divertissements qui peuvent les amuser ou les émouvoir, par ce qu'elles ont de décalé avec la réalité quotidienne. Si la téléréalité plaît aux adolescents, il est plus hasardeux de penser que ces émissions représentent la jeunesse. En revanche, elles mettent en lumière certaines tendances psychologiques et sociétales en diffusant ce que les jeunes attendent de ces programmes : l'indigence verbale, le mépris et la méchanceté des participants les uns envers les autres et, bien sûr, les volte-face amoureuses en mettant l'accent sur les trahisons, les abandons et les réconciliations…

Tout est prévu dans ces émissions pour conquérir le jeune public. La production sélectionne des personnes en fonction de leur physique, mais aussi de leur capacité à interpréter leur rôle avec outrance, de façon à marquer les esprits et à rester ainsi les « chouchous » des adolescents. Aujourd'hui, certains participants, devenus de véritables « idoles » auprès des jeunes, ont accédé au rang de jeunes « businessmen » en créant leurs propres marques de vêtements. Ces quelques « chanceux » qui réussissent socialement restent une minorité. Des milliers d'autres ne font qu'une apparition éphémère à la télévision et passent rapidement de la lumière à l'ombre, de la célébrité à l'anonymat. Cette perte rapide de notoriété peut déclencher des troubles psychologiques et aboutir à des situations dramatiques, car « tomber dans l'oubli » représente une vraie chute pour certains qui ont bien du mal à se relever. La téléréalité passionne mais ne représente pas seulement un but ou un rêve pour les adolescents, car ils ne s'identifient pas uniquement aux héros des téléréalités, mais surtout ils se délectent de leurs réactions ou attitudes ridicules face à une situation donnée et de leurs déconvenues. Le rôle des parents consiste à leur expliquer qu'ils doivent regarder ces émissions en étant conscients qu'il s'agit de jeux d'acteurs non transposables dans la vie réelle, et surtout, qu'il ne faut pas considérer ces façons de vivre et ces rapports humains comme des modèles de vies parfaites et idéales à reproduire.

Plus tard, je serai youtubeur !

Se connecter au site de YouTube est une des activités les plus populaires chez les adolescents. Tout d'abord, les youtubeurs sont authentiques et proches de leur public. Ils sont en tous points semblables aux adolescents qui visionnent leurs vidéos, et de ce fait, ils s'identifient facilement à eux et se sentent compris. Ce facteur est déterminant et conduit les jeunes à préférer ce site (très important à leurs yeux) plutôt qu'un autre. De plus, ces stars du Web, très présentes sur les réseaux sociaux, postent chaque jour des nouvelles en leur donnant l'impression de construire de vraies relations amicales. Un youtubeur se livre totalement et sans réserve, et en parlant (trop) librement. Les stars de la téléréalité ne se comportent pas ainsi. Elles transmettent simplement leurs sentiments et leurs ressentis face à des situations artificielles (créées pour la télévision). Les adolescents sont intéressés par leurs blagues (leur langage) et leurs débordements (leurs attitudes) véhiculés par les médias et exprimés de manière non conforme, au regard des mœurs et des opinions courantes, donc outrageuses et offensantes vis-à-vis d'un groupe de personnes (les jeunes téléspectateurs). Les youtubeurs surfent sur Internet pour déterminer les intérêts des adolescents. Les jeux vidéo, bien que peu présents dans les médias, sont souvent mis en scène sur YouTube. Les critiques sur les jeux sont bien plus visionnées que celles sur le cinéma. L'intérêt des jeunes pour YouTube est surtout lié au fait que « youtuber » donne l'impression que tout un chacun peut arriver « en haut de l'affiche ». Pour certains, il suffirait d'un accès internet et d'une caméra, le tout saupoudré de quelques idées, pour appartenir à l'élite et devenir célèbres ! Pour les adolescents en quête de reconnaissance, la notoriété paraît comme une des rares unités de mesure permettant de juger de la valeur des autres et de soi-même.

Être connu et reconnu : une fin en soi ?

La notoriété des youtubeurs n'est plus à prouver. Dernièrement, un événement rassemblait pour la première fois 160 stars françaises de YouTube, et ce fut une occasion de constater l'engouement qu'elles provoquaient auprès des jeunes. Elles furent accueillies comme de véritables rock stars, des milliers d'adolescents se bousculant pour les rencontrer. De nos jours, la quête de célébrité représente le rêve de nombreux jeunes, peu leur importent les moyens déployés pour y accéder (la chanson, le cinéma, la télévision...). Il existe une véritable culture du « vedettariat », vu comme un moyen de parvenir à une ascension sociale souvent synonyme de « bonheur ». Ce succès espéré ne se mesure pas à la valeur des personnes et/ou à leurs compétences, mais davantage en fonction du nombre d'audiences qu'elles vont attirer: les « amis », les visites du site et le nombre de « j'aime » (***like*** de Facebook) obtenus. La quantité l'emporte sur la qualité. Dans les collèges et les lycées, la « popularité » devient une valeur dominante et un organisateur des rapports humains: chacun occupe une place et un rang définis par sa notoriété au sein de l'établissement fréquenté. Certains jeunes peuvent subir des moqueries, s'ils s'avèrent « impopulaires » et mis de côté dans la catégorie des « sans amis ». La seule défense de ces adolescents consiste à prouver par tous les moyens (même s'ils doivent détruire leur propre image ou celle d'autrui) qu'ils existent bel et bien. Les adolescents s'exposent et se mettent en scène pour se délivrer de l'angoisse de ne pas exister aux yeux des autres (ce qui est loin de l'attitude narcissique de l'adolescent).

Youtubeur ou participant à des émissions de téléréalité : des métiers faciles ?

Être youtubeur n'est pas accessible à tous, car il n'est pas simple de suivre le mode d'emploi de YouTube pour créer une chaîne, et il n'existe aucune école de youtubeurs. La seule nécessité pour débuter réside dans le fait de se montrer passionné dans un domaine et de désirer partager cette passion. Aux yeux des adolescents, il est inutile de travailler pour réussir dans ces secteurs (ce qui est bien sûr totalement faux). Ces professions leur apparaissent comme une concrétisation idéale de leurs rêves (un eldorado professionnel), facilement abordables dans un monde complexe et connaissant une crise économique telle que l'avenir des jeunes est de plus en plus incertain. Ils se persuadent que toucher leur rêve du bout des doigts est chose aisée. Ils croient qu'il leur suffirait de se présenter à un casting pour être retenus comme futurs candidats. Pourtant, « se mettre à nu » devant des téléspectateurs est loin d'être facile. De plus, un personnage public doit être capable de gérer sa notoriété, ainsi que de maîtriser le retour « à la vie réelle ». De nombreux jeunes tentent leur chance en postant sur le Net des vidéos « chocs » où ils sont les acteurs principaux. Parfois, ils se montrent talentueux, mais le plus souvent, ils se filment dans des situations dégradantes, telles que : exposer leur nudité, prendre des risques inconsidérés ou encore participer à des « caméras trottoirs » où le seul but est d'ennuyer les personnes rencontrées dans les rues, parfois de manière excessive. Peu importe la façon de s'exprimer, car l'objectif est de faire connaître son blog rapidement et de faire parler de soi dans les médias (« buzzer ») afin de multiplier le nombre de ses abonnés (de ***like*** sur YouTube) pour (peut-être...) être repéré, et que cela devienne une activité lucrative. L'accès à une hypothétique célébrité demeure plus qu'incertaine. Si un adolescent y parvient, il va au-devant de très grosses désillusions, s'il n'est pas suffisamment préparé à la précarité de ces métiers de « stars » de la téléréalité. Prenez soin de l'en avertir et soyez sûr qu'il a compris votre message.

Pour un peu mieux connaître les stars de vos adolescents, voici la liste de leurs youtubeurs préférés :

Squeezie

De son vrai nom « Lucas Hauchard », ***gamer***, il réalise principalement des tests de jeux vidéo. Il est aujourd'hui le francophone le plus populaire et le quatrième Français le plus suivi sur YouTube avec plus de 5 millions d'abonnés.

Cyprien

De son vrai nom « Cyprien Iov », il poste des illustrations, des vidéos humoristiques sur YouTube et des tests de jeux vidéo. En 2015, il a compté le plus de visionnages sur le site français de YouTube.

Enjoy Phoenix

De son vrai nom « Marie Lopez », elle réalise des vidéos de mode sur le thème de la beauté et le « lifestyle ». Elle a aussi participé en 2015 à l'émission ***Danse avec les stars***. Sur sa chaîne principale de YouTube, elle réunit plus de 2 millions d'abonnés. Sa deuxième chaîne, EnjoyVlogging, atteint 1 million d'abonnés, ce qui la place en deuxième position dans la catégorie féminine.

Natoo

De son vrai nom, « Nathalie Odzierejko », elle est une youtubeuse humoriste et une comédienne française. Elle poste des vidéos humoristiques et des parodies. Elle est aussi présente sur Canal +.

Norman

De son vrai nom, « Norman Thavaud », il est un humoriste et acteur français, il publie des vidéos humoristiques sur Internet, il se produit également sur scène dans un one-man show au Grand Rex.

Mister V

De son vrai nom, « Yvick Letexier », il est humoriste, youtubeur et également un chanteur français. Il poste des vidéos humoristiques et a créé un collectif d'humoristes, le « Woop », dans lequel il participe à des représentations.

Retour d'expérience

Un adolescent timide et peu populaire au sein de son établissement scolaire, auprès duquel j'opérais un suivi, souffrait du manque d'intérêt que lui portaient ses camarades. Il cherchait par tous les moyens à se faire remarquer en se mettant en scène. Dans la cour, il n'hésitait pas à se montrer violent et à déclencher des bagarres. Pendant les cours, il se montrait agité et bavard, cherchant manifestement à se faire renvoyer. Bientôt, on le vit sur YouTube. Il se mettait en scène dans la rue et créait volontairement des situations où il jouait le premier rôle. Toutes les personnes désireuses de visiter son site pouvaient l'apercevoir dans la ville, se promenant entre les voitures, parfois sur la chaussée, se faisant klaxonner ou simplement déclenchant des alarmes, ceci pour montrer sa bravoure. Cela plut dans un premier temps, et il obtint de nombreux ***like***. Je pris ce prétexte pour entamer une discussion avec lui au sujet des vidéos qu'il publiait. Je ne manquai pas de lui rappeler que ces publications seraient regardées par tous ceux désireux de le faire. Je tentai également de lui expliquer que cette « notoriété » éphémère ne lui serait pas bénéfique. Il ne tint pas compte de mes avertissements et continua à poster des vidéos. Ces dernières le montraient dans des situations hasardeuses. Ses actes devenus délictueux (il brisait les vitres des voitures, mettait le feu dans une forêt...) m'inquiétaient. Malgré tout, le nombre de ***like*** augmenta. Mais les commentaires des personnes évoluèrent dans un registre de langage de plus en plus familier, voire grossier. Ils l'insultaient sans vergogne. Ayant visionné à mon tour ces images, je décidai de discuter avec lui pour qu'il cesse d'utiliser YouTube à ces fins dangereuses. Je l'informai de ma décision d'évoquer le problème à ses parents et d'avertir également la police s'il continuait à publier des vidéos où il commettait des actes punissables par la loi. Il ne comprit pas ma démarche ni ne l'accepta, me traitant de « balance » ! Je ne réussis pas à trouver un terrain d'entente avec ce jeune garçon. J'informai donc sa famille proche, qui fut très étonnée de voir de quoi était capable son enfant. Il portait un masque pour se rendre méconnaissable, mais malgré cette précaution, je le reconnaissais.

« Ce n'est pas lui ! affirma sa mère.

— Ce ne sont que des bêtises de gamin ! » ajouta le père.

Ni l'un ni l'autre ne mesurait l'impact négatif de ce genre de vidéos. Ils ne comprenaient pas davantage la motivation de leur fils qui l'avait conduit à diffuser ces scènes de vie sur un site tel que YouTube. Le lendemain, je consultai sa page et découvris avec stupéfaction une vidéo mettant en scène plusieurs jeunes qui frappaient un autre adolescent tombé au sol. Un message défilait en bas de l'écran disant : « Tu ne peux pas te tester (te mesurer) à mon ***crew*** (mon équipe). » La police, alertée par le personnel de l'établissement dont je faisais partie, vint le chercher au lycée. Il fut condamné à une peine d'intérêt général et fut fortement réprimandé par ses parents. Ces derniers durent verser un montant de 3 000 € de dommages et intérêts à la victime.

« ***La maladie de l'adolescence…, c'est de ne pas savoir ce que l'on veut et de le vouloir cependant à tout prix**. »**

Philippe Sollers, écrivain français

* «Le Défi», tiré de la revue *Écrire* des éditions du Seuil, publiée en 1957.

Les conseils de Pascal

- Il est interdit de créer un compte YouTube avant l'âge de 13 ans. Je vous déconseille donc de permettre à vos enfants plus jeunes d'en ouvrir un. Sachez qu'il sera systématiquement supprimé si le site YouTube vérifie et constate l'infraction.

- Si votre adolescent découvre des vidéos au contenu illicite, il doit les signaler afin que les experts du règlement YouTube les examinent et les retirent. Vous devez également en discuter avec lui pour évaluer son ressenti à la vue de ces images. Pensez également à activer le « mode restreint », l'activation de ce paramètre vous permettant d'indiquer que vous ne souhaitez pas voir de contenus potentiellement choquants sur YouTube.

- Expliquez-lui bien que les vidéos postées ne seront plus sa propriété. De ce fait, il peut trouver des contenus diffusés à son insu, sa vie privée sera exposée aux yeux de tous et ne sera pas obligatoirement respectée (utilisation d'images ou de renseignements personnels sans son consentement). Il doit vous en informer, le cas échéant, afin que vous puissiez déposer une plainte pour non-respect de la vie privée.

- Si votre enfant est harcelé sur YouTube, qu'il reçoit des commentaires désobligeants ou des insultes, montrez-lui comment bloquer un utilisateur. Cela lui permettra d'éviter d'être à nouveau la cible d'adolescents peu scrupuleux. Il peut également modérer les commentaires reçus (ou n'apparaissant pas encore) à l'aide d'outils permettant à votre enfant de supprimer les remarques postées sur sa chaîne.

- Vous êtes le garant de son utilisation de YouTube jusqu'à sa majorité. Visitez sa chaîne en lui en parlant au préalable et regardez ce que votre adolescent y poste. Vérifiez également le contenu de ses vidéos favorites et de ses abonnements. Ces mesures vous permettront de juger si les vidéos sont adaptées à son âge.

- Je vous conseille fortement de lire avec votre adolescent le « règlement de la communauté » qui décrit les contenus et les comportements acceptables sur YouTube.

- YouTube est aussi un formidable outil pour partager et communiquer avec votre enfant. Par exemple, vous pouvez lui suggérer de dresser une *playlist* de ses vidéos favorites et en proposer une aussi, afin de les comparer pour partager vos avis et découvrir vos mondes respectifs. Vous pouvez également participer ensemble à des jeux autour de YouTube, comme « Devinez quelle est la vidéo la plus regardée cette semaine ? », ainsi que son pays d'origine, à l'aide de l'outil « recherche avancée ». Cela sera un bon moyen de repérer des vidéos sur l'actualité et d'en débattre avec votre enfant pour qu'il vous révèle ses croyances, ses goûts et donne son opinion.

- Dialoguez avec votre enfant au sujet de la téléréalité tout en ayant le recul nécessaire à une bonne entente. Demandez-lui ce qu'il aime dans ce type d'émission. Aimerait-il vivre des expériences semblables ? Saurait-il vous dire pourquoi ? Mettez l'accent sur le fait que la réalité est très différente de la vision idyllique que l'on veut lui montrer. Testez ses réactions face à l'image que renvoie tel ou tel autre participant. Ne critiquez pas systématiquement, mais donnez votre avis afin de développer l'esprit critique de votre adolescent.

- En ce qui concerne la volonté de votre enfant d'adopter le look d'un de ses héros de la téléréalité, il est normal qu'un adolescent, traversant une période de «quête de soi», par-delà les contraintes familiales et institutionnelles, opte pour des tenues vestimentaires fantaisistes. Vous éprouviez sans doute le même besoin à son âge! Cependant, soyez vigilant et ne lui permettez pas de franchir certaines limites. Il ne doit pas s'habiller de façon indécente. Tout comme il est important qu'il évite les tatouages et les piercings apparents et en nombre important – ceux-ci étant définitifs –; ils risqueraient d'être plus tard un frein à son admission dans un établissement scolaire et/ou à la recherche d'un futur emploi, lors de l'entretien d'embauche.

DEVOIR N° 12

Les conduites addictives : les comprendre, intervenir, prévenir

L'adolescence : une période d'initiation et de tests

L'étape de l'adolescence est propice aux développement des addictions. L'alcool, les drogues diverses, les médicaments ainsi que les jeux vidéo et de hasard peuvent devenir de véritable fléaux pour un adolescent fragile psychologiquement et en plein bouleversement physiologique.

Il est souvent compliqué pour les parents de mesurer le degré d'addiction et de percevoir la réalité de la consommation de substances illicites. Tout parent se doit d'être vigilant. Il est impératif d'agir avant qu'il ne soit trop tard. Pour cela, il est important de connaître ce mal, en constante augmentation auprès des adolescents. S'il vous paraît possible que votre ado soit sous l'influence d'une substance addictive, il conviendrait de distinguer après en avoir parlé avec lui s'il s'agit d'un usage dit « d'essai », ce qui entraînerait la mise en place de sanctions adaptées et un contrôle régulier pour éviter toute récidive, ou s'il s'agit d'un usage abusif, nocif et préjudiciable à la santé, qui constituerait une mise en danger de la vie de l'adolescent et, dans les cas graves, engendrerait une dépendance : « l'addiction ». Cette dernière se caractérise par l'impossibilité répétée de contrôler un comportement. L'adolescent continuera à consommer, en dépit de sa connaissance sur la nocivité, de sa conduite et de ses conséquences néfastes.

Des adolescents vulnérables

L'adolescence est une étape de maturation et d'évolution psychologique complexe, une phase de curiosité, de prise de risques et de défis. Le lien de dépendance aux parents s'estompe. Le jeune développe un niveau élevé d'interactions sociales et recherche de nouvelles expériences, en s'opposant aux règles établies.

C'est principalement à cette période que se fait l'initiation à la consommation de substances psychoactives licites (alcool/tabac), mais aussi de certaines substances illicites (cannabis...). Les ados manifestent des attentes et des motivations très variées et se révèlent peu sensibles à la mise en garde vis-à-vis des risques à long terme, car ils les perçoivent comme des dangers ne les concernant pas vraiment et trop éloignés de leur présent. Un adolescent ne se projette pas vers son avenir !

Une première expérience positive avec des substances psychoactives peut influencer l'évolution de la consommation, favorisant des consommations régulières, puis potentiellement, la survenue d'une dépendance. L'ado est plus réceptif aux substances psychoactives que l'adulte. Si consommer des substances nocives pour la santé présente un risque, le faire tout en étant en plein développement est encore plus dangereux. Les processus de maturation cérébrale (jusqu'à environ 25 ans) lui procurent une plus forte sensibilité aux effets neurotoxiques de l'alcool et du cannabis. Ces effets peuvent toucher le cortex préfrontal qui permet la prise de décision et l'adaptation du comportement à la situation. De plus, la précocité de l'expérimentation et de la consommation accroît les risques de dépendance ultérieure et, plus généralement, de dommages ultérieurs. Malgré l'évolution de la réglementation visant à limiter l'accès des mineurs à ces produits et les campagnes de prévention chocs, les substances psychoactives sont de plus en plus plébiscitées par les adolescents. Parmi les plus courants : l'alcool, bu en soirée pour se désinhiber et déstresser face aux examens (par exemple), est consommé de plus en plus jeune et en grande quantité. J'ai pu, au cours de mes expériences, croiser des enfants ivres à 12 ans ! Ces cas d'alcoolisation ponctuelle tendent à se développer chez les adolescents. Certains associent même régulièrement la consommation de plusieurs substances différentes, telles que le tabac, l'alcool et le cannabis.

Le cannabis : un doux fléau

Depuis quelques années, on assiste à une banalisation de la consommation de cannabis. En effet, selon l'Inserm, dès l'âge de 16 ans, 48 % des garçons et 41 % des filles auraient déjà consommé du cannabis, parmi lesquels, 16 % en consommeraient régulièrement. Ces drogues « à la mode » – jugées à tort sans danger par certaines personnes car dites « douces » – peuvent causer, en fait, d'importants dommages au cerveau des ados. L'usage de cette drogue peut aller jusqu'à affecter le développement et la santé mentale des adolescents. Au regard de ces constatations, il convient d'être vigilant et d'agir rapidement au moindre signe d'alerte, car comme nous l'avons vu au cours de ce guide, l'ado anxieux par la perspective d'un avenir incertain (l'inconnu fait peur !) préfère fuir la réalité que de l'affronter, mais il aime aussi se faire peur en n'hésitant pas à se mettre en danger. La drogue peut représenter à ses yeux un moyen d'arriver à ses fins et lui permettre de surcroît d'expérimenter l'interdit imposé par les adultes, ce qu'il appréciera encore davantage, trouvant sa conduite encore plus « ***fun*** ».

Les ados aiment se réfugier dans la marijuana, et ce, de plus en plus jeunes, il n'est donc pas rare de voir des collégiens en consommer dès l'âge de 12 ans ! La maturation du cerveau d'un être humain ne s'achevant qu'aux alentours de l'âge de 23 ans, la vigilance et la présence des parents est déterminante pour aider et accompagner l'adolescent, car à défaut, une prise régulière entraînerait des conséquences graves. Sans tomber dans la psychose, certains signes peuvent vous alerter en ce qui concerne une éventuelle addiction. Si votre ado semble démotivé pour pratiquer ses activités scolaires (résultats en baisse, absentéisme récurrent…) ou ses pratiques périscolaires et de loisir (abandon d'un sport qu'il affectionnait particulièrement…), s'il demande de l'argent de poche plus fréquemment ou des sommes plus importantes, ou encore s'il vous informe de son désir de s'en procurer, entamez une discussion afin qu'il se livre davantage, pour que vous puissiez évaluer l'ampleur du problème et agir en conséquence. S'il a consommé du cannabis occasionnellement, ne paniquez pas, mais ne l'acceptez pas non plus. Même si votre ado vous promet qu'il n'a fumé qu'un « joint », ce n'est pas un geste anodin et admissible, car il peut se reproduire. Pour éviter que cette recherche de sensation forte et nouvelle ne devienne une habitude et, par la suite, un besoin, adoptez au plus vite la bonne attitude afin de lui permettre d'échapper à la dépendance. Parlez à votre ado du cannabis sans employer un ton accusateur ou des propos culpabilisants, dressez avec lui un bilan sous la forme d'une fiche d'observations générales pour évaluer son comportement, ses réussites, ses difficultés que vous avez pu constater, et demandez-lui franchement, de façon formelle, en la présence de votre conjoint (si possible, même si vous êtes séparés !), s'il fume ou pas. Cette approche montrera à votre enfant que vous n'êtes pas dupe, que cela vous importe, et il comprendra ainsi qu'il s'agit d'un sujet sérieux à ne pas prendre à la légère. Dans la plupart des cas, et d'après mon expérience auprès de jeunes, le déni est la réaction la plus fréquente. Si votre ado réfute vos allégations, dites-lui qu'il est de votre devoir de le protéger en vous assurant qu'il dit vrai, et pour cela, vous devrez rencontrer ses copains, ses professeurs ainsi que toutes personnes de confiance susceptibles de le connaître en dehors du foyer. Vous insisterez sur le fait que vous restez à son écoute et que vous préférez discuter plutôt qu'imposer. Il devra néanmoins accepter de se soumettre à un test urinaire qui, s'il se révèle positif, nécessitera une nouvelle mise au point. Argumentez la légitimité du test avec de réelles constatations faites auprès d'ados telles qu'une déscolarisation possible et la perte courante de toute motivation pour apprécier ce que la vie nous offre…

Il existe chez les ados une deuxième façon de réagir, beaucoup plus rare et inverse à la précédente, à savoir l'ado qui acquiesce et assume le fait de consommer. Ce qui peut en premier lieu paraître comme une provocation pour les parents se trouve être en réalité une réponse positive, car cela prouve qu'il est ouvert au dialogue, que vous pouvez en profiter pour lui poser les questions essentielles telles que son rythme de consommation, la quantité prise et le moment où il a commencé, et de plus, ses réponses orienteront et faciliteront votre prise en charge. Les pratiques dites « occasionnelles » sont à prendre au sérieux, surtout s'il est jeune (âgé de moins de 16 ans). Il est impératif de le contraindre à ne pas recommencer, en lui expliquant les risques et les sanctions encourus en cas de récidive. S'il consomme de façon régulière, demandez-lui ce qu'il ressent et la raison de ce besoin, expliquez-lui que ce n'est pas normal de prendre cette substance et emmenez-le chez un médecin. Si, malgré les précautions prises et votre sollicitude à son égard, les problèmes persistent, prenez un rendez-vous chez un médecin spécialiste des adolescents ; cela peut être son médecin traitant en qui il a confiance et qui le connaît bien, un addictologue, un pédopsychiatre ou un psychiatre. Car lui seul sera à même de vous informer sur la nature du traitement adéquat et de lui prescrire un antidépresseur comme solution à son addiction, s'il le juge nécessaire.

La mixture magique qui révèle les ados

L'adolescence est la période de la vie la plus propice au doute et aux questionnements intérieurs incessants et souvent angoissants. Qui ne s'est pas demandé un jour: ***«Suis-je séduisant? Suis-je capable de? ...»*** Nous avons tous, plus ou moins, connu ces moments où nous ne nous sentions pas à la hauteur pour affronter le regard des autres. De nos jours, de nombreux ados croient avoir trouvé un nouveau refuge qu'ils appellent «la défonce», et pourtant ce n'est qu'une illusion, un pansement sur une jambe de bois, mais ils veulent y croire et glissent peu à peu vers une descente aux enfers, alors qu'ils ne rêvent qu'au bonheur.

Cette pratique à la mode est appelée le ***binge drinking*** – qui vient du langage familier anglais, signifiant le «cirque de boissons» (l'équivalent de «boire de façon folle»). Cette nouvelle addiction grisante représente un réel danger en induisant une banalisation de la consommation d'alcool et peut conduire à l'alcoolisme. Les ados adoptent un rituel plutôt étonnant et dangereux lors de leurs sorties, ils commencent par un ***before*** (signifiant en anglais «avant»), une sorte de présoirée, l'objectif étant de se préparer, de se détendre et de se désinhiber pour pouvoir se sentir capables d'être eux-mêmes, l'alcool aidant, et après avoir ingéré de fortes doses (souvent des bières ou de la vodka). Le défi de celui qui consommera la plus grande quantité d'alcool en un temps record peut alors débuter. Ce prélude à toute bonne soirée laisse les jeunes suffisamment éméchés pour éprouver une sensation de bien-être et de gaieté. La soirée en «club» – formule très prisée des ados – représente le moment idéal où «boire» est obligatoirement synonyme d'«amusement». Ils oublient ainsi leur timidité, les soucis de la vie quotidienne et aussi, malheureusement, les recommandations parentales. Les ados, contrairement aux adultes, ne recherchent pas, en buvant, le plaisir gustatif et n'apprécient pas le goût de l'alcool, qu'ils boivent souvent accompagné de fortes quantités de soda (Redbull, Coca...) ou en prémix (alcools mélangés à l'avance), ***alcopops*** (***alco***, abréviation du mot « alcool » et ***pops*** qui signifie « sodas », en anglais) ou encore « malternatives » (bières aromatisées). La plus vendue de toutes ces boissons est la Smirnoff Ice, un alcopop qui est un mélange de vodka au citron sucré et de bière. Cette boisson est particulièrement dangereuse, car elle contient un degré d'alcool de 5 % et attire les jeunes par son design moderne et ses couleurs « ***flashy*** ». Son goût pétillant et acidulé cache la saveur de l'alcool et permet aux jeunes de ne pas se rendre compte qu'ils consomment néanmoins de l'alcool. L'intérêt que portent les ados (plus spécialement, les filles) à cette sorte de boisson tient aussi du fait qu'elle est également facile à transporter (dans une poche ou dans un sac) et, de plus, sa faible teneur en alcool (mais néanmoins réelle !) ne suscite pas la vigilance des commerçants qui ne demandent que très rarement une preuve de l'âge légal des acheteurs. Sous l'influence des alcopops, les ados sont désinhibés et libérés de leur sensation de mal-être. De plus, l'effet tranquillisant de ces mixtures modifie leur champ de perception, rendant les uns invincibles, pouvant causer dans certains cas des drames (accidents de la route et en tous genres, bagarres qui dégénèrent, dégradation de biens…), et les autres, plus libres et mieux dans leur peau, prêts à tous les excès, se comportant de manière indécente et incitant à un comportement déviant à leur égard.

Des parents trop compréhensifs

L'alcool fait partie de notre quotidien et revêt un aspect culturel et festif. Contrairement aux drogues comme le cannabis, la méfiance des parents vis-à-vis de l'alcool est souvent moindre, car il est considéré comme un produit familier (puisque légal). À l'adolescence, le modèle parental est essentiel, pourtant, beaucoup de parents s'alcoolisent lors de fêtes à la maison, et de ce fait, les ados ont une première approche avec le produit et le perçoivent comme un moyen de s'amuser comme les adultes. Les parents réagissent souvent peu et de manière légère à la première cuite de leur ado, car ils y voient un passage normal à l'âge adulte, une situation qu'ils ont eux-mêmes déjà vécue. Pourtant, cette définition de « rite initiatique » quand on parle d'alcoolisation est erronée, car il s'agit bien là d'une forme de toxicomanie. Nous sommes bien loin du désir de piercings, du rejet de l'autorité ou de tout autre acte aidant l'ado à s'affirmer. La consommation de drogue ou d'alcool, même occasionnelle, doit vous alerter, car cela peut-être le signe d'un profond mal-être (ce que l'adulte ne comprend pas toujours), comme l'envie de rester dans l'enfance, de fuir la réalité ou de refuser de grandir par crainte de ne pouvoir assumer sa vie dans le monde des « grands ». L'usage de ces substances peut masquer également de nombreux maux. S'y intéresser et contrôler sa consommation, c'est aussi accepter de remettre en cause votre rapport à l'alcool. Même si tous les ados qui pratiquent « la défonce » le week-end ne sont pas des alcooliques en devenir, ils peuvent néanmoins développer une fragilité quant à leur résistance à lutter contre la prise d'une drogue. Chaque ado a sa propre sensibilité et son propre seuil de tolérance face à l'attrait que représente l'expérimentation d'un produit dont il a entendu parler (à plus forte raison, s'il est interdit !).

Le cercle familial et tout particulièrement les parents aiment leurs enfants, mais en raison de leur propre enfance ou d'une sorte de pudeur extrême, ils ne parviennent pas ou n'osent pas leur dire qu'ils les aiment. Or un enfant a un besoin vital de se l'entendre dire et d'en être sûr. Ce n'est qu'ainsi qu'il pourra s'aimer lui-même et aimer les autres. Il y a donc des millions de parents qui ne savent pas exprimer leur amour à leurs enfants. Quel dommage ! Quel gâchis ! Car tout va bien mieux en le disant. En effet, l'amour et la confiance sont les deux carburants essentiels à l'adolescent pour parvenir à trouver sa stature d'adulte, et en plus, ils influencent d'une manière positive son comportement futur. L'alcoolisme des jeunes est parfois lié à ce qu'ils vivent au quotidien au sein de leur famille. L'ado ressent le besoin de s'identifier à l'adulte référent, c'est-à-dire de le prendre comme modèle et d'intégrer des éléments de ce modèle à sa propre personnalité (à soi). Donc, quand un des parents présente une addiction à l'alcool, il risque inconsciemment de reproduire le schéma addictif, si l'un d'eux a connu ce problème dans le passé ou le vit encore. Si tel est le cas, il vous faudra être d'autant plus vigilant.

Des facteurs associés aux usages problématiques

En tant que parent, il est légitime de s'inquiéter quand votre ado anesthésie sa capacité à penser et à raisonner à l'aide de substances dangereuses pour sa santé. En effet, les facteurs psychologiques (mauvaise estime de soi, manque de confiance en soi…), socio-économiques, scolaires (parcours scolaire perturbé) et familiaux (transmission intergénérationnelle des conduites addictives) concourent aux usages problématiques des substances ou aux pratiques aboutissant à des conduites addictives. Alors que les adolescents issus de milieux favorisés ont des niveaux d'expérimentation plus élevés, les jeunes issus de milieux sociaux défavorisés, ou qui ont des difficultés scolaires, risquent davantage de s'engager dans une consommation régulière excessive de tabac, d'alcool ou de cannabis. De même, les jeunes dont les parents présentent des conduites addictives ont un risque majoré de consommation régulière ou excessive. Les enfants de fumeurs sont deux fois plus souvent eux-mêmes des fumeurs. Les enfants de consommateurs excessifs d'alcool sont deux fois plus souvent à même de devenir, eux aussi, des consommateurs réguliers d'alcool. Il en est de même au sujet de la pratique des jeux de hasard et d'argent.

Les produits consommés par les ados et leurs effets néfastes

L'alcool

J'ai pu constater une consommation dès l'âge de 11 ans. On distingue les usages réguliers (au moins dix fois par mois) qui arrivent dès la fin du collège et les usages occasionnels à vocation d'expérimentation. L'ivresse alcoolique est une expérience vécue par certains dès le collège. Les ados s'initient souvent à cette consommation lors de jeux comme « la biture express » ***(binge drinking)*** qui est une manière de boire des alcools forts en un laps de temps très court, afin de ressentir rapidement l'ivresse. Les conséquences peuvent être dramatiques : il peut s'ensuivre des comas éthyliques et des séquelles graves. Ce jeu peut s'avérer mortel. La consommation d'alcool chez l'adolescent, et notamment l'intoxication massive, exerce des effets neurotoxiques plus prononcés sur le cerveau, au niveau structural, sur le fait de générer de nouveaux neurones et sur leur bon fonctionnement. Cela se traduit par une plus grande interférence avec les fonctions cognitives (apprentissage, mémoire).

Les jeunes sont moins sensibles aux effets négatifs de l'alcool (hypnose, hypothermie, incoordination motrice...), mais plus réceptifs aux effets ressentis comme « positifs » (désinhibition, facilitation des interactions sociales, sensation de puissance...).

Le tabac

Le tabac est le premier produit psychoactif consommé quotidiennement à l'adolescence. Outre le risque élevé de dépendance, le tabac entraîne de nombreuses conséquences sanitaires à long terme, bien connues (pathologies respiratoires, cardio-vasculaires, cancers…).

Le cannabis

En France, le cannabis est le premier produit psychoactif illicite le plus consommé à l'adolescence. La consommation de marijuana, jeune, entraîne une altération des facultés intellectuelles à l'âge adulte. Dans les heures qui suivent l'usage de cannabis, les troubles cognitifs observés concernent l'attention, le temps de réaction, la mémoire et les fonctions exécutives. Il existe par ailleurs une corrélation significative entre l'usage et divers « passages à l'acte » (tentatives de suicide, boulimie, comportements sexuels à risques…) dus à la levée de l'inhibition comportementale. Ces troubles cognitifs peuvent persister y compris après un sevrage, en particulier si la consommation a débuté avant l'âge de 15 ans.

La consommation régulière de cannabis a des effets à long terme qui peuvent altérer les résultats scolaires et les relations interpersonnelles. La fumée absorbée contient des substances cancérigènes et est extrêmement toxique, aussi bien au niveau respiratoire que cardio-vasculaire. Chez les jeunes filles, cette drogue amplifie les effets secondaires de la pilule contraceptive et peut provoquer la formation de caillots de sang. Enfin, l'usage de cannabis peut également précipiter la survenue de troubles psychiatriques (troubles anxieux, troubles dépressifs, symptômes psychotiques et schizophrénie) chez l'adolescent.

Les médicaments psychotropes

Les médicaments psychotropes les plus fréquemment expérimentés sont les anxiolytiques, les somnifères, puis les antidépresseurs. Ils peuvent entraîner une dépendance et un effet contraire à celui escompté, par exemple : une dépression et des troubles physiques, comme l'hyperglycémie, le diabète et une prise de poids importante.

Les boissons énergisantes et prémix

Les boissons énergisantes sont consommées seules ou mélangées à de l'alcool – à l'instar des prémix (ou alcopops), mélanges de sodas et d'alcools forts (entre 5 et 8°). L'engouement des jeunes, notamment des filles, pour ce type de boissons très sucrées est en constante augmentation. Cette pratique augmente les effets de l'alcool, et notamment le risque de rapports sexuels non protégés.

La pratique des jeux vidéo et l'Internet

Une pratique abusive et excessive des jeux vidéo et d'Internet engendre une dépendance.

Alors que les jeux vidéo peuvent présenter des aspects positifs, notamment sur le développement des fonctions cognitives et spatiales, ils peuvent aussi entraîner une perte de contrôle et un comportement problématique. L'usage des jeux vidéo de manière exagérée entraîne des symptômes de manque, de conflit avec les proches ou soi-même et de modification de l'humeur...

Au-delà du temps passé qui s'avère parfois très long, des problèmes d'ordre psychique et somatique peuvent survenir en cas d'usage excessif : troubles du sommeil, irritabilité, tristesse, anxiété, isolement, baisse des performances scolaires et difficultés rencontrées avec les parents… Une pratique problématique des jeux vidéo peut favoriser l'usage de substances (tabac, cannabis, alcool, boissons énergisantes…) et augmenter le risque de sédentarité et de surpoids.

La pratique des jeux de hasard et d'argent

L'initiation a lieu le plus souvent à l'adolescence (voire au début de l'adolescence) et généralement dans le cercle familial. Les adolescents jouent principalement à des jeux de grattage et de tirage achetés dans un bureau de tabac. La possibilité de jouer en ligne est particulièrement attractive pour les jeunes, même mineurs.

Si la dérive addictive liée à la pratique des jeux n'entraîne pas directement de dommages physiques, elle peut avoir des conséquences négatives : usage de substances psychoactives, symptômes dépressifs et anxieux, risque suicidaire, pertes financières, diminution des performances scolaires, activités délictueuses…

Retours d'expérience

Les jeux vidéo

Le jour de la Fête de la musique, j'ai organisé un spectacle avec l'aide de jeunes volontaires. Parmi le groupe, je remarquai un adolescent qui, malgré son désir d'aider, présentait une extrême nervosité et une grande timidité. Peu enclin à communiquer, il demeurait trop discret et renfermé sur lui-même. Son attitude m'interpella, aussi décidai-je de me renseigner à son sujet. J'appris qu'il subissait continuellement des moqueries de la part d'autres jeunes. Son aspect physique jouait contre lui. Mal lavé, vêtu sans soin et présentant un caractère difficile, il se révélait être la proie idéale face aux sarcasmes de ses camarades. Pensant qu'il vivait dans une famille en difficulté financière, je pris rendez-vous avec une assistante sociale. Celle-ci m'informa le lendemain que le jeune était absent et qu'elle ne parvenait pas à joindre les parents. Il réapparut néanmoins le jour de la représentation. Quand je le questionnai sur son absence, il me répondit : « Je suis pété de thunes et j'ai joué en ligne toute la nuit ! » Une semaine s'écoula avant que je puisse joindre ses parents. Ceux-ci travaillaient tous deux dans le commerce international et laissaient parfois leur fils seul à la maison une semaine entière. L'adolescent, alors livré à lui-même, se réfugiait dans un jeu en ligne : ***Dofus***. Les parents ne mesuraient pas le danger lié à son addiction à ce jeu. Ils se préoccupaient uniquement des résultats scolaires de leur fils, qui restaient corrects, et ne s'inquiétaient pas de la façon de vivre de leur enfant. Pourtant, le jeune garçon ne dormait que quatre à cinq heures par nuit, se nourrissait mal et ne se souciait aucunement de son hygiène et de son apparence. Pendant la journée, il était sujet à des sautes d'humeur constantes. Petit à petit, il s'était totalement désocialisé. Je devais absolument l'expliquer aux parents. Trois semaines s'écoulèrent avant que je parvienne à les rencontrer. Un jeune anciennement « ***addict*** » des jeux en ligne accepta de m'y accompagner. Nous nous étions installés dans le bureau du principal du lycée. La conversation à peine entamée, le jeune garçon fondit en larmes en écoutant le récit du jeune sur les problèmes engendrés par son ancienne addiction. Il verbalisa enfin son mal-être à ses parents. À l'issue de ce rendez-vous, les parents, alertés par la nocivité de la pratique sans aucun contrôle de certains jeux vidéo, décidèrent de consulter un addictologue. Il fallut une année entière pour que l'adolescent retrouve une vie sociale normale et saine. Il apprit à jouer en ligne de façon modérée. La pratique d'autres activités, notamment le théâtre, l'aida beaucoup dans son processus de resocialisation.

Le cannabis

Un jour, des parents me contactèrent en privé pour rencontrer leur adolescent qui développait une phobie scolaire. Ils souhaitaient que je m'entretienne avec lui afin de comprendre les raisons de ce traumatisme. J'acceptai et me rendis à leur domicile, où le jeune m'accueillit cordialement. Il portait sur le visage les stigmates d'une très grande fatigue. Il éludait certaines de mes questions et répondait à d'autres de manière laconique. Parfois, il acquiesçait par un « mouais » ou un « je sais », ou encore, il utilisait l'expression « je suis mort », qui me mettait mal à l'aise. Son rejet de l'école relevait, d'après moi, de la pathologie. Il se disait trop fatigué, car il ne s'endormait pas avant 4 heures du matin dans le meilleur des cas. J'en discutai avec les parents, après mon intervention auprès de leur fils et leur proposai de devenir son coach sportif pour le sortir de sa léthargie. Je le suivis durant trois semaines au rythme de quatre fois par semaine. Il se montra volontaire et appliqué, ce qui engendra une nouvelle relation entre nous. Un jour, il se confia en m'expliquant qu'il était « en galère de thunes ». J'engageai donc une conversation pour en savoir davantage.

« Pourquoi ?

— Bah... Mes parents ne me donnent que 50 € chacun par mois !

Cela me paraissait une somme plus que correcte au regard de ses 14 ans. Je répliquai donc :

— Que fais-tu avec cet argent ?

Il me répondit :

— Ben… je m'achète des "trucs", genre kebabs… »

Sa réponse fut loin de me convaincre. Je pris donc un rendez-vous avec ses parents et leur exprimai mon doute :

« J'ai bien peur que votre fils se drogue.

Puis je leur expliquai comment j'en étais arrivé à cette conclusion. Leur réaction première fut la surprise, et ils argumentèrent en disant qu'il leur semblait impossible que leur « bébé » consomme du cannabis ! Les questions fusèrent comme s'ils avaient voulu me gifler, tant je leur faisais mal.

— Comment en achète-t-il, et où ?

Une avalanche de questions flottait dans l'air et retombait sur la table en suivant le sillon laissé par les larmes de la mère qui n'avait pas pris le soin de les essuyer. Elle réprima un hoquet et d'un geste brusque se leva, laissant choir lourdement sa chaise sur le sol carrelé. Elle criait à présent et déversait sa colère sur son ex-mari qui lui n'avait pas bougé d'un pouce et semblait prostré, le regard figé sur ses doigts qui pianotaient nerveusement sur le bois clair.

— Je suis persuadée que c'est chez toi qu'il fume, tu es bien trop laxiste, voilà le résultat !

Le père ne réagissait toujours pas, continuant à marteler la table, le regard fixé sur un point que lui seul pouvait voir, tel un lapin aveuglé par les phares d'une voiture… La nervosité de la mère était palpable, les mèches de ses cheveux collaient à son front luisant de sueur, pareilles à des algues échouées sur une plage à marée basse. Sa voix montait dans les aigus et me vrillait le tympan. Elle ponctuait chacun de ses mots d'un cri étouffé. Elle criait le nom de son fils dans l'espoir qu'il vienne lui souffler à l'oreille qu'elle avait fait un cauchemar, que rien de tout cela n'était réel…

— Tu fumes ?

L'ado se taisait, effrayé de voir sa mère aussi bouleversée.

— Ne me mens pas ! C'est quoi, ce bordel ?

À la surprise générale, il lui répondit très calmement, comme s'il s'agissait d'une évidence :

— Bah… oui ! »

Le teint rosâtre de la mère passa au rouge vif, sa bouche ouverte déversa un flot de mots injurieux, sa main droite traça dans l'air un arc de cercle comme pour frapper son fils, mais retomba inerte le long de son corps, sans l'avoir atteint. C'est à ce moment précis que je décidai d'intervenir. Je conduisis le jeune dans une autre pièce, pour retrouver un peu de calme, nécessaire à une discussion constructive. Il m'apprit qu'il fumait jusqu'à six joints par jour et qu'il revendait des vêtements ou d'autres objets pour s'en acheter. Il me confia ne plus pouvoir dormir quand il n'en fumait pas. Une ambiance plus sereine s'étant installée à nouveau, je réunis la famille pour aborder le sujet, en me positionnant comme médiateur. Ce ne fut pas facile d'employer le terme « addiction » tant ils se refusaient de l'entendre et encore moins de l'admettre ! Il me fallut également expliquer aux parents leur rôle respectif de soutien et de contrôle et les convaincre d'assumer leur fonction jusqu'au bout. Certes, ils s'étaient voilé la face depuis trop longtemps et le réveil était brutal, mais ils devaient se battre pour et avec leur fils, car il avait plus que jamais besoin d'eux. Ils entamèrent une démarche auprès d'un addictologue pour qu'il reçoive des soins et les médicaments nécessaires à sa guérison. Tout cela prit du temps : il mit plus d'un an à retrouver le sommeil et environ six mois à suivre à nouveau une scolarité normale. Si le parcours fut long et difficile – car une telle addiction à ce jeune âge est réellement destructrice et se traite sur le long terme –, cela en valut néanmoins la peine, car redonner le goût de vivre et montrer le chemin à suivre à un jeune égaré reste la plus belle des récompenses pour un éducateur.

L'alcool

Une personne me contacta au sujet de son ado, car elle souhaitait que je le rencontre afin de le persuader et de l'aider à se soigner pour sortir de son addiction à l'alcool. La famille habitait dans une maison assez vétuste. L'adolescent vivait reclus, au rez-de-chaussée, dans une sorte de cagibi sans fenêtre qui comprenait pour seul mobilier un lit de camp et une télévision. La lumière du jour n'entrait pas dans la pièce, ce qui donnait une impression de confinement. On ne pouvait lui donner d'âge tant son apparence laissait transparaître un mode de vie proche d'un détenu dans une prison. La pièce sentait la sueur et la saleté, et une odeur âcre nous piquait le nez. Le jeune ne se lavait pas ou peu et ne se nourrissait presque plus. Il occupait ses journées et ses nuits en regardant la télé et en buvant. L'atmosphère qui régnait dans cette pièce devenait irrespirable, mais il ne semblait pas s'en soucier. Je lui proposai donc de monter avec moi. Ce ne fut pas chose aisée de le convaincre, mais il finit par céder. À la lumière du jour, son visage mal rasé m'apparut blafard et légèrement jaunâtre, ses yeux profondément enfoncés dans ses orbites étaient cernés et injectés de sang. Je compris vite qu'il était en danger et qu'il n'accordait plus aucun intérêt à la vie. Heureusement, ce jour-là, il était peu alcoolisé, ce qui allait faciliter notre échange. Après avoir fait les présentations, je commençai à lui exposer mon opinion sur sa façon de vivre, en prenant soin de ne pas l'accabler et en minimisant ses actes tout en l'encourageant à me laisser l'accompagner chez un médecin. Bien que touché par ma proposition, il déclina mon offre. Il me confia qu'il regardait mes émissions et qu'il appréciait ma personnalité et ma manière de m'adresser aux jeunes pour les aider à régler leurs problèmes. Je partis plus confiant en lui promettant de revenir le voir. Je tins ma promesse et vins le voir souvent.

Petit à petit, je le mis au défi de diminuer sa consommation d'alcool. Je m'aperçus, au fil du temps, du rituel établi par sa mère, et cela me fit l'effet d'un électrochoc. Avant de partir à son travail, sa mère lui déposait en haut des marches un sac contenant une bouteille de vin qu'elle récupérait vide pendant sa pause déjeuner et la remplaçait par un pack de bière en repartant. Ce curieux et très dérangeant rituel me choquait et me laissait mal à l'aise, car cela ressemblait à la façon dont on s'occupe de certains animaux dangereux que l'on ne pouvait approcher, ou bien encore, à la manière dont on sert un prisonnier dans un quartier de haute sécurité à qui l'on ne permet ni de sortir, ni de communiquer. J'appris que lorsque l'ado s'était alcoolisé, il devenait violent envers sa mère. Je devais créer un climat de confiance pour qu'il m'accepte comme interlocuteur, et cela au plus vite, car la situation était très préoccupante. Plusieurs semaines passèrent avant que sa mère n'arrive à se confier. Elle me parla de son fils et de l'effet ressenti quand il buvait. Elle m'expliqua ses sensations avec beaucoup de précision, ce qui laissait à penser soit qu'elle-même connaissait l'effet que produisait la consommation d'alcool à haute dose, soit qu'elle habitait le corps de son fils comme dans ces films horrifiants, où seul un exorciste peut y remédier. La première solution était bien sûr la seule plausible. Ce qui m'incita à l'interroger avec le plus de tact possible pour ne pas la froisser :

« Puis-je me permettre de vous poser une question indiscrète ?

Elle rougit légèrement, baissa les yeux et acquiesça d'un signe de tête.

— Vous buvez ?

Sa réponse fusa, tel un cri de frayeur :

— Oh non ! Il y a bien longtemps que j'ai arrêté ! Tout cela est terminé maintenant !

— Vous voulez bien m'en dire davantage ?

— Hum... J'étais alcoolique étant jeune... J'ai bu pendant longtemps, et mon fils en a beaucoup souffert. Ce dont je ne suis pas très fière... Et cela me fait d'autant plus mal de le voir, lui aussi, se mettre dans cet état.

— Je parlerai à votre fils, et nous essaierons de trouver une solution ensemble. »

Le lendemain, je frappai à sa porte, espérant le faire sortir de sa tanière. La porte s'ouvrit lentement, et une tête aux cheveux hirsutes et aux yeux vitreux apparut dans l'interstice. Une voix rocailleuse m'interpella :

« Quoi ?

— Je voulais juste que tu saches que ta mère a vécu ce que tu vis aujourd'hui, quand elle était jeune.

— J'ai pas envie d'en parler !

— Pourtant, je pense que nous devrions... »

Le jeune homme de 20 ans qui se trouvait devant moi se métamorphosa alors en un ouragan détruisant tout sur son passage. Les objets à sa portée se fracassaient contre les murs, ses bras faisaient des moulinets comme pour chasser le démon qui le retenait prisonnier, les mots d'injure se cognaient aux murs pour mieux rebondir, telles des balles de tennis sur la terre battue. Toute sa colère contenue remontait à la surface, il était devenu incontrôlable. Puis soudainement, il s'écroula sur le sol, telle une poupée de chiffon délaissée par un enfant, et ses larmes coulèrent enfin. Il sanglotait, recroquevillé sur lui-même, et rien ne semblait pouvoir le calmer. À partir de ce jour, je réussis à créer des liens avec lui et à lui expliquer, à l'aide de sa maman, les étapes qu'elle avait traversées et la raison de son ancienne addiction. Deux mois passèrent, avant de les rassembler pour qu'ils se parlent. Puis, petit à petit, le fils accepta de sortir avec moi à l'extérieur. Un jour, au détour d'une rue, il remarqua la plaque d'un médecin.

« Tu veux bien m'y accompagner ?

— Bien sûr, avec plaisir ! »

Le médecin accepta de nous recevoir et se montra très compréhensif. Il proposa au jeune homme de mettre en place un programme de soins. Une cure lui fut prescrite, dont il revint transformé. Aujourd'hui, il est guéri de son addiction et a repris une vie normale. Son histoire reste à ce jour mon expérience la plus difficile mais aussi la plus touchante.

Les conseils de Pascal

- Dès qu'il y a une addiction, il y a une souffrance. Dès l'apparition d'un changement de comportement, les parents doivent s'interroger. Les jeux vidéo peuvent être une addiction, au même titre que l'alcool ou le cannabis, donc restez vigilant !

- Pour répondre à un adolescent « en addiction », la cohésion familiale (l'entente entre les parents et les enfants, la connaissance des parents de l'entourage du jeune et des activités de leurs enfants) est la meilleure alliée.

- En tant que parent, votre devoir est d'établir une relation structurée et « structurante » avec votre ado, afin de prévenir les dangers et surtout, d'imposer vos règles qui le protégeront.

- Réagissez en adulte et éliminez les menaces enfantines telles que « Tu seras privé de sortie ! » ou encore « Si tu continues, nous serons dans l'obligation de t'inscrire dans un internat ! » Quand on est face à un problème d'addiction, un seul mot d'ordre : « Il faut que l'on parle ! »

- La meilleure attitude pour aborder cette difficulté est d'user de diplomatie : un peu de proximité (mais pas trop, car vous perdriez votre autorité !) et un peu d'autorité (mais pas trop, car vous risqueriez de rompre le dialogue !).

- Commencez par énoncer calmement votre désaccord par rapport au choix de votre ado, et s'il ne mesure pas les conséquences et la dangerosité de ses actes, vous lui expliquerez en vous appuyant sur des données scientifiques que la consommation de cannabis peut entraîner une baisse irréversible du quotient intellectuel (QI) allant jusqu'à 8 points ! Ce qui nuirait à sa scolarité, détruirait ses rêves, ses désirs et tous ses projets, cela avant même de pouvoir les réaliser. Au cours de votre échange, utilisez des mots qui sont lourds de sens pour lui montrer à quel point ce sujet revêt de l'importance par les conséquences désastreuses que cette prise de risques entraîne.

- N'oubliez pas de lui préciser les conséquences pénales auxquelles il s'expose, et de lui rappeler qu'en fumant du cannabis, il engage non seulement ses parents dans l'engrenage de la justice, mais aussi lui-même. En effet, la législation française interdit et pénalise l'usage illicite de toute substance classée comme stupéfiant. La peine encourue peut aller jusqu'à un an de prison et 3 750 € d'amende. Indiquez-lui qu'à partir de l'âge de 13 ans, l'État considère qu'il est capable de discernement, et de ce fait, il est pénalement responsable des délits dont il est reconnu coupable.

- Si votre ado laisse délibérément traîner des bouteilles vides ou une barrette de shit ou encore allume son joint devant vous, réagissez immédiatement, car en vous provoquant, il attend une réaction de votre part. Bien qu'il ne soit pas souhaitable d'agir comme si de rien n'était, il ne faut pas pour autant réagir instinctivement, mais se donner le temps de la réflexion. Demandez-lui franchement ce qu'il cherche en agissant ainsi et proposez-lui d'en discuter. Si l'affrontement paraît inévitable, faites intervenir un tiers que vous connaissez comme étant une personne qui a un impact positif sur lui. Verbalisez votre désaccord le plus total avec sa pratique, et si vous ne trouvez pas d'issue, peut-être s'agit-il d'un conflit plus global et non d'un appel au secours de sa part, dans ce cas, une thérapie familiale sera à envisager pour le comprendre et le résoudre.

- Si vous avez fumé ou bu de l'alcool étant jeune, et que votre ado le sait, expliquez-lui les mésaventures désagréables que vous a occasionnées cette habitude, et dites-lui que vous ne souhaitez surtout pas qu'il reproduise, sans pour autant utiliser la formule «Ne fais pas comme moi», car elle aurait l'effet contraire de celui escompté. En ce qui concerne la consommation de cannabis, appuyez-vous sur des faits scientifiquement prouvés, tels que la teneur en THC (le tétrahydrocannabinol) qui constitue le principe actif du cannabis actuel alors qu'il est hautement nocif pour la santé et dont le taux est à peu près dix fois plus élevé qu'il y a une vingtaine d'années, donc beaucoup plus chimique et trafiqué (pour rendre le commerce plus lucratif) et plus répandu, mais aussi bien plus dangereux qu'à votre époque.

- Ne fumez et ne buvez surtout pas avec lui, en pensant que cela vous aiderait à contrôler sa consommation. En agissant de la sorte, vous entraînerez votre ado dans votre dépendance, ce qui légitimera à ses yeux sa consommation et le confortera dans l'idée qu'il est normal de consommer, que cela a peu de conséquences puisque vous avez la même habitude et que vous allez bien! Votre adolescent, fort de cette expérience, continuera à fumer sans vous et sans se limiter, puisqu'il aura l'impression d'avoir votre assentiment, et cela pourrait l'amener à augmenter les doses consommées.

- Soyez vigilant! N'agissez pas dans l'urgence! Ne fouillez pas sa chambre, car il pourrait vous surprendre et considérer votre façon de faire comme de la trahison. Ne le suivez pas et n'essayez pas non plus de le piéger. Sa réaction serait de transgresser davantage les règles pour se venger de votre attitude qu'il jugerait injuste et inacceptable (à juste titre!).

- Agissez dès les premiers signes! L'intervention précoce permet de ne pas laisser s'installer les comportements à risque; les stratégies de réduction des risques visent à réduire les dommages sans rechercher l'abstinence.

- Aidez-le (et/ou faites-vous aider) à réduire sa consommation afin de l'amener vers un sevrage.

Quelques alliés

- Les Consultations jeunes consommateurs (CJC) sont des lieux d'accueil et de prise en charge dédiés aux jeunes usagers de substances psychoactives.

- Les interventions d'aide à distance (ordinateur ou téléphone mobile) comme Drogues info service (n° de tél. : 0800231313, site internet : http://www.drogues-infos-service.fr

  ou Écoute cannabis (n° de tél. : 0980980940), et également Inter service parents (n° de tél. : 0144934493).

- Les campagnes dans les médias (notamment pour la réduction de la consommation du tabac). Les soins résidentiels, qui incluent les hospitalisations longues et les post-cures, permettent une évaluation et un suivi global de l'adolescent pour le sortir d'une addiction et l'aider à la réinsertion scolaire ou professionnelle.

- N'oubliez pas que les adolescents demeurent très sensibles aux messages véhiculés par les parents ! Informez-vous régulièrement sur les dommages liés aux consommations précoces, sur l'évolution des modes de consommation chez les jeunes et sur les codes marketing qui leur sont destinés, visant à promouvoir la consommation. Cela vous permettra d'adopter la meilleure attitude pour appréhender au mieux la situation et mieux connaître également les usages, les facteurs de risque et de résilience ainsi que les effets sanitaires et sociaux (par exemple : les conséquences sur la scolarité). Ne restez pas dans l'ignorance, renseignez-vous !

DEVOIR Nº 13
Reprendre les commandes de votre foyer

Équilibre entre complicité et éducation, laxisme et autoritarisme

Il n'est pas rare de faire face à des ados qui nous reprochent d'être trop stricts et d'imposer trop de règles (poussés que nous sommes par notre instinct protecteur). Certains parents éprouvent des difficultés à lâcher du lest et à assouplir les règles établies, car elles leur paraissent essentielles à la sécurité et au bien-être de leurs enfants. À l'inverse, d'autres ne désirent pas discuter avec leur ado, car pour eux, accepter des compromis reviendrait à le mettre en danger. Pour être un chef de famille identifiable par votre adolescent, vous devrez oser et imposer. Parfois, en rentrant du travail, moment propice au calme et à la détente, il est difficile car désagréable d'entrer en conflit avec ses enfants et d'argumenter pour imposer ses règles. En tant que parent, vous êtes le garant des principes de vie établis au sein de la famille. Certes, il existe des règles négociables et d'autres non négociables. Cependant, malgré l'effort et la difficulté que représente votre intervention, ne fuyez pas les conflits ! Rien ne sera facile ! Toute relation familiale harmonieuse étant une question d'équilibre, il vous revient de l'instaurer et de la maintenir en place. Être parent, c'est aussi, imposer son autorité.

L'autorité : un travail d'équilibriste

Faire preuve d'autorité, c'est autoriser régulièrement et imposer un interdit de temps en temps. Quel que soit l'âge, cette règle fonctionne. Il s'agit d'un savant mélange de permissivité et de restrictions. La société actuelle a transformé les parents. Ils sont passés d'une éducation stricte où l'adolescent ne contestait pas et était soumis aux décisions parentales à une permissivité excessive, trouvant des excuses à leur attitude laxiste, en prônant la quête de l'autonomie et la stimulation de la curiosité. Attention à ces fausses excuses servant à se justifier ! Il est temps d'apprendre des erreurs et de trouver un juste milieu ! Un principe que j'utilise dans ma pratique et que je conseille aux parents est basé sur la notion que toute liberté a un prix : celui de la responsabilité qu'elle engendre. Par exemple : votre ado exprime le besoin de rentrer plus tard le week-end, exigez de lui en échange de se lever à une heure précise le lendemain pour gérer ses devoirs, ou bien d'être prêt pour partir le dimanche chez ses grands-parents. Responsabilisez-le ! Rappelez-vous que votre ado se rebellera moins si vous établissez des règles raisonnables mises en application après en avoir discuté et convenu avec lui. Au contraire, en imposant des règles rigides ou inadaptées à l'âge de votre ado, vous irez au-devant d'une rébellion de sa part, ce qui créera des conflits.

Frustrer son adolescent : un déchirement pour les parents, une nécessité pour l'adolescent

Les règles imposées par les parents sont une étape délicate à appréhender, aussi bien pour vous que pour lui. Celles-ci doivent être réfléchies et en adéquation avec son niveau de responsabilité en ce qui concerne ses obligations d'ado. Par exemple, si votre enfant fait preuve d'autonomie dans ses études et que ses résultats sont satisfaisants, laissez-le gérer seul son travail scolaire afin de lui montrer que vous lui faites confiance et que vous avez compris qu'il était capable d'assumer son rôle d'élève sans votre aide, puisque ses notes et ses appréciations vous le prouvent. Si en revanche, il n'est pas autonome et ne maîtrise pas seul l'apprentissage des notions étudiées au collège, aidez-le à s'organiser et à apprendre en le suivant régulièrement tout au long de sa scolarité avant que celle-ci ne se trouve menacée. Ne lui montrez pas votre angoisse, car il doit vous sentir fort et déterminé. Il compte sur vous pour le soutenir, lui fixer des limites et des objectifs à atteindre. Souvent, les parents pensent qu'il est normal pour un ado de ne pas accepter les règles, mais cette interprétation est erronée. En effet, en tant que parent, vous êtes en droit (et avez même le devoir !) de fixer certaines règles à votre enfant. S'il se révolte constamment, et ce, de façon violente, il convient de déterminer ce qui l'amène à agir ainsi.

Être parent, c'est accepter de ne pas être toujours aimé, de passer pour les « méchants », de voir son image ternie par son enfant et de ne pas être admiré par lui, étant trop éloigné de l'image idéalisée qu'il se fait du parent modèle. Éduquer, c'est interdire, frustrer et se frustrer de ne pas systématiquement faire plaisir à son enfant. Il faut apprendre à ne pas répondre constamment à ses demandes et à ses envies. Parfois même, il est nécessaire de savoir lui créer du désagrément ou de le mettre en colère, lorsque l'on doit rendre des arbitrages ou infliger des sanctions. Effectivement, il va très probablement enfreindre les règles imposées de temps en temps, mais ce n'est pas une raison pour les annuler. Ce n'est pas parce que l'on enfreint des règles qu'elles ne sont pas nécessaires. De ce fait, prévoyez des conséquences logiques, adaptées et graduelles, à appliquer en cas de non-respect de celles-ci. Ces mesures dites « punitives » peuvent parfois être discutées (négociables) en amont lors de la mise en place d'un contrat ou de règles familiales. Une fois négocié, et en cas de manquement, il ne s'agit plus de laisser libre cours à des discours interminables, mais de lui montrer votre déception et d'appliquer la sanction (non négociable) prévue, tout en conservant une place au dialogue. Exemple : « Tu n'es pas rentré à l'heure prévue, donc tu ne sortiras pas le week-end prochain ! Je suis mécontent de ton manquement aux règles, mais je te fais confiance pour ne pas réitérer cette erreur, et j'espère que tu en auras tiré une leçon. » Cette manière de lui exprimer votre ressenti permet de lui faire comprendre que vous restez confiant pour la suite et d'instaurer des relations saines.

> « On conduit les enfants par la
> de l'autorité, et les hommes par l'
> de la raison : c'est au fond, la même chose,
> car la raison est la première autorité,
> et l'autorité la dernière raison*. »

Louis Gabriel Ambroise, vicomte de Bonald (1754-1840),
homme politique , philosophe et essayiste français

Accepter de perdre son affection pour mieux la retrouver

L'adolescent, en voulant s'affirmer, va se heurter de plein fouet à l'autorité parentale. Votre adolescent souhaite vivre de manière autonome tout en appréhendant l'inconnu. Il montre un esprit de contradiction face à vos décisions, recherchant des limites tout en les refusant. C'est en s'opposant à vos règles qu'il va se construire. Pour cela, celles-ci ne doivent pas être trop rigides, ce qui amènerait votre enfant à se sentir piégé au lieu de se sentir protégé et le pousserait à les transgresser, à adopter une attitude de rébellion, et à se mettre dans des situations hasardeuses, voire dangereuses. Les règles de vie au sein du foyer doivent être adaptées à l'âge de votre ado. Celui-ci grandit, les règles doivent donc, elles aussi, évoluer. Prévoyez des choix et des assouplissements possibles, ce qui lui apprendra à prendre position, à décider par lui-même, à bien raisonner et à effectuer de bons choix tant qu'il est sous votre protection ; c'est une excellente technique éducative. Malgré les difficultés rencontrées, vous ne devez pas capituler. Campez sur vos positions en assumant vos décisions.

---

* *Œuvres complètes de M. de Bonald*, édition 1845.

Voici quelques règles qui me semblent indispensables :

• le respect des heures de retour à la maison (en semaine et le week-end) ;

• la mise en place des sorties nocturnes (en déterminant le nombre et la durée, en connaissant le lieu et les amis qui l'accompagnent...) ;

• l'autorisation de dormir chez des amis ou chez les petits amis (en déterminant une périodicité et en ne négligeant pas de rencontrer les parents...) ;

• la vérification de la tenue vestimentaire (une tenue adaptée et décente doit être exigée tout en respectant les vêtements achetés...) ;

• la prise en compte d'une possible consommation d'alcool et/ou de stupéfiants : une mise en garde contre les méfaits et les conséquences désastreuses d'un abus de ces substances sera évoqué à chaque sortie, tout en se montrant tolérant (vous ne serez pas là pour voir et interdire, c'est donc à lui de se responsabiliser !) ;

• la scolarité sous haute surveillance, si besoin est (un apprentissage sérieux et un comportement irréprochable pendant les cours entraîneront de bons résultats, les leçons devront être apprises, les devoirs correctement rédigés, le travail scolaire sera une priorité pour acquérir du temps consacré au bien-être et enfin, il sera assidu, de façon à travailler régulièrement sous peine de se sentir débordé et de voir ses résultats baisser...) ;

• le respect de soi et des autres et de tout ce qui régit une société et donc une famille sera à mettre en application au quotidien (les tâches à accomplir au sein du foyer et en dehors seront remplies, un langage correct sera requis).

À vous de vous approprier les règles et de les adapter, le cas échéant, ou d'en ajouter selon l'attitude de votre ado, son évolution, son degré de maturité, son niveau de responsabilité et les discussions que vous aurez avec lui.

Une incompréhension totale de l'adulte

Il est pénible d'accepter quand votre adolescent s'oppose à vous. Il s'obstine dans son refus, vous rejette, bien qu'il soit persuadé de votre soutien constant et de votre écoute permanente à son égard. Dans ces moments douloureux, ce que vous craignez le plus, ce sont vos incertitudes. Votre enfant vous juge, il perd confiance en vous, cherche le conflit et vous pousse dans vos derniers retranchements. Vous remettez en cause tous les principes éducatifs établis au sein de votre famille. Vous culpabilisez de ressentir de l'agressivité envers lui. Vos doutes vous envahissent et vous effraient. Interrogez-vous sur votre passé, intimement lié à l'histoire de votre enfant afin de définir clairement les limites à ne pas franchir. Ce travail indispensable sur vous-mêmes vous permettra de vous imposer en tant que parents qui rassurent, inébranlables et sûrs de l'efficacité de leurs convictions éducatives.

Retour d'expérience

Une famille éprouvait des difficultés avec sa fille de 16 ans qui fuguait continuellement. Au cours de mon intervention, je compris rapidement qu'il s'agissait pour elle d'une forme de chantage affectif face aux restrictions imposées par ses parents quant à l'utilisation des réseaux sociaux. Ayant peur que leur fille déserte définitivement le domicile familial, ils cédèrent à son chantage. L'adolescente, ayant bien compris qu'il lui suffisait de les menacer de partir (même si elle ne s'éloignait que très peu), en profitait pour obtenir la levée de la règle imposée par ses parents. Après un long entretien avec moi, ceux-ci finirent par ne plus répondre aux menaces de l'adolescente. Le comportement de leur fille n'ayant plus d'effet sur les décisions de ses parents, elle finit par se conformer aux normes en vigueur au sein du foyer. Quelques semaines plus tard, son attitude s'améliora. Elle devint respectueuse des règles imposées par ses parents. Ils purent donc les assouplir. L'adolescente s'en tint au règlement initial (qu'elle avait pourtant toujours enfreint) et ne profita même pas de l'assouplissement de celui-ci. La raison de son attitude conflictuelle venait de son besoin de contredire ses parents pour les pousser dans leurs derniers retranchements et tester ainsi leurs limites.

Les conseils de Pascal

- N'ayez pas peur des règles que vous imposez ! N'oubliez pas que votre ado face à un mur se cogne mais sait rebondir ! Alors que dans la vase, il sent l'instabilité et s'enlise.

- Mettez en place un contrat écrit entre vous et votre ado, qui sera réévalué tous les mois pour l'adapter ou ajouter des règles face à de nouvelles responsabilités. Cet outil servira de référence à vos sanctions et apprendra la valeur de l'engagement à votre adolescent.

- Soyez tout de même indulgent avec les nouvelles responsabilités qui lui incombent, car il y a fort à parier que votre ado, face à celles-ci, commette quelques erreurs. Ceci est normal et doit lui être expliqué sans obligatoirement le réprimander. En revanche, si les erreurs se multiplient ou qu'il y met de la mauvaise volonté et ne fournit pas les efforts adéquats, vous suspendrez les nouveaux avantages accordés au regard de sa bonne conduite, en lui expliquant que vous le jugez ni suffisamment autonome, ni assez mature, et que vous réévaluerez les possibilités d'établir un contrat plus permissif dans un proche avenir.

- Aidez votre ado à comprendre l'utilité de vos règles. Il connaîtra alors les limites et le but de ces codes à respecter, ce qui réduira l'envie et la possibilité de les enfreindre, aura une incidence positive sur son comportement et lui évitera d'adopter des conduites à risques.

- Si vous ne fixez pas ou peu de limites, votre adolescent aura l'impression que vous ne vous souciez pas de lui. Il se révoltera d'autant plus et il n'acceptera plus de respecter les règles futures.

- Même si l'adolescence est une période où se rejouent les conflits infantiles, votre enfant a grandi, et vous ne devez surtout pas l'oublier. Tentez alors de lui demander quelle sanction il trouverait juste en cas de manquement à telle ou telle autre règle, vous serez surpris ; il ne manquera pas d'imagination pour s'auto-infliger des sanctions bien plus sévères que les vôtres ! Dans le cas contraire, vous aurez au moins l'occasion d'en débattre. Il sera alors plus simple de le punir, le cas échéant.

- Vous affirmerez votre position d'adulte en imposant une sanction adéquate, ce qui ne sera pas un choix facile. La réprimande la plus susceptible d'être vécue comme telle et prise au sérieux par votre ado en quête d'autonomie reste du domaine de la privation, car perdre un pouvoir représente une régression, et ce sera obligatoirement difficile pour lui de le vivre. Comme ce n'est pas du jour au lendemain que les problèmes se résoudront, vous devrez donc vous montrer patient. Malgré tout, votre ado prendra conscience de l'importance et de la nécessité de se plier à des règles de vie s'il désire acquérir une plus grande liberté d'action.

- Déterminez avec votre compagne, ou compagnon, les éléments négociables et ceux qui ne le sont pas. Cela permettra une certaine souplesse pour ne pas vivre uniquement dans la frustration.

- Laissez votre adolescent donner son avis sur les règles familiales et même en négocier certaines. Écoutez ses arguments, et s'ils vous semblent cohérents et sensés, réadaptez-les en lui parlant également de vos préoccupations. Cela lui apprendra à prendre en compte les sentiments des autres ; à l'âge ou l'égoïsme est roi, cela lui sera bénéfique. En agissant ainsi, votre ado se sentira écouté et respectera vos décisions, même si elles vont à l'encontre de ce qu'il souhaitait. Parfois, votre crainte de lui laisser de l'autonomie vous conduit à lui accorder moins de liberté que vous le pouvez réellement, aussi, pour éviter les excès, réfléchissez et analysez chaque situation, afin d'adapter les règles en fonction de l'évolution constante de votre enfant.

- Après ces instants de réflexion, il est important que vous preniez des décisions en lui expliquant pourquoi vous les avez prises. Insistez sur le fait qu'elles ont été mûrement réfléchies, que vous l'avez entendu, que vous avez tenu compte de ses propositions et pris des mesures raisonnables. Souvenez-vous qu'un ado est un adulte en devenir ! En agissant ainsi, vous en ferez un adulte responsable.

- Pour positiver, rappelez-vous que cette étape, bien que difficile, est riche d'enseignements, et que la prochaine est celle du passage à l'âge adulte et de l'émancipation, elle-même souvent synonyme de départ du foyer. Profitez de votre ado tant qu'il vit à vos côtés, même s'il est parfois terriblement agaçant !

DEVOIR Nº 14
Réagir face aux complexes de votre ado

Une blessure narcissique profonde

Les complexes physiques peuvent gâcher la vie. Le rejet d'une partie de son corps (jambes, ventre, seins, nez...) n'a rien de superficiel, il témoigne de la difficulté que l'on éprouve à s'accepter dans sa globalité. Les filles n'ont pas le monopole du complexe, les garçons ressentent aussi des difficultés à assumer leurs corps. Simplement, ils le verbalisent moins, par pudeur ou par honte. L'adolescence est une étape de disgrâce physique qui peut créer de nombreux complexes.

Confrontés à un corps en perpétuel bouleversement, nos adolescents éprouvent des difficultés à se regarder dans le miroir et en arrivent parfois à ne plus se supporter. Ces complexes proviennent du décalage entre le physique idéal (véhiculé dans les journaux, les médias...) et leur propre physique dans la réalité. Ils traduisent aussi un manque d'assurance et de confiance en soi plus global.

Des médias responsables

Les émissions de téléréalité montrent un code de la beauté superficiel et irréel. De nombreux hommes sont séduisants sans être forcément bodybuildés, bronzés et tatoués. Beaucoup de femmes sont jolies et sexy, ceci même si elles ne possèdent pas un corps athlétique ou des seins en silicone. Cette image idéaliste peut contraindre les adolescents à s'adonner à des régimes drastiques très dangereux, car cette période de leur vie nécessite un apport nutritionnel adapté à leur croissance.

Des amis néfastes

Le regard négatif porté sur soi-même prend souvent sa source dans des remarques, des moqueries que l'on subit. Les adolescents étant égoïstes peuvent révéler une certaine méchanceté envers les autres en les rabaissant afin de s'affirmer. La moindre imperfection physique sera source de remarques et de moqueries, entraînant des complexes qu'il pourrait conserver à vie. Incitez plutôt votre enfant à fréquenter des amis avec lesquels il pourra partager des moments de vie agréables et à éviter ceux qui pensent systématiquement à critiquer les autres, en prenant référence sur des critères physiques imposés par notre société et véhiculés par les médias.

Aidez-le à retrouver la confiance grâce aux activités valorisantes

Pour le conduire à accepter ses petits défauts, imaginaires ou pas, vous pouvez l'encourager à trouver une discipline artistique ou sportive qui lui corresponde. Les applaudissements du public lors d'une représentation théâtrale ou la médaille décrochée lors d'une compétition sportive sont très efficaces pour muscler son capital confiance.

Les complexes les plus courants dont j'ai été témoin, lors de mes différentes interventions

En ce qui concerne les garçons, ils jugent souvent leur pénis trop petit ou de forme peu harmonieuse ou encore le trouvent trop mou en érection. Les sexologues savent bien que la majorité de ces plaintes ne correspondent pas à la réalité anatomique, qui s'expriment à cet endroit précis du corps en raison des enjeux qui lui sont attachés.

La pilosité excessive peut également être source de complexe chez les hommes, aussi sensibles que les femmes au matraquage visuel des apollons imberbes de la publicité et de la mode.

Chez les femmes, les seins font souvent l'objet d'une fixation négative. La poitrine est un enjeu important pour les jeunes filles comme objet de séduction et de maturité. Pourtant, elles sont rarement satisfaites de leur sort.

Rejeter sa poitrine, c'est refuser de grandir dans ce corps qu'on ne reconnaît plus et dévoiler aux yeux de tous sa peur d'être imparfaite.

Enfin, l'un des rares complexes communs aux hommes et aux femmes est le surpoids. Un complexe qui peut aller jusqu'à l'impossibilité de se montrer nu à son partenaire, par peur de le dégoûter.

Retour d'expérience

Dans le cadre de ma profession, j'ai été amené à apporter une assistance éducative à une adolescente. Celle-ci refusait toute activité à l'extérieur de chez elle, alors qu'auparavant, elle se montrait très active et passionnée par le sport. Les parents, tous deux professeurs d'éducation physique, ne comprenaient pas l'attitude de leur fille. Elle occupait son temps libre uniquement en regardant la télévision ou en surfant sur Internet. En analysant son comportement et en gagnant sa confiance, j'identifiai le fondement de son problème et compris qu'il avait pris naissance au lycée. J'essayai d'en savoir davantage en rencontrant ses enseignants. Le professeur d'éducation physique m'apprit qu'elle était dispensée de sport depuis cinq mois. Je m'aperçus également qu'il s'agissait d'un faux certificat. Après avoir longuement discuté avec l'adolescente, elle me confia qu'elle était complexée par ses pieds. Pendant un cours d'éducation physique dans une salle de gymnastique, le professeur l'avait contrainte à ôter ses chaussettes, ce qui l'avait profondément gênée. Les élèves, s'étant aperçus de son embarras, s'étaient allègrement moqués d'elle. Au fur et à mesure, elle s'était exclue du groupe. Elle ne s'intéressait plus à rien. Je décidai de discuter du problème avec le professeur, qui accepta de laisser les élèves en chaussettes. J'en profitai donc pour débattre avec chacun au sein de la classe de leurs complexes. En utilisant l'humour et la dérision, les problèmes se résolurent tout naturellement. Ni les parents, ni le professeur n'avaient mesuré l'importance du complexe de la jeune fille et des éventuelles répercussions, bien que l'adolescente eût adopté depuis un moment une attitude de renoncement préjudiciable à son équilibre psychologique et physique.

Les conseils de Pascal

- Imaginez une réponse adaptée. Par exemple : prenez des conseils auprès d'un coach en image pour adolescents pour ce qui concerne le style vestimentaire qui lui conviendra et le mettra en valeur. Si nécessaire, consultez un dermatologue pour les problèmes de peau de votre enfant. Ne minimisez pas les problèmes, à l'aide de phrases toutes faites, telles que « Ce n'est rien ! » (pour lui, c'est tout !), « Tu changeras en grandissant ! » (il désire un changement immédiat !). Vos réponses sont à l'opposé de ce qu'il attend. Mettez-vous donc un peu à sa place !

- Donnez-lui de l'assurance, améliorez sa confiance en lui en suggérant à votre enfant des activités qui le valorisent. Par exemple, celles qui le « mettent en scène », telles que le théâtre ou toute autre manifestation artistique qui l'aidera à oser s'exprimer et s'exposer devant un public, pour qu'il découvre ses capacités et arrive à s'accepter tel qu'il est.

- Incitez-le à cultiver sa passion : la musique, le dessin, le sport… Cela constitue un espace privilégié où votre adolescent s'exprime librement et se sent investi d'un pouvoir, d'une compétence.

- Évitez de projeter vos propres complexes sur votre adolescent. Vous détestez votre nez ou vos cheveux ? Il en a hérité ? Ne présentez surtout pas cette particularité comme un handicap ! Vos complexes sont souvent le fruit de vos blessures personnelles. Les siennes lui sont propres.

- Une perte de poids importante doit vous alarmer. Surtout si elle parvient après un régime drastique que s'est infligé votre adolescent, accompagné d'un isolement social.

- Vous constatez que votre adolescent paraît totalement perturbé par son image ? Attention. Dans ce cas, peut-être souffre-t-il de dysmorphie corporelle ? Cette pathologie pouvant conduire à l'anorexie, agissez rapidement afin d'entamer une thérapie auprès d'un psychologue.

DEVOIR N° 15

Apprendre à réguler les conflits entre l'adolescent et ses petits frères et sœurs

Les copains d'abord !

Comme nous l'avons vu précédemment, il est normal qu'un adolescent s'éloigne de ses parents et des membres de sa famille pour accorder plus de temps à ses amis. Les parents peuvent le comprendre et l'accepter, en adoptant une attitude rationnelle (la lecture de ce guide, je l'espère, vous y aidera). Il est souvent plus difficile pour les jeunes frères et sœurs des adolescents de comprendre ce sentiment de rejet vis-à-vis d'eux, d'autant plus que pour un jeune enfant, l'adolescent sera souvent perçu comme un héros, une idole. Le sentiment d'être rejeté par la personne à laquelle il voudrait ressembler en grandissant sera d'autant plus douloureux.

> « ***Le désir de l'homme, c'est le désir de l'autre.*** »
>
> Jacques Lacan,
> psychiatre et psychanalyste du XXe siècle

La jalousie, en fer de lance

Les relations fraternelles peuvent être la cause d'un sentiment de jalousie. Désirer les mêmes objets, parfois convoités uniquement parce que l'autre les désire ou les possède est une problématique que les parents doivent gérer. Votre adolescent se plaindra de ne pas recevoir, sur le plan affectif ou matériel, autant d'attention que ses frères et sœurs. Son discours vous paraîtra contradictoire au vu de l'attitude de rejet qu'il montre à votre égard. Il vous reprochera même une présence excessive avec son petit frère ou sa petite sœur, en exprimant que vous le préférez à lui. Les risques de vivre dans une ambiance de guerre fraternelle sont accrus lorsque votre adolescent ne parvient pas à se satisfaire de ce qui lui appartient, souvent par méconnaissance de ce qu'il possède ! Il s'agit d'un raisonnement courant pour un adolescent. Cette recherche du bonheur le poussera à accuser son frère (ou sa sœur) de tout s'octroyer, le dépossédant ainsi du bonheur qu'il ressentait d'être un enfant. Il n'hésitera pas à lui exprimer des propos tels que : « Tu gâches ma vie depuis que tu es né ! »

De parent à médiateur familial

Quand un adolescent se détache de son petit frère ou de sa petite sœur, il est possible de lui suggérer de faire l'effort de leur accorder régulièrement un court moment d'attention. Pour les rassurer et les rendre ainsi moins envahissants envers leur aîné. Vous utiliserez cet argument, le cas échéant, auprès de votre adolescent. Les conflits sont souvent nombreux entre des enfants ayant leurs besoins propres. Ceux-ci peuvent être éreintants et exaspérants, d'autant plus qu'ils débutent souvent par de petites querelles puériles. Ces disputes peuvent également vous mettre mal à l'aise, car elles vous rappellent vos souvenirs d'enfance et les relations conflictuelles avec votre sœur aînée ou votre frère cadet. Vous affronterez les conflits, car ils ne sont pas seulement négatifs, ils permettent également de se confronter à l'apprentissage de la vie. En effet, en se disputant, vos enfants apprennent ce que représente une confrontation et comprennent qu'elle aboutit – la plupart du temps – à une négociation. Ces relations les aident à se construire et à mieux se connaître eux-mêmes. Positionnez-vous alors en médiateur ; pour cela, écoutez chacun de leurs points de vue, sans prendre parti. Aidez-les dans la recherche d'une solution au « conflit ». Intervenez uniquement lorsque cela vous semble indispensable et seulement après leur avoir permis de trouver seuls une solution adaptée. Soyez vigilant, il n'est pas question, sous prétexte que le conflit est utile, de laisser une situation s'envenimer, au point que le plus jeune devienne le souffre-douleur du plus âgé. Pour cela, n'hésitez pas à être disponible, à l'écoute, attentif et prêt à rendre des arbitrages objectifs, si nécessaire.

L'indispensable protection des plus fragiles

Lorsqu'ils sont peinés par l'attitude des grands, les plus jeunes ressentent le besoin d'une attention particulière et notamment d'écoute. Ils peuvent être dans des situations d'extrême détresse. Votre analyse de parent est essentielle. Vous leur expliquerez que la gêne occasionnée par le comportement de votre adolescent concerne l'ensemble de la famille, y compris lui-même, qui en souffre également, mais qu'il ne peut en être autrement, car il vit une étape de sa vie difficile à traverser. Vos cadets se sentiront moins seuls pour faire face à la manière de se comporter de leurs aînés. Précisez que les relations familiales s'amélioreront. Enfin, apprenez à vos enfants plus jeunes à identifier les moments où leur aîné est plus abordable, des moments où il est préférable de le laisser seul quand il en ressent le besoin. N'oubliez pas qu'il est primordial de protéger les plus jeunes d'un éventuel usage de la force physique du plus grand à leur encontre. Vous penserez également à protéger votre adolescent de la sollicitude exagérée des plus jeunes, qui peuvent se montrer harceleurs, maîtres-chanteurs, intrusifs... vis-à-vis de leur frère ou sœur plus âgés, sans même que vous en soyez alerté. Les plus jeunes sont souvent de petits cachottiers. Ils savent parfaitement nous attendrir pour nous cacher quand ils agissent de manière répréhensible.

Retour d'expérience

Un jeune garçon de 17 ans affichait une haine profonde envers son petit frère de 11 ans. Les parents ne savaient plus comment agir. La famille vivait un enfer. Les coups et les insultes faisaient partie de leur quotidien. Pendant mon intervention, je relevai déjà un problème insoluble : les enfants partageaient la même chambre, aménagée avec des lits superposés. Cet agencement compliquait mon approche. J'observai leur façon de fonctionner et intervins quand la situation s'avéra dangereuse. Je compris par la suite que l'ado se montrait particulièrement difficile à gérer. Il entrait constamment en conflit en s'opposant sans arrêt à ses parents et en martyrisant son petit frère. Il était devenu le « poison du foyer ». Le plus jeune en profitait pour être valorisé par ses parents, et l'adolescent continuait à mal agir pour se faire remarquer. Il pensait, en monopolisant l'attention de ses parents, recevoir leur amour. J'expliquai mon ressenti aux parents et décidai de rassembler la famille autour d'une activité ludique d'entraide : un Laser Game, au cours duquel les deux frères affrontèrent leurs parents. La famille forma une seule équipe avec un même objectif, et tous s'entendirent parfaitement bien. Par la suite, les parents discutèrent avec leur fils aîné, en lui exprimant qu'ils l'aimaient. Sa réaction fut surprenante : il se mit à pleurer et paraissait inconsolable. Il prononça une phrase dont je me souviens encore aujourd'hui : « Je croyais ne plus être assez bien pour mériter d'être votre fils et que vous mettiez tous vos espoirs de réussite en mon frère. » Les parents, en oubliant d'être impartiaux et en accusant l'adolescent devant son frère, avaient amplifié les tensions.

Les conseils de Pascal

- Ouvrez la discussion en prouvant à votre ado que vous le comprenez, afin de le mettre en confiance pour l'écouter. Votre message doit donc à la fois refléter votre compréhension de sa réalité tout en restant honnête. Vous pouvez lui dire que son attitude vous fait de la peine par moments.

- Assurez-vous que les plus jeunes de vos enfants respecteront le besoin de solitude de votre adolescent. Définissez clairement les limites à ne pas dépasser. Même si vous comprenez les conflits, tout acte irrespectueux ou violent de sa part envers ses jeunes frères et sœurs est inacceptable et sera réprimandé.

- Considérez vos enfants comme des individus et non comme un groupe, en leur parlant individuellement. Adressez-vous directement à celui qui est concerné. Les autres n'y sont pour rien.

- Ne mettez pas vos enfants en compétition en les comparant, sinon vous risquez de développer de la jalousie. Un amour inconditionnel ne permet pas la rivalité.

- En respectant ces conseils, vous pouvez vous attendre à une amélioration, mais pas à la perfection, car ces conflits sont inhérents à la période de l'adolescence.

DEVOIR N° 16
Conseiller votre ado sur son avenir

« *L'avenir généralement se prépare à l'image du passé parce que l'histoire est façonnée par un désir indestructible et inconscient**. »

Sigmund Freud, neurologue, fondateur de la psychanalyse

Orienter, pour un futur meilleur

L'orientation, pouvant servir de boussole entre la formation et l'emploi futur, comporte des enjeux bien plus importants. Elle a pour mission de conduire à l'insertion professionnelle des jeunes. L'étape de l'orientation scolaire est un moment difficile à aborder pour l'adolescent et ses parents. Ces derniers ont un rôle à jouer, en aidant leur enfant à choisir sereinement le bon chemin à suivre. Néanmoins, ce choix sera déterminant, et non sans conséquences. Sur le point d'être orienté, c'est l'avenir de votre enfant qui se profile à l'horizon (alors qu'il lui est très difficile, voire impossible, de se projeter vers un futur hypothétique). Vous jouerez un rôle d'une importance décisive en le conseillant sur les différentes opportunités qui s'offrent à lui en matière d'orientation. Bien sûr, vous serez aidé par l'équipe éducative du collège de votre enfant. Aussi bien sur les différentes procédures à suivre que sur le processus d'orientation en lui-même, les deux étant indissociables. La démarche est difficile à appréhender lorsqu'on est adolescent, car on nous demande l'impossible. L'adolescent doit endosser le rôle d'un adulte, le temps d'une séance de questions-réponses (mais il ne s'agit pas d'un jeu…), pour s'inscrire dans une réalité sociale et professionnelle qui l'effraie et qui lui est totalement étrangère.

---

* *L'Interprétation du rêve*, Points, 2013.

> ***« L'éducation des adolescents prend une importance capitale, parce que l'adolescence est l'époque à laquelle l'enfant devient un homme, c'est-à-dire un membre de la société. »***
>
> Maria Montessori, pédagogue, psychologue, biologiste et docteur en médecine (1870-1952)

Des ados perdus

Les adolescents confrontés aux difficultés des choix proposés pour leur orientation traversent des processus psychologiques complexes. Ils vivent au quotidien dans l'angoisse. Ces transitions, qu'ils ne peuvent éviter, agissent sur eux comme un traumatisme. Nous ne sommes pas habitués à nous interroger sur les sensations éprouvées par l'adolescent face aux sélections diverses qui s'offrent à lui en matière d'orientation. Pourtant, nombre de problèmes émergeant pendant cette période sont liés à ce qui se joue sur le plan psychologique. Très souvent, l'orientation est perçue à tort comme relevant d'un processus rationnel selon laquel il suffirait d'informer et de prendre en compte les capacités des élèves, leurs résultats scolaires et leurs intérêts, pour déterminer la voie à emprunter, pour les mener vers leur futur métier. Or il n'en est rien. De nombreux questionnements internes rendent la tâche bien plus ardue. Des questions angoissantes viennent hanter l'adolescent : ***« Qu'est-ce que je vais devenir ? », « Quel métier choisir ? »*** Cette peur de l'inconnu, aussi légitime soit-elle, peut se révéler un vrai casse-tête pour les parents, car leurs enfants attendent d'eux des réponses essentielles, pour les aider concrètement et les rassurer psychologiquement. Pour les adolescents, il est impossible de définir une direction vers laquelle progresser.

Ils vivent le moment présent dans une confusion normale à leur âge.

Aidez votre ado à se connaître

Les résultats scolaires ne sont pas le seul critère à prendre en compte pour orienter votre enfant. Il vous faut l'inciter à découvrir, à cultiver ses goûts et à exploiter ses aptitudes. Cette étape est primordiale pour définir les centres d'intérêt et les compétences qui lui permettront de s'épanouir dans un métier lui correspondant. Instaurez le dialogue avec votre enfant, en recensant avec lui ses capacités. Par exemple : son aisance à l'oral, ou encore sa maîtrise d'une certaine technique… Vous l'aiderez ainsi à mieux cerner sa personnalité, ce qui lui permettra d'affiner ses recherches pour sélectionner une direction de manière réfléchie. En cas de difficultés, vous pouvez utiliser des tests qui le mettront à l'aise grâce à leur aspect ludique. Il en existe de nombreux sur Internet. L'usage de cet outil remarquable (qu'il affectionne particulièrement !), dans ce cas précis, lui permettra de mieux définir ce qui l'attire ou ce qu'il se sent capable de maîtriser et de choisir en étant bien informé.

Anticiper pour ne pas agir trop tard

Un jeune en difficulté scolaire craindra d'autant plus cette période. Il n'hésitera pas à adopter des actes regrettables, tels que la falsification de la signature de ses parents sur des documents à fournir à l'établissement, qu'il aura remplis sans leur en parler, ou encore la dissimulation de papiers ou d'informations qui leur sont destinés. Tout cela a pour seul but de repousser l'échéance de l'orientation. Cette anxiété face à l'inconnu et à un avenir incertain lui fait perdre un temps précieux parce qu'il n'agit pas. Il oblige les adultes concernés à émettre à sa place un choix d'orientation qu'il n'aurait pas forcément choisi. Il n'est plus acteur de sa vie, il devient simple spectateur. Il prend également le risque d'aller au-devant de décisions prises à la dernière minute, par des adultes contraints de choisir pour lui, sur des listes où les choix seront restreints (il ne reste parfois que la solution d'opter pour un des choix par défaut). Votre rôle de parent est de guider votre adolescent pour qu'il ne se sente pas seul face à ses doutes et ses interrogations. Votre aide est indispensable pour qu'il anticipe ses choix et mesure l'ensemble de ses possibilités afin de pouvoir envisager une alternative. Faites une liste des différentes spécialités disponibles pour un circuit professionnel et des matières pour un circuit général. Les lycéens, quant à eux, devront connaître les possibilités dès la seconde, car cela leur permettra de prendre une décision sereinement en classe de terminale. Vous êtes garant de l'implication de votre enfant dans ce marasme que représente l'orientation. Conduisez-le à des salons et à des portes ouvertes, visitez avec lui des facultés susceptibles de l'intéresser. Vous pouvez également l'inciter à faire des stages, l'été, afin de découvrir le monde professionnel. Le principal étant que vous soyez investi pleinement dans ses différentes démarches.

Conseiller son ado

Pour conseiller votre adolescent, il faudra avant tout vous informer. Votre adolescent, complètement indécis quant à son avenir, n'ira pas se documenter par lui-même. Il vous appartient donc de lui transmettre les informations sur l'orientation. Pour ce faire, il faudra le guider sans rien lui imposer, en évitant de trop vous mettre à sa place, ou, plus ennuyeux, de décider pour lui en projetant sur votre enfant vos désirs inaccomplis pendant votre propre adolescence, ainsi qu'une image idéale de son avenir, telle que ***vous*** la concevez pour ***lui***. Vos goûts, la façon dont vous avez vécu votre scolarité et le regard que vous portez sur le monde professionnel sont obligatoirement très différents de ce que vit actuellement votre ado. Certains parents exagèrent ou minimisent les difficultés liées à l'orientation, ce qui peut engendrer auprès de leurs enfants une forte inquiétude. Si les parents, au contraire, minimisent les difficultés qui peuvent se présenter, l'adolescent « surprotégé », ne se sentant plus concerné, perdra sa motivation à s'impliquer dans ses projets. Vous éviterez de tomber dans une « sinistrose » et de le dissuader de son choix (si difficilement adopté). Même si sa sélection ne vous paraît pas judicieuse (cycle d'études débouchant sur des métiers peu porteurs d'emploi ou peu rémunérés, ou bien encore, difficultés du cursus envisagé), laissez votre adolescent choisir, tout en l'accompagnant. Sachez qu'une réorientation est toujours possible (il a le droit à l'erreur). S'il s'avérait que ce soit le cas, il apprendrait bien vite à ne plus en faire !

« ***L'homme sage apprend de ses erreurs, l'homme plus sage apprend des erreurs des autres.*** »

Confucius

Retour d'expérience

Une jeune fille hésitait sur la filière qui lui conviendrait le mieux pour étudier en faculté. Elle me demandait souvent de la conseiller, pressentant en moi la personne la plus à même de l'aider. Pourtant, je ne la connaissais que très peu. Elle venait souvent dans les locaux que j'occupais, pour rédiger son CV. J'avais des difficultés à apprécier ses aptitudes. Je mesurais le poids de la responsabilité qui m'incombait quant aux décisions à prendre pour son avenir. Je dois l'avouer, cette situation m'oppressait. Je craignais de mal la conseiller. Je lui proposai de lister l'ensemble des possibilités qui s'offraient à elle et de les mettre en rapport avec ce qui lui plaisait et ses aptitudes. Je m'aperçus rapidement qu'elle aimait la lecture et l'écriture. On identifia que le journalisme pourrait lui convenir. Je lui fournis donc des informations sur des écoles de journalisme. Deux semaines après, je la rencontrai, et elle m'exprima ses doutes, pensant qu'elle ne pouvait pas opter pour ces études et prétextant simplement que cette voie ne lui plaisait pas. Je m'engageai à lui proposer d'autres cursus, mais rien ne semblait lui convenir.

Quelques semaines passèrent, sans grand résultat. Elle tentait de gagner du temps en rejetant toutes les solutions possibles. Un mois s'écoula avant qu'elle ne décrète vouloir s'inscrire à des études d'informatique. Les résultats des tests pratiqués pour déterminer ses capacités allaient à l'encontre de sa soudaine décision. Elle montra un empressement si vif à vouloir s'y inscrire que cela m'interpella. Son père, informaticien de métier et ayant bien réussi socialement, lui avait fortement conseillé cette branche, appuyant ses dires en lui promettant son aide, en cas de difficultés. Elle s'engagea, contre mon avis, dans la voie dictée par son père. La jeune fille finit par se libérer de l'emprise paternelle, au bout de deux ans, grâce à l'appui de son petit ami. Il lui ouvrit les yeux sur une réalité qu'elle s'était cachée jusque-là. Elle vivait le « rêve de papa » et non le sien. Elle trouva sa voie en reprenant des études de journalisme et s'y épanouit pleinement.

De nombreux adolescents se demandent quel chemin suivre et attendent d'un oracle (tests, logiciels, conseillers d'orientation, psychologues, parents...) la solution à leur questionnement, alors qu'ils oublient totalement de s'écouter.

Les conseils de Pascal

- Désacralisez le monde professionnel. Votre enfant doit faire son approche de ce milieu le plus tôt possible.

- Dissipez les craintes, grâce au dialogue, en lui parlant de votre travail et en faisant appel à des amis ou à de la famille pour parler du leur. Privilégiez le côté passionné des protagonistes, afin d'envoyer un message positif et plein d'enthousiasme. Favorisez des stages en immersion dans une entreprise et ne négligez pas l'apport du stage obligatoire de la classe de troisième : bien préparé et correctement choisi, il peut permettre à votre enfant de se représenter le métier et de se projeter dans un avenir professionnel et ainsi de savoir s'il aimerait travailler dans ce domaine, et donc, de faciliter son orientation.

- Faites appel à des aides extérieures (professionnels, sites d'informations...).

- Faites confiance au conseiller d'orientation de l'établissement, qui sera un interlocuteur régulier. Les professeurs peuvent aussi conseiller votre enfant, à condition qu'il communique facilement.

- Certains établissements locaux fournissent aussi une aide précieuse, comme les bureaux ou points d'information jeunesse. Vous pouvez demander à votre commune si elle dispose de ce type de structure. L'incontournable reste le Centre d'information et d'orientation (CIO), avec des documentations et des conseillers gratuits. Il existe également des sites internet, tels que http://www.lesmetiers.net, qui comportent des témoignages de professionnels, ou encore les brochures de l'Onisep (Office national d'information sur les enseignements et les professions), et enfin, les différents forums et salons des métiers, très intéressants, où l'on vous proposera de nombreuses idées et conseils avisés.

DEVOIR N° 17
Gérer les difficultés de la vie (séparation, chômage) face à votre adolescent

Un choc au mauvais moment

L'incertitude d'une stabilité affective ou professionnelle au sein de la famille (divorce des parents, maladie, chômage…) peut avoir un impact important sur le comportement de votre enfant. Ces problèmes graves causent souvent des dommages collatéraux, s'ils sont tus à votre enfant ou si vous ne les lui avez pas suffisamment expliqués afin qu'il les comprenne. L'ado, être fragile, souvent secret, peut lui aussi vivre cette étape comme un traumatisme profond. À cet âge, il comprend tout, mais ne l'analyse pas correctement. Soit il se replie sur lui-même, adoptant un mutisme pour vous laisser penser que cela le laisse indifférent, soit il adopte une attitude plus agressive, pouvant le conduire à des excès de colère incontrôlée, jusqu'à parfois se mettre lui-même en danger. Ne l'oubliez pas, votre souffrance est aussi la sienne !

Une séparation pour les parents : un deuil pour les enfants

Si, après une décision mûrement réfléchie, vous prévoyez de vous séparer, votre adolescent en sera affecté. Vous devrez lui prouver et lui exprimer votre amour inconditionnel à son égard, en lui expliquant qu'il n'y est pour rien, afin de le déculpabiliser. Exposez-lui votre choix de couple, une fois sûrs de vous, car une information négative sur la stabilité de votre relation plongerait l'adolescent dans une insécurité affective. Il est nécessaire d'éviter les disputes devant les enfants. Adressez-vous à l'ensemble des enfants de la famille, en expliquant les raisons de vos résolutions, sans pour autant détailler la nature du conflit qui ne concerne que vous, leurs parents. Parlez surtout de sentiments éprouvés. Expliquez-leur que cette séparation est inévitable, même si elle leur paraît douloureuse, et qu'elle présente aussi un côté positif pour tous les membres de la famille. En effet, ils éviteront ainsi de vivre dans un foyer où règne en permanence un climat de tension palpable et vite insupportable. Lors d'une séparation, les parents font souvent une erreur qu'il vaut mieux éviter absolument, celle d'oublier le cadre établi lorsqu'ils étaient en couple. Une fois séparés, ils se montrent souvent davantage laxistes, car ils se concentrent sur la rupture qu'ils ont vécue et désirent s'attirer les faveurs de leurs enfants (pour, entre autres, se déculpabiliser) en préférant passer des moments agréables, étant donné qu'ils les voient moins souvent qu'auparavant. Bien que ce comportement soit compréhensible, lorsqu'un adulte n'aime plus son conjoint, il ne doit pas inciter l'enfant à ne plus aimer l'autre parent (en disant du mal de lui ou d'elle), car au niveau des sentiments, pour lui, il s'agit toujours de ses deux parents, qu'il aime autant l'un que l'autre et dont il a encore besoin. De plus, étant lui-même issu de ses deux parents, incriminer son père ou sa mère revient à l'incriminer lui-même également ! En préservant à ses yeux par vos dires et vos actes l'image de chacun de ses parents, vous éviterez des conflits familiaux très pénibles à vivre et à comprendre pour un adolescent. Conservez chacun votre rôle et maintenez le respect des règles établies avant la séparation.

« ***Il n'y a que le sentiment qui nous puisse donner des nouvelles un peu sûres de nous*.*** »
Pierre Carlet de Chamblain de Marivaux (1688-1763)

Problématique soulevée par l'absence du père dans l'éducation de l'enfant : père démissionnaire, père absent, père inexistant

L'absence du père pose évidemment un problème quand on élève des enfants, et c'est certainement l'une des choses les plus compliquées quand on se sépare de son conjoint. Ce manque dans la vie d'un adolescent est difficile à vivre, et l'éloignement par la distance géographique ne fait pas disparaître ce lien indispensable à son épanouissement.

---

* *La Vie de Marianne*, Le Livre de Poche, 2007.

Le rôle d'un père est complémentaire de celui d'une mère. Le père assure une sécurité émotive (non seulement pour ses enfants mais aussi pour sa femme), il éduque en apprenant à ses enfants le contrôle de soi, la patience et le renoncement à la satisfaction immédiate de leurs besoins et de leurs désirs. Il les aide à canaliser leur agressivité. Il est aussi le principal acteur de l'intégration de l'enfant dans le monde social (en l'initiant aux règles de la société) et le monde adulte. Le père permet la survie et l'épanouissement de l'enfant (en le séparant de la mère), tout comme il permet la survie de la femme qui existe dans la mère. Enfin, par le biais de la filiation, il assure à son enfant qu'il a bien un père (donc qu'il s'inscrit dans une histoire, ce qui le relie à l'humanité) et définit qui est ce père. Au regard de ces différents secteurs où se manifestent les fonctions paternelles, vous comprendrez aisément le rôle indispensable et précieux que joue le père pendant cette période de fragilité émotionnelle que vit l'adolescent. Parfois, certains pères, n'ayant pas eu eux-mêmes un père présent et attentionné, ne mesurent pas l'importance de leur présence et ne réalisent pas que c'est vital pour leur ado. Pour ces raisons, les adolescents doivent pouvoir demander au parent présent à ses côtés au quotidien (sans que vous laissiez transparaître d'éventuels conflits ou des sentiments négatifs envers lui) de solliciter l'autre parent quand il en a l'envie ou le besoin. Bien souvent, quand la demande émane de l'ado, le père entend mieux la demande, car cela lui prouve qu'il s'agit bien de son fils, ou de sa fille, qui a un réel besoin de sa présence et non pas de la maman qui tente de se déculpabiliser de son absence, en le sollicitant auprès des enfants. Le parent absent ressentira alors davantage l'importance de la place qu'il doit occuper dans la vie de son enfant, ce qui comblera la part de narcissisme dont il a terriblement besoin.

Certains pères (tout comme certaines mères) doutent de leurs capacités à s'occuper seuls de leur ado. Ils sont désemparés et se sentent incapables de répondre aux besoins de leurs enfants. Sachez que ce n'est pas si compliqué : votre ado souhaite juste, lorsqu'il est chez vous, partager un moment privilégié, sans présence maternelle, pour établir un contact. Faites en sorte, lorsqu'il vient en week-end ou pendant des vacances, de lui réserver la majeure partie de votre temps et d'en profiter pour partager des instants seul avec votre ado. Il en sera ravi et comprendra qu'il tient une place importante dans votre vie, que vous ne l'avez pas abandonné et que vous serez toujours là pour lui.

Devant l'importance du rôle du père, la mère se doit, en tant qu'adulte responsable, de garder un regard positif sur le père de ses enfants, qu'il soit là ou non. Ce n'est plus le moment de le juger en tant que conjoint ; vous devez régler vos conflits entre adultes et surtout pas par l'intermédiaire des enfants. Un enfant ne peut pas entendre que « son père est nul » ! Attendez qu'il grandisse et se rende compte par lui-même ! Pour l'instant, évitez (si possible) de rompre le contact, même si un tiers l'a remplacé. Vous ne pouvez pas ignorer son existence. S'il n'est pas présent, il importe de le faire exister dans vos discours de manière positive dans l'esprit de vos enfants. Vous leur préciserez que tous les enfants ont bien un père et une mère, et que cela est indispensable pour donner la vie…

Si un homme occupe la place du père dans le nouveau foyer, la vie commune du nouveau couple instaure alors la place de beau-père à ce nouveau composant de cette famille recomposée. C'est avec l'expérience de cette nouvelle situation qu'il deviendra « beau-père ». Il ne prend pas la place du parent manquant, il prend une autre place, une place à inventer (que le parent soit éloigné par le divorce ou même décédé, il restera toujours le père). La place du beau-père n'a rien d'une évidence et se dessine en fonction de l'investissement qu'il est prêt à offrir à sa relation avec les enfants, mais aussi de ce qu'eux en attendent. Quoi qu'il en soit, recomposer une famille nécessite de se donner du temps, pour les adultes comme pour les enfants. Il est nécessaire, avant la cohabitation (qui marque le début de l'expérience de beau-père), d'avoir le souvenir d'instants privilégiés vécus avec les enfants (donner un bain au plus jeune, regarder une vidéo avec l'ado, partager un petit déjeuner...). Malgré tout, ce n'est pas une situation facile, et tout le monde ne trouve pas sa place dans cette nouvelle histoire. C'est une aventure longue, complexe, qui nécessite beaucoup de patience, de respect mutuel, d'écoute et bien sûr d'amour, notamment au sein du couple qui se forme. L'adolescent – être fragile ! – peut souffrir d'un sentiment d'abandon de son père et montrer de l'hostilité envers son beau-père, même si celui-ci se montre attentionné et compréhensif. Les moyens de communication modernes (téléphone, Internet...) seront des alliés précieux permettant de ne pas couper la relation indispensable avec son père.

Ce constat est le même pour les pères absents pendant de longues périodes pour des raisons professionnelles. Dans ce cas particulier, vous pouvez expliquer à votre ado en quoi consiste réellement le travail de son père et lui expliquer que sa profession le contraint à voyager parfois loin et longtemps. Pour l'aider à concrétiser cette idée, utilisez une carte routière en notant les étapes qu'il traverse, racontez-lui les anecdotes rapportées par son père, dont il n'a pas toujours connaissance, et donnez-lui de ses nouvelles le plus souvent possible. À son retour à la maison, prévoyez un espace de temps nécessaire pour que le père communique avec son enfant en dehors de la présence maternelle. Il est courant, dans ce type de fonctionnement, qu'une osmose se crée naturellement entre la mère et ses enfants et qu'il soit alors difficile pour le père de retrouver sa place, l'ado ne prenant plus en compte l'autorité de son père. L'absence du père de manière ponctuelle ou sur une longue période ne produit pas de traumatisme sérieux chez un adolescent. Son attitude dépendra de votre accompagnement pendant cette période.

Monoparentalité et adolescence : une épreuve surmontable

Rien de plus difficile face à l'adolescence de son enfant de n'avoir personne à ses côtés pour partager les responsabilités et l'autorité. En France, 12 % des familles avec des enfants sont monoparentales et vivent avec les difficultés inhérentes à ce statut. L'une des toutes premières se trouve être d'ordre financier. En effet, continuer à payer les mêmes charges qu'un couple mais avec un seul salaire est une mission délicate, qui oblige parfois à faire des choix, comme dormir dans le salon pour libérer une chambre à son ado, réduire la fréquence ou la quantité des loisirs… Cet aspect de votre nouvelle vie sans l'autre entraîne des complications à gérer le quotidien, car avec des moyens financiers plus limités, il vous sera plus difficile de vous faire aider pour les tâches quotidiennes (ménage, garde des enfants et autres) que vous partagiez auparavant avec votre conjoint. Mais quand « l'autre » ne vit plus à la maison et qu'il manque à votre ado, vous devez prendre en compte qu'aucune mère, malgré sa bonne volonté, ne peut remplir la fonction paternelle, elle ne peut remplir que sa fonction maternelle. Et vice versa ! Il est par contre possible de déléguer des fonctions à d'autres personnes-ressources, comme les grands-parents, les oncles et tantes, les amis de la famille, ou même l'enseignant ou le professeur de sport, car toutes ces personnes peuvent proposer des limites, des modèles, des valeurs diversifiées qui vous permettront de ne pas supporter seul(e) l'éducation de votre ado et de vous libérer un peu pour vous occuper aussi de vous, afin de présenter à votre enfant le visage d'une personne sereine et épanouie. Être le seul parent présent au sein de la famille, c'est assurer plusieurs fonctions : celles de protéger, d'éduquer (au sens étymologique du mot ***educare***, signifiant « le conduire dehors avec soin », lui permettre de devenir autonome), d'initier l'enfant aux règles de la société, de contrôler, d'interdire et le cas échéant de sanctionner, mais c'est aussi le comprendre, répondre à ses besoins, le rassurer et lui prodiguer de l'amour. Apprendre à déléguer vous évitera de passer à côté de l'essentiel.

> « ***Garçon privé de père, il avait appris très jeune à mépriser toute autorité. Son esprit ne reconnaissait pas le devoir d'obéir à des êtres dont il avait découvert les faiblesses, son orgueil lui défendait de plier par prudence, à défaut de respect*.*** »
>
> André Maurois, romancier et biographe (1885-1967)

Pour la maman qui élève seule son enfant, il est compliqué de compenser l'absence du père. La mère représente avant tout l'abri, la sécurité, la chaleur, l'affection, la compréhension et l'amour fusionnel, et incarne dans la culture occidentale et son modèle familial traditionnel une « autorité de proximité » (c'est-à-dire qu'il y a une notion d'« instant » dans sa façon d'imposer). Le père, quant à lui, a une autorité plus factuelle, c'est pour cela que souvent la maman fait référence

---

* *Don Juan ou la Vie de Byron*, Grasset, « Les Cahiers Rouges », 2006.

au père lors d'une bêtise ne pouvant pas être traitée dans l'immédiat : « Tu verras, quand ton père va rentrer, ce qu'il pensera de ce que tu as fait ! »

Être « parent éducateur exclusif » entraîne des difficultés très spécifiques, comme celle de continuer à occuper la fonction maternelle, tout en acceptant de se séparer de son enfant pour qu'il puisse développer son identité en dehors de la symbiose maternelle et de rejeter la culpabilité de n'être plus qu'un. Quand un enfant vit avec un parent unique, et surtout la maman (source nourricière et réceptacle de vie), il peut se créer une dépendance affective entraînant une impossibilité de se détacher de cet amour maternel, ce qui causerait des difficultés d'adaptation à l'âge adulte. L'éducation de ces « adultes en devenir » est particulièrement délicate pour les mères, qui sont en plus confrontées à un sentiment de culpabilité renforcée par une société qui les range dans la case des « mères célibataires », engendrant des enfants perturbés ! En France, il existe de plus en plus de familles monoparentales, et pour leur majorité, elles sont composées de mamans seules. De ce fait, de plus en plus de garçons sont élevés par leur seule mère. Or, contrairement aux idées nouvelles en vigueur à partir de l'année 1968 qui faisait l'éloge des mamans, tout en saluant leur émancipation, aujourd'hui, le statut de mère seule est totalement tabou. Les courants de pensée de la société actuelle et les médias tendent à prouver que les mamans sont souvent incapables de gérer leur ado seules, faute de pouvoir établir et faire respecter des règles de vie à leur enfant, lequel deviendrait donc un futur « enfant en difficulté ».

Certains spécialistes de l'enfance et psychologues ne cessent de répéter que les enfants, pour grandir de façon équilibrée, ont absolument besoin de leurs deux parents, pour éviter entre autres les relations trop exclusives. Au regard de cette problématique (impossibilité d'imposer l'autorité, risque de relation exclusive fusionnelle et destructrice, problème financier...), une certaine inquiétude peut naître chez les mamans, face à la difficulté d'élever seules un adolescent, et cela peut même, pour certaines, relever du domaine de l'impossible, mais gardez en tête que le principal réside dans le fait de lui inculquer des valeurs (respect, honnêteté, tolérance...) et de lui dispenser de l'amour.

Élever un enfant seul, entre généralités et réalité

S'il est vrai que le constat évoqué auparavant peut paraître négatif, extrêmement moralisateur, voire caricatural, il permet tout de même de prévenir des difficultés réelles, lorsque l'un des parents vit seul avec un ado. Même si votre conjoint n'est plus là, votre enfant a tout de même besoin d'une mère aimante qui impose ses règles et les fait respecter (ce n'est pas une copine qu'il recherche, mais une figure parentale !) pour se sentir en sécurité et vivre ainsi une relation sereine. Vous agirez différemment selon que le parent a quitté le domicile conjugal ou qu'il est décédé. L'équilibre familial, détruit dans un premier temps, peut cependant être rétabli. Pour ce faire, vous pouvez, grâce à un discours positif et neutre, faire exister ce père absent et évoquer les bons souvenirs que vous avez vécus à ses côtés. Si votre ado vous questionne à son sujet, répondez-lui favorablement. Pour arriver à adopter la bonne attitude, il est impératif, en cas de décès, de faire en premier lieu votre propre deuil de la personne aimée.

Le papa n'est plus là, et sa présence lui manque, il faut néanmoins assumer de vivre sans lui, sans chercher à compenser et sans culpabiliser (ce qui n'est pas chose aisée). Votre ado ressent votre mal-être, qui s'ajoute au sien. Aussi, pour alléger sa peine, donnez-vous les moyens d'être heureuse, en revendiquant le droit d'être encore une personne avec des désirs et des besoins. Ne vous focalisez pas sur la situation (qui est courante à notre époque) et pensez que des personnes dans votre entourage peuvent être d'une aide précieuse et remplir un rôle d'identification auprès de votre ado. Celui-ci a besoin de modèles masculins pour se construire, car même si le papa joue un rôle très important dans l'éducation de l'enfant, « grandir sans père » ne signifie pas « grandir sans repères ».

Comment se passe la vie d'un papa qui élève seul son enfant ? On parle peu de ce cas de figure, et pourtant en France, 15 % d'hommes sont à la tête de familles monoparentales. Cette minorité d'hommes a souvent fait le choix d'élever seuls leurs enfants, mais ils éprouvent néanmoins, eux aussi, des difficultés importantes. Ils craignent de mal éduquer leurs enfants et peuvent parfois inconsciemment essayer de remplacer la maman en adoptant un comportement plus féminin. Ils doivent également endosser seuls l'ensemble des tâches et disposent donc de moins de temps pour eux. Comme on le voit, les problèmes rencontrés sont les mêmes, qu'il s'agisse d'une maman ou d'un papa, à la tête d'une famille monoparentale. L'image du « papa poule », associée à l'homme qui gère seul son foyer, apparaît comme un élément négatif dans sa carrière professionnelle. Le dilemme de la monoparentalité est en fait un dilemme unisexe.

Le chômage : un drame familial

Le climat social d'une famille est un critère important à prendre en considération, pour toute évaluation du comportement d'un adolescent. Quand il est stable, l'adolescent conserve ses repères parce qu'il se trouve dans un environnement connu et habituel. En revanche, quand le contexte familial est perturbé par une perte d'emploi, l'adolescent ressent souvent de l'inquiétude similaire à celle ressentie face à des difficultés scolaires. L'adulte, en bousculant la structure familiale, amène l'adolescent à voir son père (ou sa mère) d'une tout autre manière. L'adolescent construit sa propre image, son identité et s'imprègne de certaines valeurs nécessaires à toute bonne éducation, grâce à sa famille et à ses amis. Les parents représentent un exemple, mais aussi un appui primordial sur lequel l'adolescent peut se raccrocher en cas de problème. Dans le monde du travail et de l'école, les relations ne sont pas fondées sur l'amour mais sur la réussite, qui prime avant tout. C'est pour cela qu'un enfant en difficultés scolaires deviendra vite « le mauvais élève en échec ». L'adulte devra alors faire face à une image négative de son enfant, renvoyée par la société. Pour les adolescents, le mot « chômage » est extrêmement négatif. Il devient, proféré par eux, une insulte – « espèce de chômeur ! » – engendrant une honte envers celui à qui on la destine. Il est alors inconcevable pour votre enfant que ses parents fassent partie de ceux que l'on injurie. Il ne faut pas non plus mettre de côté l'aspect matériel qui découlera de cette nouvelle situation. En effet, les adolescents sont des consommateurs influencés par la publicité et par leurs camarades. Expliquez-leur qu'au regard de ces nouveaux événements, il leur faudra accepter de faire des concessions en baissant leur niveau de vie, afin de réaliser les économies indispensables à la continuité du bon fonctionnement de la famille. Bien sûr, vous n'oublierez pas de leur préciser qu'il en sera de même pour tous les membres du foyer, afin d'éviter qu'ils ne le vivent comme une injustice.

Une épreuve qui démontre les forces des liens familiaux

Cette période dramatique peut, par certains côtés, se révéler positive. Face à ce revirement de situation, la famille peut devenir plus soudée. En effet, affronter tous ensemble des difficultés financières conduira votre enfant à faire des concessions et à réfléchir avec vous aux solutions possibles pour vivre avec un budget moindre. Trouvez un moyen *fun* de traverser cette épreuve : cuisinez plus malin avec lui (organisez des pique-niques, des soirées crêpes...), en remplacement des sorties au restaurant, beaucoup plus onéreuses. Faites aussi des collections de bons de réduction. Une famille soudée est la clef pour traverser cette épreuve le plus sereinement possible.

Retours d'expérience

Une adolescente âgée de 16 ans, présentant les symptômes de l'anorexie, consultait fréquemment des médecins. Cette jeune fille venait souvent où je travaillais, pour trier des vêtements pour le Secours populaire. Elle paraissait souvent morose. Au bout de deux mois, je compris qu'elle se privait de manger pour une autre raison que son apparence physique. Je pris rendez-vous avec sa psychologue pour discuter de mes constatations, puis voyant que rien ne changeait, je demandai à la famille de me rencontrer. Le père m'apprit qu'il était resté au chômage pendant deux ans. Cette période coïncidait exactement avec le début des troubles anorexiques de sa fille. Jour après jour, j'essayai de gagner sa confiance. Quand elle décida de se confier, elle m'expliqua pourquoi elle avait renoncé à se nourrir. Elle ne mangeait plus de peur de coûter cher à ses parents et d'être abandonnée. Elle avait surpris une conversation entre ses parents qu'il l'avait conduite à cet excès dangereux pour sa santé, par ignorance de la nouvelle situation vécue par la famille. En effet, pensant la protéger des aléas de la vie, ils avaient choisi de ne rien révéler à propos du chômage que subissait l'un des parents, ainsi que des conséquences inévitables qu'il engendrerait sur le mode de vie de chacun.

Je reçus plusieurs appels désespérés d'une mère qui déplorait le fait que son fils lui manquait totalement de respect. Elle ne savait plus quelle attitude adopter, et devant son profond désarroi, je lui proposai de passer à son domicile pour faire connaissance avec son ado. Dès le premier jour, celui-ci se montra extrêmement agité, peu enclin au dialogue et pouvant à tout moment adopter une réaction impulsive et incontrôlable si, par malheur, un sujet trop brûlant venait à être abordé sans ménagement. Il était le type même de l'ado à fleur de peau et donc à manipuler avec précaution. Une fois certain qu'il n'était pas sous l'emprise de stupéfiant, je m'installai à ses côtés pour entamer une conversation que j'espérais productive. Les coudes posés sur son bureau, la tête enfouie dans les mains, son attitude laissait penser qu'il s'était calmé, mais sa jambe qui tressautait au rythme de sa respiration saccadée prouvait le contraire. Je me doutais qu'il se posait mille questions sans avoir trouvé de réponses. Sa mère m'avait évoqué les problèmes que son fils rencontrait concernant les relations inexistantes avec son père. C'est donc avec le plus grand tact que j'en vins à lui en parler. À cette évocation, il sursauta et bondit tel un diable hors de sa boîte : « Je parle pas de lui ! »

Je me souvins que sa mère m'avait précisé lui avoir fait croire à tort que son père était décédé et qu'elle avait préféré cette version plus simple à expliquer, selon elle, car son père ne souhaitait pas – selon ses dires – voir son enfant. La démarche de cette femme, aussi désespérée fût-elle, m'apparut dans toute son horreur. Le comportement de l'ado se justifiait devant l'ampleur du mensonge. Je me devais de le mettre au courant en la présence de sa mère à laquelle j'avais parlé auparavant. Il me fallut du temps pour tisser des liens de confiance avec ce jeune, mais j'y parvins et je finis par lui faire dire que son père lui manquait et que sa mère ne voulait pas qu'il le voie. Pouvoir enfin exprimer à voix haute ce qui le rongeait depuis des années fut libérateur pour lui et annonciateur d'un futur plus à l'image de ce qu'il souhaitait. Aussi, quand je lui proposai d'en débattre avec sa mère, il accepta mon offre avec un grand soulagement. Je me positionnai en tant que médiateur et organisai une réunion où la mère et le fils devaient s'entretenir du sujet préoccupant l'ado. Le fils ne mâcha pas ses mots, pas plus qu'il ne les choisit, il utilisa un langage fleuri qui eut pour effet de décider sa maman à accepter l'idée que son fils désirait voir son père et à lui confier son numéro de téléphone afin de le joindre. L'ado s'empressa de contacter son père, tant il attendait ce moment depuis longtemps. L'accueil qu'il lui réserva ne fut pas à la hauteur de ses espérances, tant s'en faut ! Les mots de rejet lui firent l'effet d'une douche froide sous un soleil de plomb. Ce « père » ne souhaitait pas le rencontrer. C'était aussi simple que ça ! Ce fut un terrible choc dont il ne se relèverait pas sans bleus, et je décidai de continuer mon suivi pour l'aider à se battre, à relever la tête et à continuer de vivre sans lui. Autour de lui gravitaient plusieurs figures masculines avec une solide expérience de la vie et qui pouvaient lui servir de modèles et de repères essentiels à son âge (comme son professeur de boxe qui était lui-même père d'un ado, ou encore son grand-père qui avait acquis la sagesse des hommes d'un certain âge). Je lui expliquai qu'il n'était donc pas seul mais entouré d'hommes sur lesquels il pouvait se projeter ou s'appuyer pour devenir un homme, à son heure. Mes conseils l'apaisèrent et il comprit qu'il lui faudrait faire le deuil de ce père qui ne méritait pas ce nom. Ce serait long et parfois douloureux, mais il était persuadé qu'un jour il comblerait ce vide et cela s'appelait « l'espoir ».

Les conseils de Pascal

- N'oubliez pas que vos enfants ont besoin de leurs deux parents, ne tentez donc pas d'éloigner vos enfants de votre ex-conjoint. Ne demandez pas à votre ado s'il aime plus l'un ou l'autre. Il aime ses deux parents, et c'est normal ! C'est un de ses parents qui n'aime plus son conjoint, ce n'est pas lui. Ne critiquez pas l'autre parent devant votre ado, cela serait douloureux pour votre enfant.

- Favorisez le contact et aidez votre ado à le maintenir, notamment avec le parent chez qui il ne vit pas. Demandez-lui s'il veut l'appeler, laissez-lui son numéro à disposition ainsi que l'adresse postale, au cas où il souhaiterait lui écrire. Donnez-lui des copies des photos prises pour qu'il les partage avec l'autre parent.

- N'utilisez pas votre ado pour faire passer des messages à votre ex-conjoint, prenez vos responsabilités et faites-le vous-même.

- Même si vous éprouvez de la tristesse lorsque votre ado part chez son autre parent, efforcez-vous de ne rien laisser paraître.

- Ne prévoyez rien avec votre ado sur le temps consacré à son père (ou à sa mère) sans son accord et celui de l'ado. N'annulez pas (sauf pour raisons graves, et dans ce cas, prévenez l'autre parent) sa visite prévue chez son papa ou sa maman.

- Quand votre enfant revient, prenez soin d'aller vers votre ex-conjoint (s'il reste dans sa voiture) pour lui dire quelques mots de politesse ou proposez-lui pour les fois prochaines de venir déposer votre enfant jusque chez vous. Ce court instant de vie avec ses deux parents est rassurant pour l'ado et bénéfique quant au respect des règles, car il constate que vous êtes encore une « équipe éducative ». Si possible, ne vous disputez pas devant lui ! Si vous savez en être incapable, demandez à une tierce personne de vous le déposer.

- Discutez de l'argent de poche avec votre ex-conjoint, car il est primordial qu'il y ait un équilibre entre les deux foyers.

- Ne bouleversez pas ses habitudes de vie ni son cadre de vie sous prétexte qu'un parent a quitté le domicile. Sa chambre (lieu de vie préféré d'un ado) doit rester intacte, les sorties en famille prévues avant la séparation se feront avec vous seul ou avec des amis ou encore avec un autre membre de la famille, mais ne seront pas annulées.

- Ne critiquez pas systématiquement le nouveau conjoint devant votre enfant. Le beau-père, ou la belle-mère, a déjà beaucoup de mal à trouver sa place dans cette nouvelle histoire, car nous l'avons vu, recomposer une famille n'est pas simple. Il est donc important que vous n'exprimiez pas de propos négatifs à son égard devant votre ado, car cela ne faciliterait pas son adaptation au sein de cette nouvelle famille, bien au contraire. Il est très important qu'il vous voit heureux, pour l'aider à se structurer et à accepter ces changements familiaux et donc votre nouveau conjoint.

- Donnez-lui la chance de s'exprimer. Proposez-lui régulièrement de discuter sur la séparation survenue au sein de votre couple, ou sur une perte d'emploi subie par un des parents. Il ne s'agit pas de tout lui dire, mais d'expliquer en choisissant bien ses mots la nouvelle situation à laquelle la famille est confrontée et les économies qu'elle devra réaliser. Ne l'obligez pas à s'exprimer sur le sujet, s'il ne le fait pas spontanément. Il vous écoute, c'est déjà un bel effort !

- Ne jouez pas un rôle ! Montrez votre peine, si vous en avez, sans chercher à la dissimuler en faisant semblant d'aller bien. L'adolescent, qui est avant tout un être humain, ressent votre tristesse. Contentez-vous de le rassurer : ce n'est pas lui qui vous occasionne du chagrin.

- Soyez présent pour lui. Pour lui montrer votre amour, partagez le plus possible de moments d'intimité afin de vous constituer de beaux souvenirs vécus en commun.

- En cas d'impossibilité de votre part, écrivez-lui en joignant parfois des photos qui lui rappelleront les instants de vie passés à vos côtés. N'oubliez pas de célébrer, voire de fêter, les moments importants de sa vie : son anniversaire, son premier rendez-vous, un match de foot...

- Préparez la présentation de votre nouveau conjoint. Pour éviter que votre adolescent ne soit jaloux ou rejette votre nouveau/nouvelle compagnon/compagne, rassurez vos enfants en leur expliquant que la place qu'ils occupent au sein du foyer sera inchangée. Ils resteront dans votre cœur quoi qu'il advienne ! Cela évitera qu'ils se sentent en compétition avec la nouvelle personne qui intègre votre foyer. Ils n'en seront que moins anxieux et se persuaderont de la stabilité de votre amour.

- Conservez du temps pour vos enfants et surtout ne leur présentez pas votre nouveau conjoint avant que la relation ne soit vraiment sérieuse. Le fait de rencontrer divers partenaires amoureux peut inquiéter les adolescents et les plonger dans une instabilité affective qui pourrait entraîner un rejet des futures relations qu'ils pourraient développer plus tard dans leur propre vie.

DEVOIR Nº 18

Identifier les causes du mal-être de votre adolescent et demander de l'aide

Un échec parental

Il n'existe rien de plus frustrant et décourageant pour un parent que de se sentir impuissant face à la détresse ou à la rébellion de son enfant. Toute situation mal vécue par l'adolescent peut devenir extrêmement problématique. Chacun sait que provoquer l'adulte, en se mettant en danger et en ne respectant pas l'autorité, représente un moyen pour tester les limites des parents. Ces attitudes conflictuelles répétées auront des conséquences si elles deviennent incontrôlables. N'attendez pas et demandez l'aide d'un spécialiste. Comme nous l'avons vu tout au long de cet ouvrage, la crise de l'adolescence n'est pas infranchissable. Néanmoins, si les conflits sont omniprésents et les limites légales trop souvent outrepassées, la communication sera rompue entre parents et enfants, et il sera indispensable d'y remédier.

Les jeunes, même s'ils ne l'avouent pas, ont un besoin évident de parler avec les adultes de leur trajet de vie et de ses aléas pour se sentir soutenus, compris et aidés, si besoin. Les problèmes rencontrés sont souvent des « incidents » de parcours dont ils pourront tirer les conclusions nécessaires pour prendre conscience des faits et ainsi faire avancer leur raisonnement et en sortir grandis. Par contre, si le problème persiste, si l'adolescent continue par exemple à s'alcooliser massivement, à se droguer, à se couper de toutes formes de communication avec les adultes, ces derniers se doivent d'être très attentifs et de tenter de découvrir ce qui peut avoir déclenché ces comportements à risques. Certains y verront un problème qu'il faudra régler à tout prix et rapidement tandis que d'autres penseront qu'il s'agit seulement d'une conséquence de ce que l'on appelle communément « la crise d'adolescence ». Il est donc important de déceler les symptômes d'une éventuelle pathologie pendant cette période délicate de la vie de votre enfant.

Dans notre entourage, nous avons tous rencontré ou entendu parler d'enfants ou d'adolescents « difficiles » présentant des conduites déviantes inadaptées aux règles de vie en société. Mais qu'est-ce réellement qu'un ado difficile ? Tout d'abord, n'oubliez pas qu'il s'agit d'un adolescent. La crise qu'il traverse est un phénomène transitoire normal. Si votre enfant, par son comportement ou ses paroles, s'oppose, refuse de vous obéir ou encore se montre agressif, violent ou protestataire, l'adulte tendra à penser qu'« il est difficile » ! Alors, une des grandes difficultés sera de savoir à quel moment on aura affaire à un adolescent – avec ce qui caractérise cette période d'évolution, de transformation de la vie et de quête de l'autonomie propre à l'adolescence – et à quel autre moment on se trouvera confronté à l'installation et parfois à l'addiction de comportements dont notre adolescent ne pourra plus se dégager. Certains signes témoignent d'une profonde souffrance qu'il vous faudra détecter. Il n'existe pas de réponses toutes faites. Pour l'aider, vous devrez faire tout un travail de compréhension de ce qu'il se passe dans la difficulté que votre enfant vous impose, vous oblige à vivre et qui a du sens pour lui. Sous quelle forme et auprès de qui peut-on trouver l'aide nécessaire à apporter à ces adolescents mal dans leur chair et dans leur tête ?

« ***L'adolescence est un âge "contradictoire" où le rejet de l'adulte est à la mesure du besoin qu'on en a*.*** »

Philippe Jeammet, chef du service de psychiatrie de l'adolescent et du jeune adulte à l'institut Montsouris

* *L'Express*, n° 2759, 17 mai 2004.

Des adolescents dépressifs

De nos jours, tout le monde a tendance à se dire « en souffrance » trop facilement, ce qui permet une utilisation abusive du terme « dépression ». Il s'agit pourtant d'une vraie maladie. Les symptômes sont nombreux et spécifiques. La personne dépressive éprouve en permanence une sensation de fatigue que ni le sommeil, ni le repos n'atténuent. Elle ressent une tristesse intense, une incapacité à éprouver du plaisir, une hypersensibilité émotionnelle ainsi que des impressions d'abandon, d'inutilité et de solitude. La dépression est un trouble de l'humeur qui modifie notre manière de vivre, nos comportements et nos émotions. Nous connaissons tous une personne qui traverse (ou a traversé) un épisode dépressif au cours de sa vie. La dépression peut toucher toutes les tranches d'âge, notamment les adolescents. Consultez un médecin, si vous remarquez chez votre enfant tous ou certains de ces symptômes : visage inexpressif, parole lente et traînante, manque de réaction, dégradation du sommeil, pleurs incontrôlés, pessimisme permanent, absentéisme scolaire… La dépression chez l'adolescent est plus difficile à déceler que chez l'adulte. Les manifestations de cette maladie sont moins flagrantes et peuvent donc altérer votre jugement, car elles sont plus proches du comportement habituel d'un adolescent (afficher une impression d'inexpressivité, éprouver de la difficulté à accomplir les tâches courantes et à se concentrer, refuser de manger à heures fixes, dormir d'un sommeil trop court, réagir avec une sensibilité exacerbée face aux situations de la vie quotidienne, exprimer des pensées négatives…). Les signes sont donc plus difficiles à percevoir par les parents. À cause de cette complexité, une consultation chez un spécialiste de l'enfance (psychologue, pédopsychiatre) est indispensable. La dépression chez les adolescents peut revêtir plusieurs aspects observables : troubles du sommeil, dévalorisation de soi, tristesse soudaine et continue, altération de l'appétit… D'autres dérives indiquent également un état dépressif : c'est le cas de la consommation d'alcool et/ou de drogue, de l'anorexie ou de la boulimie. L'automutilation, tout comme les scarifications, est aussi un signe de dépression, nous les aborderons plus tard. Les symptômes surviennent le plus souvent de manière soudaine et persistent. Ces signes d'alerte débutent fréquemment après un événement particulier. La dépression chez l'adolescent est souvent déclenchée par de grands changements de vie traumatisants, comme une séparation, un déménagement, un deuil… L'équilibre de l'entourage de l'enfant sera primordial pour qu'il traverse l'épreuve sans dommages. Il influence donc beaucoup sa santé mentale et affective. C'est le baromètre d'une vie équilibrée et harmonieuse. La dépression se produit généralement lorsque l'enfant est soumis à différentes pressions et contraintes. Les causes de la dépression ont comme origine un ensemble de facteurs qui lient la santé, les antécédents familiaux, l'environnement… Une fois le tri effectué entre les signes d'alerte dus à l'adolescence et ceux relevant d'une pathologie, vous devrez agir vite, car l'étape suivante pourrait être la tentative de suicide. Sachez aussi que les jeunes ayant connu un épisode dépressif non diagnostiqué ou mal soigné seront plus exposés à l'âge adulte pour contracter cette maladie.

Un mal-être profond

Notre société actuelle connaît un effondrement économique (qui touche particulièrement les jeunes) et une culture basée de plus en plus sur l'individualisme, le narcissisme et le fanatisme, qui laisse bien peu de place à l'humanisme. « Réussir » est devenu le maître-mot pour vivre à notre époque.

On peut se demander si, dans un tel climat, la jeunesse a envie de devenir adulte. C'est pratiquement devenu un choix de vie. L'adolescent qui doute de son avenir, éprouve des difficultés à appréhender le monde et ne se sent pas prêt à assumer des responsabilités choisira de fuir ce qui l'attend en s'évadant par l'intermédiaire des jeux vidéo ou à l'aide de substances plus dangereuses telles que les sodas alcoolisés et les drogues. Le corps, à la fois interne et externe, qui se transforme à l'adolescence, est parfois porteur d'étrangeté. L'adolescent en quête du sens de l'existence s'infligera différentes expérimentations corporelles, une mauvaise conduite alimentaire ou encore des attaques contre lui-même (scarifications). Cet acte est aussi un moyen de délivrer un message. Votre adolescent ne désire pas mourir. Ces violences cutanées auto-infligées représentent un appel à vivre et, surtout, un appel à l'aide.

La question de l'agressivité à l'adolescence devient fondamentale, car à travers elle, c'est vers autrui qu'il va (vous, en l'occurrence) ! Votre adolescent sollicite une reconnaissance de votre part. Il est primordial de ne pas le banaliser, car c'est avant tout un problème psychique à ne pas négliger. À l'heure où l'identité est en question, la peau – tissu particulièrement intriqué avec le fonctionnement psychique qui révèle l'intimité des émois affectifs des adolescents (acné, rougeurs…) – revêt une importance capitale. Véritable vitrine des modifications vécues à la puberté, elle expose aux yeux de tous nos changements internes. L'adolescent, pour « mettre des mots sur ses maux », utilise sa peau comme support, et la marque d'un trait de lame, d'où s'écoule une goutte de sang tout comme on écrit à la plume sur une feuille blanche, où une tache d'un noir d'encre s'étale. Il emporte partout ce livre ouvert quelque peu indécent, ce journal intime relatant ses émois, ses pensées inavouées, ses peines, pour crier à la face du monde son mal-être profond. La peau et le moi sont intrinsèquement liés. De nombreuses expressions en font état : « Sauver sa peau », « Être bien dans sa peau… » Si certains ados se tatouent dans une dynamique d'affirmation de soi, la scarification est une tout autre démarche. Cette incision cutanée démontre une souffrance – l'adolescent est prêt à « risquer sa peau » – qui peut être une première étape vers une automutilation (privation irréversible d'un organe) et/ou le suicide. Les scarifications sont pratiquées dans la majorité des cas hors de tout contexte dépressif, les adolescents sont plus anxieux que déprimés, même si les idées de suicide sont fréquentes. Par ce geste, ils expriment leur anxiété et lancent un appel à l'attention de l'autre. La première fonction d'une scarification est paradoxalement d'arrêter la souffrance que ressent l'adolescent. Par ce geste, il recherche à évacuer et à soulager son traumatisme. Le soulagement éphémère que procure une scarification classique avec des incisions superficielles faites sur le dos de la main, le poignet ou l'avant-bras, devenu insuffisant, l'adolescent en quête de bien-être passera aux scarifications atypiques affectant d'autres parties du corps : face, cou, thorax, abdomen, cuisses, organes génitaux. Parfois, il tailladera sa peau avec une extrême violence, en formant des lettres, des mots morbides, des motifs, des symboles ou encore des tags cutanés, et pourra même, dans un contexte hystérique, associer cet acte à des automutilations. Tel un rituel, cette attitude durable destinée à nuire à lui-même se répétera avec une intensité croissante. Ces altérations intentionnelles conscientes et directes de son corps représentent des agissements d'une extrême gravité. Elles sont le reflet de graves troubles de la personnalité – d'une psychose – associés ou non à des troubles de l'humeur. La meilleure façon d'agir pour que cesse la répétition de ces gestes est de fournir au jeune un moyen de verbaliser sa souffrance et de lui permettre de l'exprimer autrement, à quelqu'un qui puisse l'entendre.

La fin de vie comme issue

Face au stress engendré par une société qu'ils ne comprennent pas toujours, les jeunes ont du mal à se sentir exister et à affirmer leur identité. Ils se définissent comme une « génération perdue » et se sentent abandonnés par la société. Ils pensent tout naturellement ne pouvoir compter que sur eux-mêmes pour réussir, mais reconnaissent également le besoin de solidarité. Ils reflètent aussi parfois, dans leur façon de penser et de se conduire, l'angoisse véhiculée par leurs parents qui ont intériorisé le fait que la situation des jeunes était extrêmement difficile. Ayant eux aussi connu la crise, les deux générations sont solidaires face à cette situation. Mais certains adolescents, parmi les plus démunis, ne peuvent pas lutter et ne trouvent pas la force de se battre pour se faire une place dans ce monde qui les effraie. La seule solution qu'ils entrevoient est celle de le quitter. Pour exprimer leur révolte, les garçons s'en prennent plus souvent à la société, en se livrant à des actes de délinquance, comme la dégradation des biens ou des lieux (individuels ou appartenant à la communauté). Alors que les filles ont recours à une violence auto-infligée.

Aujourd'hui, un nombre très important de jeunes est en désespérance. À 15 ans, près de 21 % des filles et près de 9 % des garçons ont déjà tenté de se suicider. Des résultats inquiétants, d'autant plus que la France est fortement touchée par ce phénomène. Une journée nationale de prévention du suicide est d'ailleurs organisée chaque année. Si le suicide est un acte ambigu, l'adolescent qui y pense vit dans tous les cas une détresse importante. Cette envie « d'en finir » est un signal fort qu'on se doit d'entendre. Plus la tentative de suicide est banalisée, plus elle sera renouvelée. L'appel de détresse de l'ado étant négligé, on assistera à une accélération de l'engagement dans l'acte de suicide la fois suivante. Bien que les motivations qui amènent un adolescent à se suicider soient complexes et difficiles à définir, certains critères de motivation sont à prendre en compte pour comprendre cet acte. Tout d'abord, l'adolescent cherche à échapper à une souffrance ressentie comme intolérable en reprenant la main sur son destin. C'est lui qui décide, c'est lui qui agit. Il veut détruire son corps afin de le contrôler et revendiquer son identité. Mourir pour demeurer à jamais dans la mémoire des autres. Qu'il soit « égoïste » ou « altruiste », le suicide constitue toujours une réponse à un sentiment d'incapacité à s'en échapper.

Une communication rompue

Pendant l'adolescence, le dialogue s'avère indispensable pour prévenir les comportements à risques. Il n'est pourtant pas rare de voir la communication entre parents et adolescents être rompue. Les échanges deviennent rares et souvent conflictuels. L'adolescent cherche à s'affirmer, se rebelle et se confronte à ses parents, car il évolue physiologiquement et physiquement. Les adultes deviennent des ennemis qui, à ses yeux, ne peuvent pas le comprendre, et il le vit très mal. De plus, les jeunes éprouvent des difficultés à contrôler leurs émotions. Ils réagissent d'une manière excessive et colérique face aux critiques des parents. Au cours de la moindre discussion, l'adolescent se montrera systématiquement en opposition par rapport aux dires de ses parents, ce qui créera des situations conflictuelles. Les parents, confrontés à des enfants devenus agressifs, irrespectueux et provocateurs, trouveront souvent plus simple de ne plus communiquer afin d'éviter certains sujets de conversation qui risqueraient de provoquer une escalade, les menant à d'inévitables altercations. Cette facilité, bien que légitime (on aspire tous à vivre en paix chez soi !), n'est pas la solution à adopter, car elle fragilise la possibilité de communiquer entre les jeunes et leurs parents.

L'adolescent détient l'art des secrets et des petits mots cachés. Il les partage avec ses confidents privilégiés : ses amis. Ce besoin de vous cacher les événements qui tapissent sa vie vous conduit à le questionner de façon insistante et à outrepasser vos droits en piétinant l'espace intime de votre enfant. Avant qu'il ne soit trop tard, établissez une communication de qualité avec votre adolescent pour ne pas rompre le dialogue, car les conséquences peuvent être graves : repli de l'adolescent sur lui-même, dépression, suicide… Cependant, il convient de respecter certaines règles pour communiquer avec votre ado. Vous devez tout d'abord prendre conscience que votre enfant est presque un adulte, de ce fait, comme tout un chacun, il possède un « jardin secret » (son intimité), et vous aurez à cœur de le respecter. Votre adolescent testera vos limites et tentera de vous pousser dans vos derniers retranchements, en contre-argumentant vos propos. Sachant cela, vous devrez utiliser des arguments en rapport avec le vécu. Vous l'écouterez, sans monopoliser la parole, tiendrez un discours clair, concis et cohérent et éviterez de jouer au moralisateur. N'oubliez pas que les cris et la colère sont mauvais conseillers et ne favorisent pas le dialogue, bien au contraire. À la fin de chaque communication, votre adolescent ne doit se sentir ni gagnant ni perdant. L'équité est capitale pour un dialogue agréable et efficace avec un adolescent. Si malgré ces conseils, vous n'arrivez plus à communiquer avec votre enfant, demandez de l'aide en vous appuyant sur des personnes tierces : la famille, les amis proches de vous et/ou de votre enfant, et/ou des professionnels, comme un pédopsychiatre.

Oser demander de l'aide

Le comportement de certains adolescents dépasse les agissements typiques de leur tranche d'âge. Ils refusent toutes les limites en n'hésitant pas à enfreindre certaines lois et à mettre en péril leur vie et celles des autres. Ils adoptent des conduites déviantes qui peuvent les mener à la délinquance. Soyez vigilants et étudiez leur façon d'être. S'ils sont renfermés davantage qu'à l'accoutumée et refusent ou ne se montrent plus capables de communiquer, s'ils ne fréquentent plus leurs amis et restent chez eux, en ayant toujours la même occupation (jeux vidéo), acceptez de vous faire aider, car cette attitude reflète un mal-être pouvant relever de la névrose obsessionnelle. La santé mentale de votre enfant peut être atteinte. Dans ces cas-là, vous, leurs parents, ne pouvez plus rester seuls. Faites appel à des professionnels. Demander de l'aide peut aussi s'avérer utile dans de nombreuses situations, et ce n'est en aucun cas un constat d'échec éducatif qui vous incombe totalement. La démarche est difficile, mais n'y voyez pas de la faiblesse. En effet, reconnaître que vous ne pouvez plus rien entreprendre, car vous ne savez pas comment l'aider, que vous êtes arrivés dans une impasse, représente en réalité une grande preuve de courage. Vous faites preuve de discernement en étant conscients de vos limites. Demander un avis et des conseils à un professionnel vous permettra de trouver la solution adaptée à votre cas ; l'avis d'une personne extérieure et son regard sur votre situation sont souvent très éclairants. Vous avez sûrement aussi un travail à faire sur vous-mêmes. En effet, se trouver face à son adolescent en crise peut faire ressurgir des blessures lointaines de votre propre enfance ou de votre propre adolescence que vous avez, vous aussi, mal vécues. Ce traumatisme non réglé peut aussi vous empêcher de réagir sereinement avec vos propres enfants. Se faire aider soi-même est complémentaire pour bien guider votre adolescent. Les professionnels offrent une écoute attentive et confidentielle. Ils mettent à disposition leurs connaissances et leurs expériences. Cette amélioration voulue ne se fera pas sans efforts de votre part : vous devrez vous impliquer dans le processus de restauration des relations, afin que les résultats apportent des solutions bénéfiques pour améliorer les rapports avec votre enfant. Ne restez pas seuls avec votre problématique, à tenter de maîtriser une situation qui vous échappe ! Demandez de l'aide aux personnes auxquelles il convient de vous adresser.

Retour d'expérience

Une jeune fille de 17 ans fréquentait souvent la structure ouverte ou j'intervenais une fois par semaine en tant qu'éducateur spécialisé. Cette adolescente était très souriante et féminine, un peu précieuse mais néanmoins attachante. Je la côtoyais chaque semaine. Au bout de deux mois, je notai une franche transformation de son apparence. Ses amis affirmèrent qu'elle se disait « gothique », voire « satanique » (adoratrice de Satan). Elle admirait Marilyn Manson et s'habillait tout en noir. Je ne la croisais qu'épisodiquement et pensais qu'elle traversait une période de doute et de rébellion et qu'elle s'affirmait à travers son style de vêtements, donc rien de bien important à son âge. Deux semaines plus tard, son apparence m'interpella, elle se négligeait sur le plan de l'hygiène. Ses cheveux n'étaient pas lavés, et visiblement, lors de ses déplacements, son langage corporel laissait transparaître un certain mal-être. Le personnel présent au quotidien m'expliqua qu'elle avait connu une déception amoureuse et qu'il était normal qu'elle ait changé de style pour se chercher une nouvelle personnalité.

La semaine suivante, je m'étonnai de la voir en pull-over à manches longues en plein été. Tout naturellement, je lui demandai si elle avait froid. Elle me répondit par la négative. Ajoutant familièrement : « Non, et alors, ça te gêne ? » Ma réponse fut claire et polie : « Non, pas du tout, je m'intéresse à toi, c'est tout, si tu as des problèmes je suis à ta disposition, si tu désires en parler. » Au retour de mes vacances, trois semaines plus tard, je l'aperçus au détour d'un couloir. Elle portait les stigmates de scarifications sur son avant-bras. Mon expérience en ce domaine m'alerta. Je convoquai donc ses parents pour les avertir des dangers d'une telle pratique. Les parents me trouvèrent alarmiste. Ils banalisèrent le geste de leur fille en disant que c'était une pratique courante chez les jeunes. Ils étaient persuadés que la punition qu'ils lui avaient infligée lui ferait passer l'envie de recommencer, ajoutant qu'elle avait agi dans un moment d'énervement quand elle avait appris que son petit copain la quittait. Une fois les parents partis, je ressentis un certain malaise présageant l'existence d'un réel danger au sein de cette famille.

Trois mois passèrent avant que je la croise de nouveau. Je remarquai son tee-shirt troué prouvant son laisser-aller. Ce qui m'interpella le plus, ce fut la nouvelle scarification tout près de son nombril qui semblait représenter des lettres formant un mot. Je me devais d'en informer immédiatement son médecin de famille. Ce dernier, inquiet des propos rapportés, demanda un rendez-vous avec les parents pour les obliger à réagir et à emmener leur fille à une consultation chez un spécialiste. Les parents ne voulurent rien entendre, persuadés qu'ils étaient coupables de ne pas réussir à contrôler leur enfant. La jeune ne revint pas dans la structure. Deux mois après, j'appris par le médecin de famille que la jeune fille avait été internée pour être soignée. Les parents vinrent me voir quelques semaines plus tard pour s'excuser de ne pas avoir écouté mes conseils. En effet, leur fille, peu de temps après notre entretien, avait tenté de mettre fin à ses jours, en écrivant une lettre expliquant son geste. Son petit ami l'avait obligée à coucher avec un autre garçon. Mais elle s'était ressaisie à temps, et dégoûtée, elle s'était enfuie après avoir subi quelques caresses et des baisers donnés sans son assentiment. Son copain prit ce prétexte pour la quitter. Bien qu'elle n'y fût pour rien, elle se sentit responsable de ce qui s'était passé. Elle éprouva de la honte et sortit salie de cette terrible épreuve. Elle ne voyait plus qu'une seule échappatoire, ne désirait plus qu'une seule chose : mourir.

Les conseils de Pascal

Conduite à tenir pour prévenir le suicide

- Tout d'abord, sachez qu'il faut agir vite, car souvent le seuil de tolérance à la frustration et à la souffrance est vite atteint, et un geste impulsif et irréfléchi est donc très vite arrivé. Le processus suicidaire peut être court, et le passage à l'acte, rapide.
- Redonnez confiance à votre adolescent : confiance en lui dans la société, et confiance en vous en tant qu'adulte référent. Valorisez-le : votre adolescent doit se sentir utile et savoir qu'il possède des qualités pour pouvoir se construire.
- Créez un climat de confiance en clarifiant la situation et en abordant la notion de « suicide » directement.
- Ciblez le facteur précipitant, afin de trouver des alternatives et des pistes d'action rapidement.
- Appréhendez le vécu de l'adolescent en vous mettant à sa place. Il est certainement aux prises avec plusieurs problèmes en même temps : parental, affectif, amical, etc.
- Évaluez la durée de son mal-être.

- Responsabilisez l'adolescent et impliquez-le dans les démarches. N'agissez pas à son insu.
- Créez un environnement sécurisé.
- Vérifiez l'estime qu'il a de lui-même.
- Impliquez la famille et/ou des amis à vous ou à votre enfant.
- Proposez-lui de s'adresser, s'il en a besoin, à des structures comme les standards d'aide, ils sont très souvent inconnus ou mal connus des adolescents.
- Contribuez à briser l'isolement et encouragez-le à se confier.

Les signes précurseurs à une tentative de suicide

Demandez l'aide immédiate d'un professionnel si votre adolescent :

- parle de son souhait de mourir directement (« Je veux me tuer, j'ai plus le goût de vivre ») ou indirectement (« La vie ne vaut plus la peine, vous serez bien mieux sans moi ») ;
- change radicalement au niveau des attitudes et du comportement ;
- fait des dessins, des poèmes sur la mort et le suicide ;
- se plaint de douleurs somatiques ;
- voit ses performances diminuer (scolaires, sportives, etc.) ;
- abandonne ses activités habituelles ;
- devient hyperactif, agité ;
- s'isole, se retire ;

- met ses affaires en ordre : (testament, lettres, règlement de conflits) ;
- a un intérêt particulier et/ou se procure des moyens pour se suicider : corde, arme à feu, médicaments ;
- consomme de façon inhabituelle des drogues et de l'alcool ;
- change sur le plan de l'hygiène personnelle ;
- bouleverse ses habitudes alimentaires et de sommeil ;
- adopte des comportements dangereux ;
- retrouve une bonne humeur soudaine après une période dépressive.

Les interlocuteurs qui peuvent vous aider

Le médecin de famille

- Il doit être votre interlocuteur privilégié, parce qu'il vous connaît bien et connaît sûrement votre enfant depuis tout petit, ce qui en fera un intervenant incontournable pour aider votre adolescent. En plus de vous fournir une aide médicamenteuse et vous permettre d'aborder les problèmes plus sereinement pour aider votre enfant à les résoudre, il peut s'entretenir avec vous des situations préoccupantes que vous vivez au sein de votre famille et vous aiguiller vers un professionnel adapté à vos besoins.

L'aide psychologique

- Il existe deux types d'aides psychologiques : celle qui s'apparente à la « guidance » et celle qui vise une analyse plus approfondie de la psyché, c'est-à-dire du comportement conscient et inconscient. Une guidance se préoccupe d'un problème concret et actuel et cherche à l'améliorer en quelques séances. Une psychothérapie se centre sur l'exploration des méandres de l'inconscient, le problème n'étant que le prétexte de cette exploration. Dans certains cas, une thérapie individuelle sera privilégiée. Dans d'autres, le soignant proposera une thérapie familiale.

- Il existe aussi des services de santé mentale. Subsidiés par les services publics, ils regroupent des équipes pluridisciplinaires (psychiatre, psychologue, travailleur social, auxquels s'ajoutent parfois un psychomotricien, un médiateur…) chargées de vous écouter, de réfléchir avec vous sur vos difficultés et de rechercher ensemble des solutions.

La médiation familiale et les associations de médiation familiale

- La médiation familiale s'adresse aujourd'hui à la famille dans sa diversité : parents, enfants, grands-parents, fratries, familles recomposées. Un médiateur est un professionnel qui tente de rétablir la communication entre les membres de la famille. Il intervient au sein des familles en difficulté ou fragilisées, tout en respectant le code déontologique de la profession. La CAF propose un premier rendez-vous d'information gratuit, puis de 3 à 7 entretiens de médiation familiale sur rendez-vous, d'une durée de 1 heure et demie à 2 heures par séance. La participation financière est calculée selon un barème national, en fonction des ressources. De nombreuses associations proposent aussi des médiateurs familiaux.

Les centres de planning familial

- Ils réunissent des professionnels de la santé, tels que des psychologues, des médecins généralistes, des gynécologues… Vous pouvez aussi y consulter un juriste et recevoir l'aide d'un assistant social. Il existe des centres de planning familial dans la plupart des grandes villes de la communauté française, et vous pouvez les trouver sur ce site : http://www.planning-familial.org/.

Les éducateurs spécialisés

- Ils peuvent résoudre des conflits et apaiser des situations, créer un lien de confiance pour pouvoir communiquer avec votre enfant et faire en sorte que le message soit clair et compris de tous. De nombreux spécialistes proposent leurs services sur le Net. Choisissez-en un qui est toujours en activité et pas uniquement sur Internet.

L'École des parents et des éducateurs

- Elle organise des débats publics sur les sujets concernant la famille, l'enfance, le soutien à la parentalité, l'éducation, la jeunesse et le social (http://www.ecoledesparents.org/).

Les groupes d'entraide

- Les groupes d'entraide centrent leur activité autour de problèmes, comme les maladies, les handicaps ou les situations de vie particulières (boulimie, alcoolisme, toxicomanie, suicide, troubles obsessionnels compulsifs…). Le but est de partager les expériences et de s'unir pour tenter de résoudre les problèmes et apprendre à mieux les gérer.

- Ces groupes s'organisent autour de trois fonctions : l'écoute, le soutien psychologique mutuel et l'action avec d'autres membres. S'y rencontrent uniquement des personnes qui vivent des situations semblables. Ainsi, le groupe d'entraide permet non seulement de s'aider soi-même, mais aussi de découvrir que malgré les problèmes difficiles que vous avez à résoudre, vous êtes capable d'aider les autres.

Les groupes de parole

- Ils poursuivent les mêmes objectifs que les groupes d'entraide, mais sont créés et animés par des professionnels. Ils sont souvent organisés dans les associations comme La porte ouverte qui offre un lieu d'écoute et de parole et propose des entretiens collectifs, anonymes et gratuits élaborés par des bénévoles: http://www.la-porte-ouverte.fr/.

Les services d'écoute téléphonique

- Il suffit de composer un numéro de téléphone. À l'autre bout du fil, une personne formée à l'écoute entend ce que vous avez à dire. Il n'est pas nécessaire de dévoiler son identité. Pour certains, cet anonymat leur donne le courage et la sécurité pour s'exprimer librement. Vous y trouverez une écoute attentive et respectueuse de votre situation. On peut vous diriger sur la bonne voie pour résoudre vos difficultés ou vous guider vers d'autres aides.

- En général, ces services traitent de sujets délicats, voire tabous, comme le suicide, le viol, la solitude, l'inceste ou la maltraitance.

- L'aide est plutôt ponctuelle. Néanmoins, il arrive que des personnes téléphonent régulièrement au même service. Cela dit, leur interlocuteur étant rarement le même, un suivi sérieux est difficile.

Pour les situations d'urgence

- En cas de risque suicidaire avéré: idées suicidaires, projet/scénario de suicide et/ou accès à des moyens létaux, appelez le Samu 15 ou le 112 (numéro européen) ou appelez SOS Médecins.

Tous ces services d'écoute sont anonymes:

SOS Dépression

- Cette ligne offre une écoute psychologique ponctuelle par des professionnels anonymes et une éventuelle orientation, elle fonctionne 7 j/7 et 24 h/24. Tél.: 0892701238 (coût de la communication: 0,33 cts/min). Site internet: http://sosdepression.org.

SOS Amitié

- Service d'écoute destiné à accueillir la parole de celles et ceux qui, à un moment de leur vie, traversent une période difficile. Permanence d'écoute téléphonique 24 h/24, 7 j/7. Permanence d'écoute par tchat tous les soirs de 19 heures à 23 heures, ou par mail (réponse sous 48 heures maximum). Retrouvez les numéros régionaux d'appel sur le site de l'association : www.sos-amitie.org.

Suicide Écoute

- Écoute des personnes confrontées au suicide. Permanence d'écoute téléphonique 24 h/24, 7 j/7. Tél. : 01 45 39 40 00.
  Site internet : www.suicide-ecoute.fr.

SOS Suicide Phénix

- Accueil et écoute de toute personne confrontée à la problématique du suicide. Permanence d'écoute téléphonique 7j/7. Permanence d'écoute par messagerie accessible depuis le site internet de l'association : www.sos-suicide-phenix.org. Tél. : 0825 12 03 64 (de 16 heures à 23 heures).

Fil Santé Jeunes

- Écoute, information et orientation des jeunes dans les domaines de la santé physique, psychologique et sociale. Ligne d'écoute téléphonique anonyme et gratuite 7 j/7, de 8 heures à minuit : 32 24 ou 01 44 93 30 74 (depuis un portable).
  Site internet : www.filsantejeunes.com.

Phare Enfants-Parents

- Accueil et écoute téléphonique des parents d'enfants suicidés ou d'enfants en situation de mal-être. Numéro azur : 0810 810 987 (du lundi au vendredi de 9 heures à 18 heures).
  Site internet : www.phare.org.

Les services d'aide en milieu ouvert (AMO)

- Vous pouvez en faire la demande si votre enfant est mineur émancipé ou mineur non émancipé. S'il est majeur et a moins de 21 ans, votre adolescent peut lui-même s'occuper des démarches. Il a également la possibilité, lorsque l'AEMO (action éducative en milieu ouvert) fait suite à une décision de justice, de solliciter la prolongation de la mesure déjà ordonnée alors qu'il était mineur. Cette mesure concerne directement l'enfant, elle s'articule aussi autour de sa famille et de son environnement. Le jeune doit être acteur de cette intervention, il doit être reconnu par ses parents, eux-mêmes considérés comme des partenaires. L'adhésion de la famille et son implication sont indispensables à des effets bénéfiques sur le comportement de l'adolescent.

- La mesure d'AEMO s'adresse à des enfants en danger. La notion de « danger » recouvre des situations diverses et concerne :

– la santé physique (manque de nourriture, absence de soins médicaux...) ;

– la santé mentale ou psychologique (carences affectives, troubles du comportement...) ;

– la sécurité physique (violences...) ;

– la sécurité matérielle (conditions de logement précaires...) ;

– la moralité (délinquance...) ;

– les carences éducatives (rupture avec la cellule familiale, retard scolaire...).

- Pour plus d'informations, rendez-vous sur le site : http://www.unaf.fr.

DEVOIR Nº 19

Aborder les sujets sensibles et y réagir : l'actualité, la politique, la religion

Le besoin de s'affirmer

L'ado à besoin de s'affirmer pour grandir et exister en tant que tel, il va donc commencer à émettre des opinions et à prendre les décisions qui en découlent pour casser le lien qui existe entre ses parents et lui depuis son enfance. Il va s'informer puis exposer ses idées, se croyant le seul détenteur de la vérité. Il présentera ses opinions politiques sur un ton dogmatique, croyant ce qu'il veut bien croire et persuadé qu'il adopte les meilleures. L'image d'un ado montrant une certaine autonomie dans sa manière de penser, un esprit critique développé et un désir d'affirmation de soi est un portrait positif qu'il faut encourager. Néanmoins, il existe un aspect dangereux à la liberté de penser et d'agir, dont vous devez lui parler. En effet, il est inconcevable de le laisser exposer sa fascination pour certaines actions extrêmes ou bien de lui permettre d'utiliser un discours choquant et inhumain, ou encore d'accepter ses critiques systématiques de toutes idées, sous prétexte qu'elles émanent d'un adulte.

Sur les réseaux sociaux, les jeunes sont les proies idéales, car ils représentent un public fidèle, influençable et malléable pour des personnes dénonçant « la théorie du complot » (ou le complotisme), en les mettant en garde contre la manipulation que certains peuvent exercer sur eux et en leur enjoignant de ne croire personne, sauf « eux », qui portent ces thèses « complotistes » ! Et si ceux qui dénoncent la manipulation étaient eux-mêmes les « manipulateurs » ? Le danger est là, car ils inventent des complots et demandent aux jeunes d'y croire sans aucune preuve.

Les départs pour la Syrie (ou l'Irak) pour rejoindre les rangs de Daesh et combattre à leurs côtés, et les discours de haine raciale qu'ils ont la possibilité d'écouter sur les réseaux sociaux, reflètent souvent le malaise d'un être en quête d'identification, et peuvent inciter l'ado à faire des choix parfois dramatiques même si ces derniers vont à l'encontre de tout bon sens et de l'éducation dont il a bénéficié. Des vérités propres à chacun circulent souvent sur Internet qui est un monde sans filtre et où chacun peut imposer les siennes. La passion dévorante du fragile adolescent pour les causes à défendre est souvent incroyable mais peut, hélas, le conduire à s'identifier aux personnes les plus attractives à ses yeux et se laisser guider par ses pulsions. Il est donc très important de lui proposer des finalités, des croyances, des valeurs, par le biais de la société, de la famille et de l'école... Il n'est pas rare qu'un ado se démarque de l'éducation reçue en s'intéressant à la religion ou à la politique, alors qu'il a été élevé sans signe ostentatoire religieux et sans conviction politique bien définie. En résumé, si votre enfant vous prend pour exemple, il vous copiera, tout en accentuant vos réactions face aux divers événements sociaux, politiques, ou religieux... et s'il vous rejette, il optera pour une attitude contraire à la vôtre, parfois extrême. Il vous faudra faire preuve de vigilance en identifiant ce qui relève d'une conduite normale (en adéquation avec son âge) de ce qui est la conséquence d'une dérive pouvant le mettre en danger et allant à l'encontre des valeurs éducatives qui vous sont chères. Faire des concessions ne signifie pas abandonner son rôle de parent ! Face à ce flot d'informations vues sur le Net ou à la télévision par votre ado, la question suivante se pose : Comment parler de l'actualité aux adolescents ?

Cela mérite réflexion, car les réponses possibles sont diverses et complexes. La première solution que l'on entrevoit est celle de prendre comme support de conversation le journal télévisé, mais le simple visionnage sera insuffisant, car face à un ado qui n'a pas suffisamment de repères historiques et/ou culturels pour appréhender l'actualité, il vous faudra lui expliquer en détail au moins un des sujets traités et vous en servir comme base de débat futur. Or souvent, les jeunes devant l'écran absorbent les images en simples consommateurs sans se préoccuper des commentaires et sans en retenir l'essentiel, comme un enfant avale une poignée de bonbons sans même savoir si le goût lui plaira. Ne croyez pas que vos ados ne sont pas au courant de l'actualité ou qu'ils ne sont pas intéressés, les adolescents sont demandeurs et curieux quand les parents sont disponibles pour les écouter et leur expliquer ces grands faits d'actualité qui les dépassent. C'est en écoutant qu'ils s'approprient le savoir ; ils pourront ainsi en débattre en classe ou avec leurs amis dans une parodie des adultes qu'ils se feront une joie de mettre en scène ! De plus, ce sera le moment idéal pour recueillir leurs croyances, leurs doutes, mais surtout leurs peurs. La couverture en direct des événements qui se sont enchaînés en janvier et novembre 2015 a suscité de nombreuses questions et réactions des adolescents, qui ont été véhiculées par les différents médias. Sans conclure à la faute déontologique, les informations et les vidéos souvent choquantes auprès d'un jeune public, et transmises à des heures de grande écoute et sur de nombreuses chaînes, ont largement été reprises et détournées sur Internet. Elles ont laissé place à des interprétations parfois fantaisistes mais souvent dangereuses et susceptibles de perturber vos ados, ce qui, vous en conviendrez, prouve qu'il est indispensable en tant que parents de surveiller comment parviennent les événements dont vos enfants sont témoins dans les informations et comment ils les analysent. L'actualité est souvent effrayante pour les ados, qui sont sensibles à ce qu'ils découvrent. Les parents jouent un rôle indispensable en mettant en perspective les événements incompris ou choquants et en les restituant dans leur contexte. Vous les aiderez à y voir plus clair en les questionnant et en les interpellant, afin de développer leur pensée critique nécessaire à une bonne compréhension de l'actualité. Expliquez-leur également le fonctionnement des médias qui diffusent les informations ; pour vous y aider, vous trouverez de précieux conseils en fin de chapitre.

Le complot de l'adolescence

Vous avez sûrement eu l'occasion de voir des informations relatant des manigances internationales imaginaires, nées de rumeurs qui circulent et enflent telle une rivière gonflée par les pluies devenue torrent. Par exemple, les ***Twin Towers*** qui auraient été détruites par les Américains eux-mêmes, ou alors que le mouvement Daesh serait le fruit d'une imagination diabolique, ou encore que les attentats de ***Charlie Hebdo*** seraient inventés de toutes pièces par la France pour légitimer une guerre. Tous ces propos consternants ont pour seul effet de choquer, voire d'insulter les proches des victimes de ces horribles massacres. C'est un fait, un grand nombre d'ados sont passionnés par la théorie du complot qui trouve un large écho chez cette tranche d'âge. Les collégiens et les lycéens se détournent des médias classiques, comme les chaînes de télévision, les radios et les journaux, pour s'intéresser à une seule source d'information : Internet. C'est par le biais de ce réseau qu'ils découvrent de nombreux sites complotistes souvent partagés sur les réseaux sociaux. Ces sites ont pour but de démonter des faits avérés en les transformant en théories conspirationnistes, antisémites, anarchistes et/ou politiques…

Ils ont aussi pour objectif d'endoctriner les lecteurs et ont un effet négatif, notamment sur les jeunes qui doutent des médias que les adultes écoutent et ne veulent pas se sentir orientés dans leurs choix par leurs parents ou tout autre adulte ayant autorité. Les ados trouvent sur ces sites un lieu où ils ont le droit de contredire tout et n'importe quoi sans que cela, à leur avis, n'ait d'impact sur leur vie. En vérité, ces sites sont très dangereux, car ils entraînent les ados dans une suspicion permanente à l'égard de tout et même de ce qui est évident. Face à leurs parents, certains adolescents manquent de nuances dans leurs jugements et affirment que les médias traditionnels sont des menteurs qui obéissent à des groupes puissants et manipulent tout le monde. Quels arguments mettre en avant pour répondre à de telles affirmations ? La meilleure des réponses réside peut-être dans le fait de leur dire qu'effectivement les complots existent bien, mais que les démentir nécessite de longues enquêtes coûteuses et que ceux qui alimentent ces théories du complot occultent totalement les faits avérés pour servir leur cause et continuer à faire des adeptes.

Pour les adolescents, Internet représente la seule source fiable, et tout est présenté pour qu'ils le croient ! En effet, sur le Net, toute information est placée sur le même plan et il est très difficile de faire la différence entre le buzz et l'info réelle, et entre la blague et le détournement dangereux. Les ados pensent que la version officielle provient des adultes, et du fait de leur opposition à ce monde qu'ils rejettent, il leur paraît logique de choisir une autre version (surtout si elle est controversée !). L'ado éprouve un certain plaisir à s'opposer à la version officielle, qui s'avère être celle choisie par ses parents ! En agissant ainsi, Ils ne cherchent pas à « démontrer » la véracité d'une théorie, par exemple savoir qui serait derrière les attentats de ***Charlie Hebdo*** ou connaître les auteurs des actes abominables qui ont été perpétrés lors des attentats de la salle du Bataclan à Paris, mais seulement à montrer leur opposition face aux institutions, aux médias et aux politiques, qui représentent le monde des adultes ! Cette forme de rejet peut relever du domaine de la provocation ou évoluer vers un réel système de pensée, en adoptant de nouvelles valeurs, ce qui présente un danger beaucoup plus grand. L'influence croissante d'Internet et les images violentes qui y sont diffusées déstabilisent les adolescents et les repères mis en place. Ils se posent de nombreuses questions, toutes plus étranges les unes que les autres et amenées par ce qu'ils ont vu ou entendu par le biais d'Internet. Par exemple :

– Pourquoi l'avion n'a-t-il pas explosé lors de l'impact avec les ***Twin Towers*** aux États-Unis ?
– Pourquoi ne voit-on pas le sang couler quand l'un des frères Kouachi abat un policier ?

– Pourquoi a-t-on retrouvé les papiers d'identité de l'un des terroristes de la fusillade des bureaux du journal ***Charlie Hebdo*** ?

A priori, on pourrait penser que ces questions resteront sans réponse tant elles sont incongrues et déplacées, mais il n'en est rien, et les jeunes trouveront sur le Net des réponses à ces questions ouvertes. Grâce à des montages, de faux articles et des témoignages inventés qui accréditent l'idée d'une vaste conspiration des services secrets occidentaux, leurs interrogations ne seront pas vaines. Adopter cette façon de raisonner peut conduire un ado à se mettre en marge de la société, voire à ne plus respecter les lois et les valeurs de notre République, car pour lui, les Illuminati (sociétés secrètes comme les francs-maçons, la CIA, les sionistes, les communistes… qui dirigeraient le monde) sont omniprésents, et il est donc inutile de respecter certaines normes ou règles de la bienséance, telles que par exemple la minute de silence observée à la suite d'un événement tragique et qui fut instaurée dans les établissements scolaires au lendemain des attentats terroristes (puisque ces jeunes sont persuadés que des images ont été assemblées pour créer l'illusion d'une vérité qui n'en est pas une, qu'il s'agit d'une conspiration et que les personnes « mises en scène » ne sont pas réellement mortes). Ces propos m'ont été rapportés alors que j'intervenais dans un collège peu de temps après les attentats. Ils démontrent que la fiction rejoint la réalité dans le monde de ces ados. Internet devrait normalement représenter une scène riche et variée propice à la distraction de chacun sans que les jeunes s'y attachent au point d'annihiler leurs mécanismes de défense et de réaction face à des tragédies humaines.

Le parent proche, à l'écoute et rassurant expliquera à son enfant qu'il est normal de manifester de l'empathie et de la sensibilité pour les personnes qui ont vécu de telles atrocités et qu'il ne peut pas nier les faits et violences des images qu'il a pu voir, car, hélas, ils sont réels ! L'empathie et la sensibilité sont des sentiments innés et constituent l'instinct d'attachement, ils sont présents en chacun de nous, mais peuvent être atténués, voire disparaître lorsque le besoin d'attachement des ados sur le plan affectif et intellectuel (compréhension, soutien, écoute) n'est pas satisfait par les proches. Prêtez une attention régulière et suffisante à ce que vivent vos enfants, intéressez-vous à eux et à leurs émotions tout en gardant en tête que l'absence de proximité parentale entraîne un manque de confiance en soi qui l'obligera à chercher ailleurs cet attachement. Il le trouvera dans ce qui lui paraîtra lui correspondre et le comprendre, mais son choix hasardeux pourrait être dramatique, comme s'il décidait d'opter pour un groupe prônant une forme d'extrémisme. Il vous sera plus simple de le contrôler s'il vous accorde sa confiance, et cela vous permettra de prévenir une surexposition aux images violentes qui réduiraient sa sensibilité à la souffrance d'autrui et renforceraient ainsi le fait de ne plus avoir besoin de ses parents, une fois que cette baisse de sensibilité anesthésiera la souffrance de ne pas être écouté, entendu, compris et soutenu par vous.

Les ados face au terrorisme

Il existe chez les jeunes d'aujourd'hui une banalisation de la mort par la diffusion abondante d'images choquantes et violentes à leur portée sur le Net et dans les médias. Cette familiarisation avec la violence conduit-elle à ne pas ressentir d'émotion et de peur ? L'impression que nos ados gèrent ces images n'est-elle pas faussée par leur système de défense face à ces dernières ? Une chose est sûre, l'intelligence des ados et l'esprit critique dont ils font preuve existent bel et bien, et ce, même s'ils vous font croire que les actes horribles que leur renvoie l'écran ne les atteignent pas ou qu'ils leur paraissent insignifiants. Leur rapport à l'image et aux jeux vidéo ne doit pas leur faire confondre la réalité (les morts ne ressuscitent pas et éprouvent de la souffrance!) avec la fiction où tout est possible, même l'impossible. Vos ados sont plus affectés qu'ils ne veulent bien le laisser croire, car les jeunes sont les premiers consommateurs de vidéos interdites retirées des médias (pour protéger les plus fragiles!). Ces vidéos montrant la mort intriguent, attirent et passionnent les jeunes, parce qu'ils ressentent de la peur et qu'ils aiment particulièrement ce sentiment. L'inquiétude provoquée par des événements dramatiques et traumatisants fait partie des sentiments qui bouleversent les ados, car ils se sentent impuissants face à toutes ces horreurs. Les parents ont à gérer leur propre anxiété en plus de celle de leur enfant et ne doivent pas dissimuler leurs réactions, mais se montrer confiants quant aux institutions de l'État et à la prise en charge du problème par les instances gouvernementales.

Votre rôle de parents est d'éduquer votre ado, aussi rappelez-vous que son inquiétude se nourrit essentiellement de l'angoisse vécue par son entourage. Prenez du temps pour parler des faits avec d'autres adultes afin d'apaiser les tensions et ressentir de la solidarité. Ne restez pas isolés et impuissants, discutez entre vous des valeurs et de l'attitude à adopter afin d'être capables de faire face aux événements devant votre enfant. Soyez à son écoute sans le devancer. Soyez attentifs à tout ce qu'il vous dit et répondez à ses questions en restant proches de lui, même s'il est silencieux. Parlez-lui des faits en donnant quelques détails sur le scénario de l'attentat pour le rassurer, mais aussi pour l'impliquer dans la discussion, expliquez-lui les faits nouveaux d'actualité et suivez avec lui la progression de l'enquête sur le Web et les réseaux sociaux, pour vous permettre d'identifier avec lui les fausses informations et lui signifier. Enfin, prenez du temps avec votre enfant pour expliquer l'élan massif d'indignation et la vague de fraternité nationale et mondiale qui en résulte. Ce sera l'occasion de lui expliquer à quoi sert la presse, quel est le travail d'un journaliste et d'un média. Soulignez l'importance de la liberté d'expression et pourquoi il faut toujours la préserver. Ne dramatisez pas mais ne les surprotégez pas non plus, ne cachez pas la gravité du drame mais expliquez-le et, surtout, n'empêchez pas vos enfants de sortir, car ils risqueraient de se renfermer et de vivre constamment avec la peur chevillée au corps.

Les ados sont en âge de se poser des questions sur le monde qui les entoure, et ils ont souvent envie d'agir sur celui-ci sans savoir vraiment comment. Proposez à votre ado de créer des fresques, des dessins, des mots pour les familles en deuil; cette action permettra de les impliquer concrètement. Vous pouvez aussi lui proposer d'aller aux rassemblements, et si cela vous est trop pénible, vous pouvez demeurer seulement aux abords de ces réunions publiques et n'y rester qu'un court moment. Ne pas surprotéger votre ado signifie utiliser les termes exacts, par exemple le mot «guerre», car il s'agit de cela que ces terroristes sont venus faire en France. Il comprendra et respectera d'autant plus la présence des militaires dans les rues et également les contrôles des forces de police mis en place. Expliquez-lui qu'en tant que citoyens, nous devons tous agir, même lui a son rôle à jouer en condamnant ces atrocités et en se gardant bien de tout amalgame, et que notre pays réagit à ces attaques en mettant en place des instances pour assurer notre sécurité. Rappelez-lui la notion de «fraternité» pour qu'il n'ait pas peur des autres et qu'il respecte les différences culturelles et religieuses, en faisant preuve également de solidarité. S'il vous demande pourquoi cela arrive en France, répondez-lui que le but premier est de distiller la peur et d'imposer les idées anti-laïques et anti-démocratiques de personnes extrémistes dans un pays qui prône la liberté d'expression et l'égalité. Insistez sur le fait que ces jeunes embrigadés sont pour la plupart des ados ou de jeunes adultes qui ont été manipulés, en se servant de la foi comme moyen de regroupement, et qu'ils doivent se méfier des gens qui tiennent un discours tentant de légitimer ces attentats (car ils n'en ont aucune légitimité!).

Un rappel historique peut s'avérer utile, aussi expliquez-lui que la consolidation de la démocratie en France s'est faite en s'opposant à la religion, que la laïcité est une valeur essentielle de notre société et qu'elle constitue aujourd'hui l'un des fondements de la République française. Le principe de laïcité repose sur deux exigences: l'obligation de l'État de ne pas intervenir dans les convictions de chacun et l'égalité de tous devant la loi, quelle que soit leur religion. Elle implique ainsi la liberté de conscience et de culte, la libre organisation des églises, leur égalité juridique, le droit à un lieu de culte, la neutralité des institutions envers les religions, ainsi que la liberté d'enseignement. De nos jours, nous tendons vers une redéfinition de la laïcité; l'islam étant la deuxième religion en France, la laïcité doit composer avec la nécessité de faire une place à de nouvelles sensibilités qui trouvent un écho important. La morale laïque a perdu de sa clarté. Pour certains, il convient de revenir aux sources de la République et de recréer un modèle unique d'intégration. Pour d'autres, il faut tenir compte de l'évolution de la société et faire une place aux communautarismes et aux particularismes, même religieux. Une acceptation large de la laïcité qui condamnerait toute atteinte à des valeurs jugées universelles est-elle sur le point de voir le jour? Voilà une piste de réflexion parmi d'autres, car c'est grâce à vos conseils et à votre connaissance que vous permettrez à vos ados de se questionner sur le monde, tout en les entourant d'amour et de protection.

« ***Le courage, c'est d'aimer la vie et de regarder la mort d'un regard tranquille ; c'est d'aller à l'idéal et de comprendre le réel ; c'est d'agir et de se donner aux grandes causes sans savoir quelle récompense réserve à notre effort l'univers profond, ni s'il lui réserve une récompense. Le courage, c'est de chercher la vérité et de la dire ; c'est de ne pas subir la loi du mensonge triomphant qui passe, et de ne pas faire écho, de notre âme, de notre bouche et de nos mains, aux applaudissements imbéciles et aux huées fantastiques.*** »

Jean Jaurès, homme politique français
(extrait de son « Discours à la jeunesse », Albi, 1903)

La prise de position de vos ados

En tant que parents, aborder certains sujets tels que la religion et la politique peut s'avérer délicat. La montée des extrêmes, la représentation de jeunes portant des pancartes prônant la violence lors de manifestations, les actions coup de poing dans des groupes de jeunes défendant des idéologies écologiques… démontrent que ces sujets ne doivent pas être écartés, mais doivent au contraire faire l'objet de discussions sérieuses et documentées entre vous et vos enfants. Être parents, c'est montrer le chemin à suivre à votre enfant et l'aider à comprendre son rôle au sein de la société. Même si les ados s'intéressent rarement à la politique, ils y sont confrontés chaque jour (tout acte est politique !) et ils peuvent vous exposer leurs idées. L'adolescent s'intéresse au monde dans son ensemble, car il le découvre et se l'approprie au fur et à mesure, sans s'en rendre vraiment compte. Votre rôle de parents est de le préparer à devenir citoyen et de le pousser à s'intéresser à un maximum de sujets, et donc à la politique, qui fait partie intégrante de la vie. Pour cela, vous pouvez faire le lien entre la politique et son environnement à l'aide d'exemples simples et qui l'interpellent, car ils font partie de son quotidien, par exemple : le ***skate park,*** qu'il utilise peut-être, a vu le jour grâce à un souhait des administrés et de décisions politiques. Il ne s'agit pas de lui rebattre les oreilles avec de la politique politicienne dont il n'a cure, mais de recenser ses opinions et ses valeurs et de lui expliquer que s'exprimer, c'est déjà faire de la politique... L'ado va aussi s'initier à la politique en regardant certains films qui contiennent des messages politiques, mais surtout dans son collège, par l'intermédiaire des élections des délégués de classe où il est réellement mis en situation d'électeur. Cela représente un formidable outil pour lui permettre de faire le parallèle avec des élections locales, régionales ou nationales. De plus, il pourra bénéficier de cours d'éducation civique qui l'éclaireront sur son statut de « citoyen » et l'aideront à comprendre l'acte de voter et son importance. Vous vérifierez sa compréhension en lui résumant les différences et les similitudes entre ce qu'il vit lors de ce vote et ce qu'il vivra dans le futur quand il votera pour son pays. C'est une étape essentielle permettant à votre adolescent d'appréhender la vie d'un citoyen actif et donc de commencer à s'intéresser à la politique. Vous pourrez ensuite parler de sujets politiques, tout en dépassionnant le débat (il ne s'agit pas d'organiser une joute oratoire !), en exposant vos idées et en aidant votre ado à se forger sa propre opinion. N'oubliez pas que même sans aborder vos opinions politiques, celles-ci font référence à votre mode d'éducation et même à votre mode de vie, donc, par mimétisme, les idées que défendent votre enfant découlent de ce système éducatif ; il est alors important d'expliquer vos opinions sans pour autant les imposer. Afin de lui prouver votre ouverture d'esprit et de lui éviter d'être tenté par les discours extrémistes, que ce soit par provocation ou par choix délibéré, regardez avec lui des débats politiques où se confrontent plusieurs partis ou discutez d'un sujet en sa présence, avec des amis qui ne partagent pas les mêmes idées que vous en matière de politique. Cet acte, en apparence anodin, l'aidera à comprendre la nécessité d'accepter la parole de l'autre sans pour cela y adhérer, ce qui est le principe de toute démocratie. Profitez-en pour faire référence et condamner les démarches sectaires qui fonctionnent sur le principe contraire et rejettent toutes différences. Abordez avec votre ado l'ensemble des sujets délicats : le racisme, le droit des homosexuels, les inégalités sociales… N'imposez pas votre point de vue et laissez les adolescents libres d'exprimer leurs opinions ; n'oubliez pas de leur expliquer les raisons pour lesquelles vous défendez vos valeurs, tout en écoutant leurs arguments. Un dialogue ouvert réduira le risque que votre ado, cherchant à s'exprimer et ne trouvant pas chez lui d'interlocuteur, se tourne par frustration vers les extrêmes.

Les adolescents et la religion

La religion, les valeurs et les idées qui en découlent font partie intégrante de l'éducation. Si vous êtes croyants et pratiquants, vos valeurs religieuses font partie d'une pratique quotidienne qui s'impose de fait aux enfants. À l'adolescence, l'enfant se détache des parents et peut mettre en doute cette religion que vous lui avez « imposée » durant l'enfance ou tout au contraire se révéler croyant alors que vous ne lui aviez jamais inculqué de valeurs religieuses. Les événements récents ainsi que l'importance de la religion dans notre société nécessitent un dialogue avec vos ados. Afin d'être capable d'appréhender la diversité des gens et de les comprendre dans ce qu'ils ont de différent, vous expliquerez à votre enfant que plusieurs religions partagent les mêmes valeurs. Quelles que soient votre croyance et vos convictions personnelles, vous vous documenterez pour lui enseigner les similitudes et les particularités des principales religions du monde : le judaïsme, le christianisme, l'islam, l'hindouisme et le bouddhisme. Ce travail de recherche pourra se faire avec votre ado, ce qui facilitera le dialogue et permettra d'aborder le sujet plus facilement. En parlant de religion avec votre enfant, vous ne cherchez pas un adepte fidèle à votre cause, mais à enrichir sa culture générale, car dans notre monde actuel, et donc en France, des gens de croyances différentes vivent ensemble et doivent apprendre à se connaître afin de s'accepter et de se respecter. Que vous soyez des parents croyants, agnostiques ou athées, vous vous demandez certainement comment évoquer la spiritualité avec votre ado et, de surcroît, comment lui transmettre les valeurs qui vous paraissent essentielles. La question de Dieu revêt une importance philosophique et culturelle, et seul l'être humain possède la capacité intellectuelle de se questionner sur « l'après-vie ». Vos ados aussi s'interrogent, et pour les guider, il convient de respecter quelques règles. Tout d'abord, laissez-les poser leurs questions, ne les devancez pas. Même si vous êtes des pratiquants convaincus, il vous faut accepter les interrogations qu'ils ne manqueront pas de vous poser au sujet de votre foi ; plus vous serez ouverts, plus vous serez informés, et plus votre ado se sentira en confiance, aussi ne devancez pas ses questions. Évoquez le libre arbitre de chacun en matière de croyance religieuse. Tout être humain est libre de penser que Dieu ou toute autre force spirituelle existe sous une forme ou sous une autre. Il doit savoir que les croyances sont nombreuses et anciennes et sont même à l'origine de mythes et de guerres, et qu'elles renferment une grande partie de l'histoire de l'humanité.

Conseillez-lui des livres simples d'accès, et si vous en êtes en mesure de situer les grandes périodes de l'Histoire sur une frise historique en incluant l'impact déterminant de la religion dans la vie quotidienne de l'homme et dans la naissance de certains conflits du passé. Abordez les dérives qu'ont pu engendrer ces croyances à l'époque contemporaine : sectarisme, extrémisme... Vous serez vigilants sur la façon dont il interprétera vos propos, car toutes ces informations pourraient le déconcerter, et il aurait des difficultés à les trier. Les signes religieux foisonnent dans notre société, avec des lieux de culte différents selon la religion, les églises cotoyant les mosquées, les synagogues et les temples. Certaines fêtes religieuses présentes dans les calendriers font même partie de nos traditions depuis des siècles (Noël, Pâques) et continuent à susciter un vif intérêt. Il n'est pas simple pour un jeune de s'y retrouver ; à lui, s'il désire en connaître davantage, de consulter des sites ou de s'intéresser à des livres se rapportant à la théologie. Si vous-même ne pratiquez aucune religion et que vous êtes non-croyant, insistez sur le fait qu'il a, lui, toute liberté de croire. Soyez présents, attentifs, à son écoute, compréhensifs et conscients des questions nouvelles qu'il se pose et qui le bouleversent, tout cela sans porter de jugement. Au contraire, si vous êtes croyants et pratiquants et que votre enfant arrivé à l'adolescence rejette cette pratique et cette croyance, n'en concluez pas que vous avez échoué dans votre rôle de parents, car d'autres facteurs bien plus complexes sont à prendre en considération. En effet, ce qui représente un affront pour vous n'est qu'une façon de s'affirmer et donc de se démarquer de vos idées pour en adopter d'autres, mais rien ne laisse présager de ce qu'il décidera une fois adulte. Même si c'est un moment pénible, gardez votre calme, car un conflit serait la chose la plus difficile à gérer. Plus la tension entre vous sera grande et plus votre ado vous contredira et vous provoquera. Pour gagner en autonomie, il doit prendre ses distances avec ses parents et choisir ses propres croyances. Faites preuve de discernement, demandez-lui s'il doute de sa foi car ses camarades pensent différemment, parce qu'ils sont non-croyants ou de confessions différentes. Les contraintes liées au fait d'être croyant lui posent-elles des problèmes ? Craint-il de ne pas être à la hauteur et d'être obligé de réduire le temps consacré à ses loisirs à cause des rites liés à sa religion ?... Entendez ses arguments et rassurez-le en étant patient, et en parlant avec lui. Vous comprendrez la cause de son désengagement (si tel est le cas) et vous établirez un climat de confiance permettant d'ouvrir la porte à d'autres discussions. Soyez vigilants dans la manière dont votre ado découvre ou pratique sa religion. En effet, l'adolescence est une période de transition pendant laquelle l'enfant est amené à chercher un sens à sa vie. Les jeunes sont aujourd'hui en permanence « hyperconnectés » tout en étant très fragiles psychologiquement ; il est donc très facile pour eux de confondre le monde réel et le monde virtuel. Cette vulnérabilité fait d'eux des proies faciles pour les extrémistes. De plus en plus de jeunes vulnérables se radicalisent sur Internet ; ils ne sont parfois pas pratiquants et font partie des bons élèves.

On recense pour l'année 2016, 16 % de jeunes parmi les 10 000 radicaux identifiés en France. L'endoctrinement familial n'est malheureusement pas la seule cause, l'Internet, les réseaux sociaux et les sites de rencontre sont des lieux où il est facile de passer un message, surtout à des adolescents en révolte et en mal-être, à la recherche d'un idéal. La technique d'approche la plus couramment utilisée est celle qui consiste à diffuser de la publicité pour des actions humanitaires, car les protagonistes savent que les ados aiment s'engager pour des causes. Parfois, ils utilisent des techniques de séduction en valorisant les jeunes qui manquent de confiance en eux. Il n'existe pas de portrait type d'adolescents qui s'engagent dans le djihad ou dans d'autres dérives extrémistes. En revanche, ces ados ressentent souvent un besoin de grandeur, ils prennent cette propagande comme la réalisation d'un rêve qui leur permettrait d'avoir un but dans leur vie, et pour cela, ils sont prêts à y laisser leur vie. En devenant des « guerriers » et en appartenant à un groupe qui prône la violence, ils accèdent au statut de « sauveurs du monde », ce qui est pour un ado en détresse une place enivrante. Si votre fille paraît triste trop souvent, qu'elle s'isole, ne voit plus ses amis et communique uniquement avec eux par le biais d'Internet, qu'elle tient des propos négatifs à leur encontre, qu'elle cherche de plus en plus à cacher sa féminité, qu'elle évoque souvent les sujets d'actualité qui parlent d'embrigadement djihadiste, alors qu'il ne s'agit à ses yeux que de discours issus de la théorie du complot, et qu'elle présente parfois un comportement paranoïaque, il est temps de s'inquiéter ! Reportez-vous aux conseils que vous trouverez à la fin de ce guide pour agir de façon adaptée.

Retour d'expérience

Je remarquai qu'un adolescent que je connaissais présentait un comportement inquiétant. Je ne le voyais depuis peu que très rarement, ce qui m'alerta, car ce n'était pas dans ses habitudes. J'appris qu'en effet il refusait de sortir de chez lui. Ses parents étaient de plus en plus inquiets et ne comprenaient pas la raison qui avait conduit leur fils de 13 ans à s'isoler du monde extérieur et à refuser de voir ses amis. Il expliquait à qui voulait bien l'entendre qu'il était très bien à la maison. Il restait un bon élève, mais avait rayé d'un trait de feutre indélébile sa vie extrascolaire ! Pourtant, trois mois auparavant, il s'épanouissait à pratiquer un sport et à apprendre à jouer d'un instrument de musique. Au tout début de notre rencontre, je pensai qu'il était peut-être victime de racket. J'essayai d'engager le dialogue avec lui, mais il restait secret et ne me parlait pas beaucoup. Il prétexta une fatigue anormale pour m'expliquer qu'il ne sortait que pour se rendre au collège. Sur le chemin, alors que je l'accompagnais, il se révéla anxieux, tournant la tête dans tous les sens, telle une girouette un jour de grand vent. Ma question d'apparence anodine le surprit :

« Ça va ?

Sa réponse claqua comme un drap suspendu, battu par la brise :

— Oui. »

Ses traits étaient tirés, et sa voix trop forte laissait présager un comportement agressif. Nous étions arrivés devant les grilles de l'établissement, il paraissait plus détendu, mais je ne comprenais toujours pas sa manière de se conduire. Le lendemain, je fis un compte rendu aux parents en leur expliquant l'attitude de leur enfant tout au long de la route et les rassurai malgré tout quant à la reprise que je croyais éminente de sa vie sociale, mettant sa nervosité sur le dos de la pression que subissait l'ado. Quelques semaines plus tard, plus précisément le lendemain de l'attentat horrible perpétré à l'Hyper Cacher de la porte de Vincennes à Paris, je reçus un appel de l'adolescent. D'abord surpris, je lui demandai de ses nouvelles.

« On va mourir ?

Sa question me laissa sans voix pendant un court instant, puis je me ressaisis et lui demandai pour être sûr d'avoir bien entendu :

— Comment ?

— Tu penses qu'on va mourir ?

— Tu veux bien que je vienne te voir ?

— Oui ! »

Derrière ce simple mot se cachait tout l'espoir d'un adolescent qui aspire à vivre. Ses parents m'accueillirent et acceptèrent avec un certain soulagement que je voie leur fils. L'ado ne s'était pas rendu au collège car il ne se sentait pas bien. La porte de sa chambre était entrouverte, je cognai à la porte pour annoncer ma venue. Une voix tremblante me répondit d'entrer. Il était allongé sur des draps froissés, son teint pâle avait la couleur de la craie, et je devinai de la frayeur dans ses yeux sombres qui me fixaient.

« Je sors plus, car je veux pas qu'on me tire dessus !

Ses paroles me firent l'effet d'une gifle.

— Pourquoi on te tirerait dessus ?

— Parce que je dessine ! J'ai vu la vidéo sur Facebook, ils ont tiré sur un homme couché au sol simplement parce qu'il dessinait et que c'est interdit dans le Coran ! »

L'ado faisait référence aux attentats de ***Charlie Hebdo*** et à la vidéo horrible du policier abattu. Il avait de toute évidence fait un amalgame entre la religion musulmane et le terrorisme. Il s'inquiétait aussi parce qu'il avait vu sa maman pleurer et l'avait entendu dire que « ces fous nous tueraient tous ».

« Quels fous ? avait-il demandé.

— Tu es trop jeune pour comprendre, monte dans ta chambre ! » lui avait-elle répondu.

Les parents, croyant le protéger, lui avaient caché ce qu'il apprit plus tard dans une vidéo. Peu de temps après, ils consultèrent un spécialiste et entamèrent une psychothérapie pour guérir de ce traumatisme. Je côtoyai toujours le jeune pendant plusieurs semaines et pus constater une nette amélioration dans son comportement et dans son analyse des événements passés.

Les conseils de Pascal

- Rappelez à vos enfants qu'une information de qualité est coûteuse et nécessite d'y consacrer beaucoup de temps, et que de ce fait, des sites inconnus véhiculent des informations erronées ou non vérifiées.

- Afin de ne pas nier l'existence de ceux-ci (nous ne vivons pas dans un monde parfait et les ados le savent…), parlez des complots qui ont réellement existé.

- Apprenez-leur à utiliser les médias, à lire entre les lignes et à développer leur esprit critique. Ceci leur permettra de ne pas s'inquiéter devant des vidéos ou des informations mensongères et angoissantes.

- Expliquez-leur l'importance de multiplier les sources lorsqu'ils cherchent à connaître la véracité de certains propos. Conseillez-leur de regarder plusieurs sites internet et de vérifier les informations dans des journaux ou autres publications.

Des médias à faire découvrir à vos ados

- *Mon quotidien*, pour les 10-14 ans et *L'actu*, pour les 11-17 ans sont des journaux proposant de découvrir l'actualité. Certains numéros proposent des fiches sous la forme d'exposés ou des dossiers sur des sujets sensibles de l'actualité.

- http://www.1jour1actu.com/ est un site d'actualité adapté aux enfants.

- http://lci.tf1.fr/le-petit-jt/, *Le Petit JT* de TF1 : un excellent journal télévisé adapté aux ados de 10 à 15 ans.

- *RTE Journal Junior*: tous les dimanches, la chaîne propose un JT pour les 8-12 ans.

- France 4 et son émission *Un jour, une question* dispose d'une pastille quotidienne pour répondre à une question d'actualité à la portée des ados.

- *France Info Junior* sur France Info, où des élèves du CM1 à la 5e posent leurs questions sur l'actualité.

- Une fois les infos acquises, vous pouvez organiser un jeu que j'ai appelé «Quoi de neuf dans le monde?». Celui-ci consiste le matin au petit déjeuner à poser la question «Quoi de neuf dans le monde?» à ses enfants, et ces derniers doivent choisir un sujet d'information qu'ils vous expliquent. C'est un excellent moyen pour recueillir leurs avis, mais surtout pour les inciter à s'informer de façon ludique.

Conseils pour agir face aux nouvelles dramatiques

- Discutez avec vos ados des actualités qui peuvent leur faire peur. Ils en ont sûrement entendu parler, et une discussion rassurante peut les aider. Essayez d'atténuer leurs craintes en leur expliquant que la menace est passée et qu'ils sont protégés.

- Aidez-les à appréhender les actualités de façon réaliste, et soulignez-leur que si un crash d'avion survenu à cause d'un acte terroriste suscite autant de commentaires, c'est parce que c'est un fait rare.

- Utilisez ces faits réels et dramatiques pour les instruire et développer leur curiosité sur le monde qui les entoure, et faites un lien entre les drames et les lois, les confits internationaux et les avancées technologiques afin de construire une réflexion problématisée, par-delà le seul événement.

- Essayez de leur donner des informations positives afin qu'ils dédramatisent et voient qu'il se passe aussi des événements positifs.

- Expliquez-leur que les drames sont souvent relayés car ils sont plus lucratifs. En effet, ils émeuvent davantage les gens et de ce fait font vendre plus de journaux et rapportent davantage d'audience.

- Attirez leur attention sur les stéréotypes véhiculés parfois dans les nouvelles.

- Anticipez les réactions hostiles envers un peuple ou un type d'individus suite à une nouvelle dramatique; rappelez-leur la notion de «vivre ensemble» et la nécessité de l'appliquer au quotidien.

- Acceptez l'expression de leur émotion sans la sous-estimer, même si vous ne comprenez pas qu'ils se focalisent sur une cause lointaine; cela les touche, car les ados sont très sensibles.

- Si malgré ces conseils vos enfants sont encore traumatisés, privilégiez les co-interventions, notamment avec les personnels éducatifs, sociaux et de santé, afin qu'ils puissent exprimer leur mal-être, et en guérir.

Pour initier vos ados à la politique et/ou à la citoyenneté

- Il existe des moyens de s'engager en tant que militant dès l'âge de 16 ans, en adhérant à un parti politique, afin d'en comprendre les principes, le fonctionnement et les conséquences. Il existe également des organisations politiques pour les jeunes, des associations et des syndicats de lycéens. De nombreuses structures permettent de découvrir ce qu'est l'engagement pour une cause, les informent des responsabilités que cela implique, du temps à y consacrer, tout en leur précisant qu'ils peuvent se retirer quand ils le souhaitent.

- Votre enfant peut aussi, dès le collège, se présenter aux élections des délégués de classe, il peut s'engager dans une association ou participer au conseil municipal des jeunes qui est un organe de décision important au sein de la commune. Il ne faut pas limiter son engagement tant que sa scolarité n'en souffre pas. L'engagement est une valeur qui peut aider un ado en perte de confiance à se réaliser.

Conseils vis-à-vis de la religion

- Essayez d'être sincère en n'agissant pas à l'opposé de ce que vous dites ! Si vous prônez des valeurs de respect et que vous êtes irrespectueux, il sera difficile pour votre enfant de vous comprendre et d'adhérer à vos principes religieux. Si votre ado ne suit pas votre religion ou la rejette, essayez néanmoins de lui inculquer les valeurs qu'elle défend. S'il le souhaite, à l'âge adulte, il pourra faire son propre choix.

- Gardez en mémoire que la raison de l'ado est très différente de celle d'un enfant plus jeune ; l'adolescent raisonne de façon abstraite contrairement à l'enfant qui, lui, raisonne de manière concrète. De ce fait, il pose des questions, mais cela ne signifie pas qu'il rejette la religion, il apprend simplement à raisonner ! C'est le moment idéal pour qu'il acquière des convictions profondes.

- Ne lui imposez pas votre point de vue. Aidez-le au contraire à développer ses propres convictions. De cette façon, s'il choisit la religion, sa foi n'en sera que plus solide.

- N'oubliez pas que vous pouvez aider votre adolescent à consolider sa foi, dans le but que ce mode de vie soit le sien et pas uniquement le vôtre.

- Si votre ado présente des signes inquiétants indiquant qu'il se radicalise, rendez-vous sur le site du Centre de prévention contre les dérives sectaires liées à l'islam (http://www.cpdsi.fr/), vous y trouverez des conseils et de l'aide. Agissez rapidement !

DEVOIR N° 20

Le lexique des adolescents et les choses à ne jamais faire

Comme vous l'avez lu dans ce guide, les adolescents possèdent leurs propres codes pour communiquer. Ce petit lexique reprend les principaux mots utilisés par les ados. Il vous aidera à les comprendre. Restez ouverts à leur façon de s'exprimer. Conservez votre propre langage pour leur montrer qu'il existe aussi, et leur prouver que l'on peut parler différemment et néanmoins s'accepter et partager en dialoguant.

Boloss : imbécile, idiot.

Cassos : cas social/qui ne prend pas soin de lui ou d'elle.

Être ghetto : être un voyou ou un ***bad boy***.

Faire son Kevin : se la jouer/être égocentrique.

Le seum : être dégoûté.

Mettre une disquette : arnaquer quelqu'un.

Passer crème : réussir à tricher ou à arnaquer quelqu'un.

Posey : rester tranquille.

Swag (***Secretly We Are Gay***) : avoir du style, être à la pointe de la mode.

Tiser : boire (principalement de l'alcool).

Tro pas : C'est pas ça/C'est pas possible.

Turfu : futur. Être à la mode/en avance sur son temps, parfois être excentrique ou perché.

Yeuves : vieux.

Les dix choses à ne jamais faire avec un adolescent

1. Comparer votre adolescence et celle de votre enfant.
2. Être intrusif dans la vie personnelle de votre adolescent.
3. Mettre en place des règles sans les expliquer.
4. Vous comporter en « adulescent », en devenant le meilleur ami de votre enfant.
5. Revenir sur des règles établies.
6. Vous contredire vis-à-vis de l'éducation avec votre compagnon (ou compagne) devant votre adolescent.
7. Vous moquer de son physique.
8. Adopter des attitudes différentes envers vos enfants, sous prétexte que l'un réussit mieux que l'autre.
9. Cacher à votre adolescent des faits importants de votre vie qui impactent votre famille.
10. Ne pas tenir vos promesses.

Composition et maquette :
Soft Office

Dépôt légal : mars 2017
IMPRIMÉ EN FRANCE

Achevé d'imprimer en février 2017
sur les presses de l'imprimerie *La Source d'Or*
63039 Clermont-Ferrand
Imprimeur n° 19391

PEFC
PEFC/10-31-2008

Dans le cadre de sa politique de développement durable,
La Source d'Or a été référencée IMPRIM'VERT®
par son organisme consulaire de tutelle.
Cet ouvrage est imprimé - pour l'intérieur -
sur papier offset Amber Volume 90 g,
provenant de la gestion durable des forêts,
produit par des papetiers dont les usines ont obtenu
les certifications environnementales ISO 14001 et E.M.A.S.